친절한 인사업무 노트

최신 노동법을 반영한

# 친절한
# 인사업무 노트

하은지 지음

한국경제신문 *i*

| 차례 |

## 제9장 휴직 관리

## 제10장 인사 및 징계

# 제1장

# 인사업무와
# 노동법의 적용

# 01 노동법 준수는 인사업무의 기본입니다

인사업무의 가장 기본적인 틀은 기업에 일이 있으면 사람을 고용하고 임금을 지급하고, 일이 없으면 고용관계를 종료하는 것입니다. 그리고 이러한 조직의 인사업무는 인적자원의 효율적 활용이라는 측면에서 이루어집니다. 다시 말해, 사람에게 투입한 비용보다 더 많은 산출이 일어나도록 사람과 일을 관리한다는 뜻입니다. 그런데 산출에만 초점을 맞추게 되면 노동현장에서는 인권유린이 발생할 수 있습니다. 그래서 이러한 기업의 인사활동에 일정한 제한을 가하는 것이 '노동법'입니다. 여기서 노동법은 특정 법률의 이름을 말하는 것이 아니라, 근로자가 인간다운 생활을 할 수 있도록 노동관계를 규율하는 모든 법규범을 말합니다. 대표적으로는 '근로기준법', '노동조합및노동관계조정법', '남녀고용평등및일·가정양립지원에관한법률' 등이 노동법에 해당합니다.

노동법은 채용부터 퇴직까지 근로자를 보호하기 위해 사용자에게 갖가지 의무를 부과합니다. 그리고 사용자가 이를 지키지 않을 경우에 대비해 벌금, 과태료, 징역 등 벌칙규정을 두고 있습니다. 따라서 노동법을 준수해 인사업무를 수행하는 것은 인사담당자의 기본 중의 기본입니다. 그런데 노동법이 워낙 방대하고 이것을 수행할 인사담당자의 수는 부족한 경우가 많아 이 기본을 지키기가 참 쉽지 않습니다. 게다가 최근 근로시간 단축 등 노동법의 크고 잦은 개정은 인사담당자의 업무 부담을 더욱 가중키고 있습니다.

따라서 이 책에서는 최근 개정된 노동법을 반영해 인사담당자가 노동법에 따라 해야 하는 일은 무엇이며, 어떻게 해야 하는지를 설명함으로써 인사담당자의 업무 부담을 덜어드리고자 합니다. 인사업무를 수행하시는 분, 인사업무를 수행하실 분, 그리고 인사업무를 수행하고자 하시는 분은 반드시 이 책을 처음부터 끝까지 읽어보시길 바랍니다. 이 책은 기업의 인사담당자가 평상적인 인사업무를 성공적으로 수행하기 위해 반드시 알아야 하는 가장 기본적이며 핵심적인 내용을 담고 있습니다.

이 책을 읽은 후 자신이 속한 조직을 바라보면 이제 자신이 인사담당자로서 무엇을, 왜, 어떻게 해야 하는지 명확히 알 수 있게 될 것입니다. 그리고 다 읽고 난 후 인사담당자가 느끼는 갈급함, 구체적으로는 인적자원의 효율적 활용 관점에서 인사업무는 어떻게 수행되어야 하는지에 대한 내용은 이후의 책을 통해 풀어나가고자 합니다.

**참고** 최근 개정된 노동법 30

**01 통상적 출퇴근 재해 산재 인정**(2018년 1월 1일~)

기존에는 사업주가 제공한 교통수단이나 그에 준하는 교통수단을 이용하는 등 사업주의 지배관리하에서 발생한 출퇴근 사고만을 업무상 재해로 인정하고 있었으나, 2018년 1월 1일부터 통상적인 경로와 방법으로 출퇴근하던 중 발생한 사고 역시 업무상 재해로 인정합니다.

## 02 주 52시간제 실시(2018년 7월 1일~, 단계적 시행)

1주를 휴일을 포함한 7일로 정의해 1주 근로시간 한도를 52시간으로 명확히 하되, 근로자의 소득 감소 및 중소기업의 경영상 부담을 고려해 기업규모별로 단계적으로 시행합니다.
- 상시 근로자수 300인 이상 및 국가, 지자체, 공공기관 : 2018년 7월 1일
  단, 특례업종에서 제외된 21개 업종은 2019년 7월 1일
- 상시 근로자수 50~300인 미만 : 2020년 1월 1일
- 상시 근로자수 5~50인 미만 : 2021년 7월 1일

## 03 30인 미만 사업 특별연장근로 허용(2021년 7월 1일~2022년 12월 31일)

30인 미만 사업장의 경우 2021년 7월 1일부터 2022년 12월 31일까지 1주 8시간의 범위 안에서 근로자 대표와의 서면합의 시 특별연장근로를 한시적으로 허용합니다.

## 04 18세 미만 연소근로자 최대 근로시간 단축(2018년 7월 1일~)

연소근로자의 근로시간은 기존 1주 40시간으로 규정되어 있었으나, 이 경우 주 6일 근무를 할 수 있게 되는 문제가 있어 2018년 7월 1일부터 법정근로시간을 1주 35시간으로 단축하는 한편, 1주 연장근로시간 한도를 5시간으로 변경했습니다.

## 05 휴일근로 할증률 명시(2018년 3월 20일~)

휴일근로의 가산수당 할증률과 관련해 중복 할증여부에 대한 해석상 다툼이 있어 1일 8시간 이내의 휴일근로에 대해서는 통상임금의 50%를 가산해 지급하고, 1일 8시간을 초과하는 휴일근로에 대해서는 통상임금의 100%를 가산해 지급한다는 점을 명확히 했습니다.

## 06 근로시간 특례업종 축소(2018년 7월 1일~)

근로시간 특례제도는 사실상 무제한적인 장시간 노동을 가능하게 하는 것이어서 근로자의 건강과 안전은 물론 공중의 생명까지 위협하는 요인이 되므로 2018년 7월 1일부터 특례업종을 대폭 축소했습니다.

**07 특례업종 11시간 연속 휴식시간 보장**(2018년 9월 1일~)

특례제도를 도입한 사업장은 2018년 9월 1일부터 근로일 종료 후 다음 근로일 개시 전까지 근로자에게 연속해 11시간 이상의 휴식시간을 보장해야 합니다. 본 규정은 특례를 도입하지 않으면 적용되지 않습니다.

**08 관공서의 공휴일을 유급휴일로 의무화**(2020년 1월 1일~, 단계적 시행)

일반 근로자도 공무원과 공평하게 휴일을 향유할 수 있도록 공휴일(일요일 제외)을 법정휴일로 정하면서, 기업의 부담을 감안해 기업규모별로 3단계로 나누어 시행시기를 정했습니다.
- 상시 근로자수 300명 이상 : 2020년 1월 1일
- 상시 근로자수 30명 이상 300명 미만 : 2021년 1월 1일
- 상시 근로자수 5인 이상 30명 미만 : 2022년 1월 1일

**09 주 52시간제 시행에 따른 퇴직급여 감소 예방조치 의무화**(2018년 7월 1일~)

퇴직금제도 및 DB제도 사업장으로서 주 52시간제 시행에 따라 근로자의 퇴직급여액에 영향을 미칠 수 있는 경우, 근로자에게 퇴직급여가 감소할 수 있음을 미리 알리고, 근로자대표와의 협의를 통해 근로자의 퇴직급여 감소를 예방하기 위해 필요한 조치를 하도록 사용자에게 의무를 부과했습니다.

**10 퇴직금 중간정산 사유 추가**(2018년 6월 19일~)

주 52시간제 시행으로 근로자의 퇴직금이 감소되는 경우를 퇴직금 중간정산 사유에 추가했습니다.

**11 1년 미만자의 연차휴가 확대**(2018년 5월 29일~)

최초 1년간의 근로에 대한 유급휴가를 다음해 유급휴가에서 빼는 규정을 삭제해 1년차에 최대 11일, 2년차에 15일의 유급휴가를 각각 받을 수 있도록 했습니다.

## ⑫ 육아휴직자의 연차휴가 확대(2018년 5월 29일~)

육아휴직으로 휴업한 기간은 연차휴가 산정에 있어 출근한 것으로 본다는 규정을 신설해 육아휴직자도 정상근무자와 동일한 유급휴가를 받을 수 있도록 했습니다.

## ⑬ 난임치료휴가 신설(2018년 5월 29일~)

근로자가 인공수정 등 난임치료를 받기 위해 휴가를 청구하는 경우 사업주는 연간 3일(최초 1일 유급, 나머지 2일 무급) 이내의 휴가를 주도록 하는 난임치료휴가가 신설되었습니다.

## ⑭ 육아휴직 확대(2018년 5월 29일~)

기존에는 육아휴직개시예정일의 전날까지 계속근로기간이 1년 미만인 사람에 대해서는 육아휴직을 허용하지 않을 수 있었으나, 2018년 5월 29일부터는 육아휴직개시예정일의 전날까지 계속근로기간이 6개월 이상인 사람에 대해서는 육아휴직을 허용해야 합니다.

## ⑮ 단순노무업무종사자에 대한 최저임금 감액지급 제외(2018년 3월 20일~)

단순노무업무로서 한국표준직업분류상 대분류9(단순노무종사자)에 해당하는 사람에 대해서는 수습 사용기간이라 하더라도 최저임금의 90%를 적용할 수 없습니다.

## ⑯ 최저임금 산입범위 변경(2019년 1월 1일~)

2019년부터 2024년까지 단계적으로 매월 1회 이상 정기적으로 지급하는 상여금과 현금성 복리후생비도 최저임금에 산입합니다.

## ⑰ 장애인인식개선교육 의무화(2018년 5월 29일~)

2018년 5월 29일부터 장애인 근로자의 안정적인 근무여건을 조성하고 장애인 근로자 채용이 확대될 수 있도록 장애인 인식개선 교육을 의무적으로 실시하도록 했습니다.

### 18  직장 내 성희롱에 대한 보호조치 강화(2018년 5월 29일~)

2018년 5월 29일부터 누구든지 직장 내 성희롱을 사업주에게 신고할 수 있도록 하고, 사업주의 사실확인 조사의무와 피해자 보호를 위한 근무장소 변경·유급휴가 부여 등 조치 의무를 신설했습니다. 직장 내 성희롱 신고자와 피해자에 대한 해고 등 불리한 처우를 금지했으며 위반 시 벌금형을 기존 최대 2000만 원에서 3000만 원으로 올렸습니다. 고객에 의한 성희롱이 발생해도 사업주가 배치전환, 유급휴가 명령 등으로 피해근로자를 보호하도록 의무화하고, 직장 내 성희롱 예방교육의 실시는 물론 그 내용 또한 게시하도록 했습니다.

### 19  고용보험 확대 적용(2018년 7월 3일~)

그동안 생업목적에 해당하지 않아 고용보험의 적용이 제외되었던 초단시간근로자도 2018년 7월 3일부터 고용보험 적용대상으로 확대되었습니다. 시행일 이전 고용되어 시행일 이후 계속근로기간이 3개월 이상인 경우 2018년 7월 3일자로 고용보험을 취득하며, 시행일 이후 고용되어 계속근로기간이 3개월 이상인 경우 고용일에 고용보험을 취득합니다.

### 20  산재보험 적용대상 확대 적용(2018년 7월 1일~)

그동안 산재보험이 적용되지 않았던 '무면허업자가 시공하는 소규모 공사' 및 '상시 1인 미만 근로자를 사용하는 사업'도 2018년 7월 1일부터 산재보험이 적용됩니다.

### 21  산재보험급여 징수 상한액 제한(2018년 1월 1일~)

사업주가 보험관계 성립신고 또는 보험료 납부를 게을리한 기간 중에 재해가 발생한 경우 공단은 상한액 없이 보험급여 금액의 100분의 50에 해당하는 금액을 사업주에게 징수했으나, 이로 인해 영세사업장이 산업재해를 은폐하는 경향이 있어 징수 상한선을 산재보험료의 5배의 범위로 제한했습니다.

**22 건설일용근로자의 국민연금 및 건강보험 가입기준 변경**(2018년 8월 1일~)

사실상 1개월 이상 고용된 건설일용근로자의 국민연금 및 건강보험 가입기준은 기존 월 20일 이상 근로였으나, 2018년 8월 1일부터 월 8일 이상 근무로 변경 되었습니다. 다만, 2018년 8월 1일 전에 발주자가 수급인과 계약을 체결했거 나 입찰공고를 시작한 공사현장에 근로하는 건설근로자는 종전 기준을 2020년 7월 31일까지 적용합니다.

**23 직장가입자에 대한 소득월액 보험료 부과 기준 변경**(2018년 7월 1일~)

2018년 7월 1일부터 보수월액에 포함된 보수를 제외한 소득이 연간 3400만 원을 초과하는 직장가입자에게는 보수외소득을 기준으로 위의 보수월액보험 료와 별도로 소득월액보험료를 부과합니다. 소득월액보험료는 직장가입자가 100% 부담합니다.

**24 안전보건관리담당자 등의 선임**(2018년 9월 1일~, 단계적 시행)

① 제조업, ② 임업, ③ 하수, 폐수 및 분뇨 처리업, ④ 폐기물 수집, 운반, 처리 및 원료 재생업, ⑤ 환경 정화 및 복원업 중 상시 근로자수가 20명 이상 50명 미 만인 사업은 안전보건관리담당자를 두어 안전·보건에 관해 사업주를 보좌하고 관리감독자에게 조언·지도하는 업무를 수행하게 해야 합니다. 30명 미만인 사 업은 2019년 9월 1일부터 시행합니다.

**25 고객응대근로자에 대한 건강장해 예방조치**(2018년 10월 18일~)

사업주는 고객응대근로자에 대해 고객의 폭언 등으로 인한 건강장해를 예방하 기 위한 조치를 마련해야 하고, 고객응대업무에 종사하는 근로자에게 건강장해 가 발생하거나 발생할 현저한 우려가 있는 경우에는 업무의 일시적 중단 또는 전 환 등의 조치를 취해야 합니다.

**26 해고의 예고 적용 예외 사유 일원화**(2019년 1월 15일~)

해고 예고의 적용 예외 규정에 대해서는 적용 예외 대상 사유들 간에 일관적·체계적인 기준이 결여되었다는 문제점이 있어, 현행 해고의 예고에 대한 적용 예외 사유를 '계속 근로한 기간이 3개월 미만인 경우'로 일원화했습니다.

### 27 직장 내 괴롭힘의 금지(2019년 7월 16일~)

사용자 또는 근로자는 직장에서의 지위 또는 관계 등의 우위를 이용해 업무상 적정범위를 넘어 다른 근로자에게 신체적·정신적 고통을 주거나 근무환경을 악화시키는 직장 내 괴롭힘을 해서는 안 되고, 누구든지 직장 내 괴롭힘 발생 사실을 알게 된 경우 그 사실을 사용자에게 신고할 수 있도록 했습니다. 또한 사용자가 직장 내 괴롭힘 발생 사실을 신고한 근로자 및 피해근로자 등에게 해고나 그 밖의 불리한 처우를 해서는 안 되고, 이를 위반하면 3년 이하의 징역 또는 3,000만 원 이하의 벌금에 처합니다. 또한, 취업규칙에 포함되어야 할 내용에 직장 내 괴롭힘의 예방 및 발생 시 조치 등에 관한 사항을 추가했습니다.

### 28 부속 기숙사 운영기준 강화 등(2019년 7월 16일~)

이에 사용자는 부속 기숙사를 설치·운영할 때 기숙사의 구조와 설비, 기숙사의 설치 장소, 기숙사의 주거 환경 조성 등에 관해 정하는 기준을 충족해야 하며, 부속 기숙사에 대해 근로자의 건강 유지, 사생활 보호 등을 위한 조치를 마련해야 합니다.

### 29 상시 5인 미만 사업장 남녀고용평등법 전면적용(2019년 1월 1일~)

상시 5인 미만의 근로자를 사용하는 사업은 남녀고용평등법 중 임금·승진 등에서의 남녀차별을 금지하는 규정을 적용하지 않아 남녀차별로부터 근로자를 보호하는 데 한계가 있었습니다. 그러나 2019년 1월 1일부터는 상시 5인 미만의 근로자를 사용하는 사업에 대해서도 남녀고용평등법이 전면 적용됩니다.

### 30 업무상 질병 인정기준 추가(2019년 7월 16일)

근로기준법 제76조의2에 따른 직장 내 괴롭힘, 고객의 폭언 등으로 인한 업무상 정신적 스트레스가 원인이 되어 발생한 질병도 업무상 질병 인정기준에 추가되었습니다.

# 02 임원과 프리랜서도 노동법의 적용을 받나요?

　노동법의 보호대상은 근로자입니다. 이 말은 근로자를 사용하는 경우에는 근로조건을 최소한 노동법에서 정한 기준 이상으로 정해야 한다는 뜻입니다. 노동법은 강행규정이기 때문에 사용자가 사전에 노동법을 적용하지 않기로 근로자와 합의한다 하더라도 그 합의는 효력이 없습니다. 예컨대, 어떤 사람에게 일을 시키면서 퇴직 시에 퇴직금을 지급하지 않기로 사전에 합의했다 하더라도 그 사람이 근로자에 해당한다면 법에 따라 퇴직금을 지급해야 합니다. 왜냐하면, 이러한 합의의 효력을 인정한다면 당장 생계가 다급한 근로자로서는 힘이 센 사용자의 뜻에 따라 그러한 합의에 따를 수밖에 없게 되기 때문입니다.

　다만, 1주 소정근로시간이 15시간 미만이거나, 계속근로기간이 1년 미만인 근로자가 퇴직하는 경우에는 법적으로 퇴직금을 지급할 의무가 없습니다. 따라서 어떤 사람이 근로자이고, 어떤 사람이 근로자가 아닌지를 구분하는 일은 이 사람과 어떠한 조건으로 계약해야 하는가를 판단하는 매우 중요한 문제입니다.

　근로기준법상 근로자란, 직업의 종류와 관계없이 임금을 목적으로 사업이나 사업장에 근로를 제공하는 자를 말합니다. 법원은 근로기준법상 근로자인지 아닌지를 실제 그 사람을 어떻게 부르는지와 관계없이 실제로 사업 또는 사업장에서 임금을 목적으로 종속적인 관계에서 근로를 제공했느냐를 기준으로 판단합니다. 사업장에서 특정인에게 돈을 지불하고 노동력을 제공받았다는 사실이 동일하더라도 종속적인 관계로 볼 수 없다면 근로기준법상 근로자에 해당하지 않고, 종속적인 관계로 볼 수 있다면 근로기준법상 근로자에 해당합니다. 일반적으로 사업장에 고정적으로 출근해 일정 시간 동안 노동력을 제공하고 그에 따라 임금을 지급받는 경우는 대체로 근로기준법상 근로자에 해당하나, 예외적으로 근로기준법상 근로자인지 여부를 다투는 경우가 있습니다. 대표적으로 임원 또는 프리랜서의 경우가 그렇습니다.

사실 임원이라 부르더라도 일률적으로 근로기준법상 근로자에 해당하는지 아닌지를 말할 수 있는 것은 아니고, 실제로 그 사업장에서 어떻게 일하고 있는지를 살펴보아야 합니다. 회사의 임원이 기능적으로 분리된 특정 전문 부분에 관한 업무 전체를 포괄적으로 위임받아 이를 총괄하면서 상당한 정도의 독자적인 권한과 책임을 바탕으로 업무를 처리하는 지위에 있다면 근로기준법상 근로자에 해당하지 않습니다. 그러나 임원이라 부르더라도 업무의 성격상 회사로부터 위임받은 사무를 자주적으로 처리하는 것으로 보기에 부족하고, 실제로는 업무집행권을 가지는 대표이사 등의 지휘, 감독 아래 일정한 노무를 담당하면서 그 노무에 대한 대가로 일정한 보수를 지급받는다면 근로기준법상 근로자에 해당합니다.

프리랜서 역시 일률적으로 근로기준법상 근로자에 해당하는지 아닌지를 말할 수 있는 것은 아니고 실제로 그 사업장에서 어떻게 일하고 있는지를 살펴보아야 합니다. 문제는 일반적으로 프리랜서의 경우 근로자성과 자영업자성을 동시에 가지고 있는 경우가 많아 근로기준법상 근로자로 보아야 하는지 아닌지가 매우 애매하다는 것입니다. 이 때문에 법원은 근로기준법상 근로자인지 여부를 여러 가지 외형적 징표를 종합적으로 고려해 판단합니다. 근로기준법상 근로자로 볼 수 있는 징표에는 다음과 같은 것들이 있습니다.

① 업무 내용을 사용자가 정하고 취업규칙 또는 복무규정 등의 적용을 받으며 업무수행과정에서 사용자가 상당한 지휘·감독을 하는지
② 사용자가 근무 시간과 근무 장소를 지정하고 노무 제공자가 이에 구속받는지
③ 노무 제공자가 스스로 비품·원자재나 작업 도구 등을 소유하거나 제3자를 고용해 업무를 대행하게 하는 등 독립해 자신의 계산으로 사업을 영위할 수 있는지
④ 노무 제공을 통한 이윤의 창출과 손실의 초래 등 위험을 스스로 안고 있는지
⑤ 근로제공관계의 계속성과 사용자에 대한 전속성의 유무와 그 정도
⑥ 보수의 성격이 근로 자체의 대상적 성격인지, 기본급이나 고정급이 정해졌는지
⑦ 근로소득세로 원천징수하는지
⑧ 사회보장제도에 관한 법령에서 근로자로서 지위를 인정받는지

근로기준법상 근로자이냐 아니냐는 위 징표에 모두 해당해야 한다는 것이 아니라 법관이 위 징표에 가까운 모습이냐 아니냐를 종합적으로 고려해 사례별로 달리 판단할 수 있다는 뜻입니다. 다만, ⑥~⑧까지의 사정은 사용자가 경제적으로 우월한 지위를 이용해 임의로 정할 여지가 크다는 점에서 부수적 판단요소로 작용합니다.

한편, 법에 있어 개념은 법의 목적과 취지에 따라 달라질 수 있음에

주의해야 합니다. 근로자 개념도 법에 따라 달라질 수 있습니다. 대부분의 법률은 근로기준법상 근로자를 근로자로 정의하고 있으나, 국민건강보험법과 국민연금법은 법인의 이사와 그 밖의 임원도 근로자로 정의합니다.

법률의 정의 규정은 유사하나 법률의 해석상 근로자의 범위를 달리 보는 경우도 있습니다. 대표적으로 노동조합 및 노동관계조정법상의 근로자가 그렇습니다. 노동조합 및 노동관계조정법은 근로자를 직업의 종류를 불문하고 임금·급료 기타 이에 준하는 수입에 의해 생활하는 자라고 정의해 그 문언만 보면 근로기준법상 근로자와 다르지 않은 것으로 보이나, 법률을 해석할 때는 차이가 있습니다. 예컨대, 실업자는 근로기준법상 근로자가 아니지만, 초기업별 노동조합의 구성원인 노동조합 및 노동관계조정법상의 근로자에는 해당합니다. 이후 이 책에서는 근로기준법상 근로자와 그 개념 또는 해석이 다른 경우에 한해 근로자 개념에 대해 언급하도록 하겠습니다.

## 03 상시 근로자수에 따라 적용되는 노동법이 다르다고요?

모든 사업장에 노동법이 똑같이 적용되는 것은 아닙니다. 노동법의 적용은 사업의 종류 또는 규모에 따라 달라질 수 있으며, 사업의 규모는 상시 근로자수를 기준으로 판단합니다. 따라서 어떤 노동법이 우리 회사에 적용되는지를 알려면 먼저 상시 근로자수의 산정방법을 알아야 합니다.

상시 근로자수는 해당 사업 또는 사업장에서 법 적용 사유 발생일 전 1개월 동안 사용한 근로자의 연인원을 같은 기간 중의 가동일수로 나누어 산정합니다.

**상시 근로자수** = 1개월 동안 사용한 근로자의 연인원 / 1개월 동안의 가동일수

여기서 '사업 또는 사업장'은 경영상의 일체를 이루는 기업체 그 자체를 의미합니다. 장소를 기준으로 판단하는 것이 아니라 일괄된 공정하에 통일적으로 업무가 수행되는지를 가지고 판단합니다. 하나의 법인체는 원칙적으로 하나의 사업으로 봅니다. 다만, 하나의 법인체라 하더라도 사업장별로 근로조건의 결정권이 있고, 단체협약 또는 취업규칙 등이 별도로 적용되고, 인사노무관리, 회계 등이 독립적으로 운영되는 경우 등 각각의 사업장이 독립성이 있는 경우에는 사업장별로 법 적용 여부를 판단합니다. '연인원'은 어떤 일에 동원된 인원수와 일수를 계산해 그 일이 하루에 완성되었다고 가정하고 일수를 인수로 환산한 총인원 수입니다. 예를 들어 다섯 사람이 열흘에 걸려서 완성한 일의 연인원은 50명입니다. '가동일수'는 사람이나 기계 따위가 움직여 일한 날수이며, '근로자'는 상용근로자뿐만 아니라 아르바이트생, 단시간근로자 등 모든 형태의 근로자를 포함합니다. 다만, 해당 사업주가 직접 고용하고 있지 않은 파견근로자 및 하청업체 직원 등은 근로자수 산정 시 제외합니다.

위와 같은 방법으로 상시 근로자수를 산정한 결과 법 적용 사업에 해당하면 그에 따라 법을 적용하는 것이 원칙입니다. 그러나 여기에도 예외가 있습니다. 상시 근로자수를 산정한 결과 법 적용 기준 이상인 경우에도, 산정 기간에 속하는 일별로 근로자수를 파악했을 때 법 적용 기준에 미달한 일수가 2분의 1 이상인 경우에는 법이 적용되는 사업으로 보지 않는다는 것입니다. 반대의 경우도 마찬가지입니다. 상시 근로자수를 산정한 결과 법 적용 기준에 미달한 경우에도, 산정 기간에 속하는 일별로 근로자수를 파악했을 때 법 적용 기준에 미달한 일수가 2분의 1 미만인 경우에는 법이 적용되는 사업으로 봅니다. 구체적인 상시 근로자수 산정방법은 아래 예시를 참고하시기 바랍니다.

**참고** 상시 근로자수 산정 예시

아래 사업장의 상시 근로자수는 300.5명이다.
- 법 적용 기준 : 상시 근로자수 300명 이상
- 법 적용 사유 발생일 : 2015년 1월 1일
- 근로자 사용 내역(2014년 12월 1일~12월 31일) :

| 2014년 12월 | 일 | 월 | 화 | 수 | 목 | 금 | 토 |
|---|---|---|---|---|---|---|---|
| 일 | | 1 | 2 | 3 | 4 | 5 | 6 |
| 근로자수(명) | | 301 | 303 | 304 | 300 | 296 | 〈휴무〉 |
| 일 | 7 | 8 | 9 | 10 | 11 | 12 | 13 |
| 근로자수(명) | 〈휴일〉 | 295 | 303 | 301 | 302 | 304 | 〈휴무〉 |
| 일 | 14 | 15 | 16 | 17 | 18 | 19 | 20 |
| 근로자수(명) | 〈휴일〉 | 300 | 301 | 300 | 299 | 299 | 〈휴무〉 |
| 일 | 21 | 22 | 23 | 24 | 25 | 26 | 27 |
| 근로자수(명) | 〈휴일〉 | 305 | 301 | 302 | 〈휴일〉 | 301 | 〈휴무〉 |
| 일 | 28 | 29 | 30 | 31 | | | |
| 근로자수(명) | 〈휴일〉 | 301 | 298 | 295 | | | |

- 상시 사용하는 근로자수 = 연인원 / 가동일수 = 6,611명 / 22일 = 300.5명
- 가동일수 22일 중 300명 미만인 날 : 6일
- 상시 300인 이상 사업에 적용되는 법률의 적용을 받음

각 법률의 적용 범위는 법률에 명시되어 있습니다. 특별히 적용 범위가 명시되어 있지 않다면, 해당 법률은 모든 사업에 적용되는 것으로 봅니다. 노동법에서 가장 기본이 되는 근로기준법은 상시 5인 이상의 근로자를 사용하는 사업장에 적용되며, 상시 4인 이하의 근로자를 사용하는 사업장에는 법의 일부만 적용됩니다. 이하에서는 상시 근로자수에 따른 주요 노동법 적용 관계에 대해 간략하게 살펴보도록 하겠습니다.

먼저 상시 4인 이하의 근로자를 사용하는 사업장은 현실적으로 열악한 경우가 많기 때문에 많은 근로기준법의 규정이 적용되지 않습니다. 근로자 보호에 앞서 사업장의 생존을 고려한 것입니다. 4인 이하 사업장에 적용되지 않는 대표적인 규정은 근로시간의 제한, 해고 등의 제한(해고 예고 의무는 부담), 연장·야간·휴일근로에 대한 가산수당의 지급, 연차유급휴가 부여, 휴업수당의 지급 등입니다. 과거에는 4인 이하 사업장의 사업주는 퇴직급여 지급의무도 부담하지 않았으나, 2010년 12월 1일부터 4인 이하 사업에도 퇴직급여제도가 적용되었습니다. 다만, 2010년 12월 1일부터 2012년 12월 31일까지의 기간에 대해서는 법정 퇴직급여의 50%만 적용된다는 점에 주의하시기 바랍니다.

상시 5인 이상 근로자를 사용하는 사업은 근로기준법이 전면적으로 적용됩니다. 상시 10인 이상 근로자를 사용하는 시점부터는 취업규칙

을 작성해 고용노동부 장관에게 신고해야 합니다. 취업규칙 작성을 의무화한 이유는 근로자수가 늘어남에 따라 근로자들을 통일적으로 관리할 필요성을 염두에 둔 것으로, 취업규칙 미신고 시 과태료가 부과될 수 있습니다.

상시 30인 이상 근로자를 사용하는 사업은 '근로자참여및협력증진에관한법률'에 따라 노사협의회를 설치하고, 고충처리위원도 두어야 합니다. 사업의 운영에 있어 실제 근로를 제공하고 있는 근로자의 의견을 반영함으로써 궁극적으로는 노사 공동의 이익을 증진한다는 취지입니다. '채용절차의공정화에관한법률'도 30인 이상 사업장부터 적용됩니다.

상시 50인 이상 근로자를 사용하는 사업은 '장애인고용촉진및직업재활법'에 따른 장애인 고용의무를 부담합니다. 만약 의무고용률에 미치지 못하는 경우에는 매년 고용노동부장관에게 부담금을 납부해야 합니다. 단, 상시 100명 미만의 근로자를 고용하는 사업주는 의무고용률에 미치지 못하는 경우라도 부담금을 납부하지 않습니다.

상시 300인 이상 근로자를 사용하는 사업의 경우 '고용정책기본법'에 따라 매년 4월 30일까지 근로자의 고용형태 현황을 공시해야 하며, 상시 500인 이상 근로자를 사용하는 사업과 상시 300인 이상의 여성근로자를 사용하는 사업은 '남녀고용평등및일·가정 양립지원에관한법률' 및 '영유아보육법'에 따라 직장어린이집을 설치해야 합니다. 이하의 표는 상시 근로자수에 따른 노동법 적용 관계를 정리한 것입니다. 업무에 참고하시기 바랍니다.

| 상시 근로자수 | 적용 규정 |
|---|---|
| 1인 이상 | 4대 사회보험 가입(고용·산재보험은 1인 미만도 적용)<br>근로계약서 작성<br>해고 금지 기간<br>해고 예고<br>최저임금<br>임금 지급의 4대 원칙(직접, 통화, 전액, 정기)<br>금품청산<br>휴계<br>주휴일<br>근로자의 날<br>연소근로자 사용 및 근로시간 제한<br>임산부의 사용 및 근로시간 제한<br>출산 전후 휴가 등<br>퇴직급여제도(2010. 12. 01. 적용, 2012. 12. 31.까지 50%)<br>육아휴직 등<br>가족 돌봄 휴직<br>배우자 출산휴가<br>난임 치료 휴가<br>직장 내 성희롱 예방 교육(게시, 배포방법으로 가능)<br>직장 내 장애인 인식개선 교육(게시, 배포방법으로 가능)<br>개인정보보호교육 |
| 5인 이상 | 해고 등의 제한<br>경영상 이유에 의한 해고의 제한<br>해고사유 등의 서면통지<br>부당해고 등의 구제신청<br>휴업수당<br>연장, 야간, 휴일근로에 대한 가산수당<br>연차유급휴가<br>생리휴가<br>기간제 근로자 사용 기간의 제한<br>근로시간 제한(주 52시간 적용 : 2021. 07. 01~)<br>공휴일(2022. 01. 01~) |

| 상시 근로자수 | 적용 규정 |
|---|---|
| 10인 이상 | 취업규칙 제정<br>직장 내 성희롱 예방 교육(게시, 배포방법으로 불가) |
| 30인 이상 | 노사협의회 설치 및 고충처리제도 운영<br>'채용절차공정화에관한법률' 준수<br>공휴일(2021. 01. 01~) |
| 50인 이상 | 장애인 의무고용<br>직장 내 장애인 인식개선 교육(게시, 배포방법으로 불가)<br>근로시간 제한(주 52시간 적용 : 2020. 01. 01~) |
| 100인 이상 | 장애인 미고용에 따른 부담금 납부 |
| 300인 이상 | 고용 형태 공시제<br>근로시간 제한(주 52시간 적용 : 2018. 07. 01~)<br>공휴일(2021. 01. 01~) |
| 500인 이상 | 직장어린이집 설치 |

# 제 2 장

# 채용과 근로계약

# 채용은 어떻게 하나요?

**04**

　보유한 인력만으로는 일을 처리할 수 없거나, 기존에 일을 처리하던 사람이 조직을 떠날 때 인사담당자는 새로운 사람을 뽑습니다. 채용은 일에 사람의 손길을 닿게 하는 첫 번째 활동으로, 첫 단추를 잘못 끼우면 나머지 단추들도 자리를 잡지 못하듯, 잘못된 채용은 그 이후 인사 활동의 유효성에 커다란 영향을 미칩니다. 현대 경영학의 창시자로 평가받는 미국의 경영학자 피터 드러커는 "당신이 채용에 5분밖에 시간을 사용하지 않는다면, 잘못 채용된 사람으로 인해 5000시간을 사용하게 될 것이다"라는 말로 채용의 중요성을 강조했습니다. 더욱이 우리나라는 해고를 엄격히 제한하고 있어 잘못된 채용을 수정하기란 여간 어려운 일이 아닙니다. 따라서 채용 활동은 더욱 신중하고 체계적으로 이루어져야 합니다.

　채용단계는 보통 채용준비, 모집, 선발의 3단계로 구분합니다. 채용준비과정에서 가장 중요한 일은 회사에서 필요로 하는 역할을 수행할 수 있는 적합한 인재(Right person)의 기준을 도출하는 것입니다. 회사가 원하는 인재의 기준이 명확하지 않으면, 회사가 원하는 인재를 채용할 수 없기 때문입니다.

　그 밖에 채용준비단계에서 해야 할 일에는 전형절차, 전형별 일정, 전형별 합격 인원 결정, 공고문, 입사지원서, 면접지 등 채용 관련 자료의 제작이 있습니다. 공고문 및 입사지원서를 작성할 때 주의할 점은 개인정보 최소수집원칙에 근거해 작성해야 한다는 것입니다. 채용을 위해 필요한 개인정보는 동의 없이 수집할 수 있으나, 주민등록번호는 법률·대통령령·규칙 등에서 구체적으로 허용한 경우가 아닌 한 수집할 수 없습니다. 기타 고유식별정보와 종교, 정치적 견해, 건강 등 민감정보는 법령에 근거가 있거나 별도로 동의를 받은 경우에 한해 수집이 가능합니다.

공고문에는 회사에서 원하는 역할을 포함해 채용 후 근로조건, 채용일정, 채용서류 등을 제시합니다. 입사지원서에는 조직에서 필요로 하는 역할과 무관한 스펙 및 인적사항은 요구하지 않으며, 해당 역할을 수행하는 데 필요한 교육, 경험, 자격 등의 구체적 항목을 제시합니다. 면접질문지 역시 역할에 초점을 맞춘 평가요소를 기반으로 구조화합니다.

다음으로 모집은 기업 상황에 맞게 효과적인 채널을 선택합니다. 취업사이트를 통한 모집은 모집시간을 획기적으로 단축시킬 뿐 아니라 모집에 소요되는 비용이 저렴해 가장 많은 기업이 선호하는 방식이나, 경력직 채용에서는 현직 종업원 및 지인의 추천, 헤드헌팅을 통해 지원자를 확보하는 경우도 많습니다. 기타 모집 채널별 특성은 다음 장의 표와 같습니다. 각 조직의 필요에 맞는 인력 모집방법을 선택하시기 바랍니다.

[표] 모집 채널별 특성

| 모집 채널 | 타겟 | 용이성 | 비용 |
|---|---|---|---|
| 기업홈페이지 | 넓음 | 쉬움 | 적음 |
| 취업사이트 | 넓음 | 쉬움 | 적음 |
| 교육기관 추천 | 좁음 | 보통 | 적음 |
| 채용박람회 | 보통 | 어려움 | 많음 |
| 캠퍼스 리크루팅 | 보통 | 어려움 | 많음 |
| 헤드헌팅 | 좁음 | 보통 | 많음 |
| 인재풀 등록 | 좁음 | 쉬움 | 적음 |

마지막으로 선발은 회사에서 원하는 역할을 가장 성공적으로 수행할 수 있는 지원자를 찾아내는 것입니다. 선발의 핵심은 완벽한 인재를 찾는 것이 아니라 적합한 인재를 찾는 것입니다. 기업마다 선발절차는 다르지만, 일반적으로 서류, 필기, 면접으로 구성됩니다. 면접은 1차 실무면접, 2차 임원면접으로 나뉩니다. 중소기업의 경우에는 필기전형 없이 서류전형과 면접전형으로 끝나는 경우도 많습니다. 면접전형의 경우 면접 내용을 개발하는 것도 중요하지만, 사전에 면접관 교육을 통해 신뢰도를 향상시키는 것이 매우 중요하다는 점을 잊지 마시기 바랍니다.

## 표준 이력서(안) 및 자기소개서

〈필수항목〉

| 지원자 성명 | | |
|---|---|---|
| 주소 (우편번호)<br>　　(현거주지) | | |
| 연락처 | 전화번호　　　　전화 | 휴대전화 |
| | 전자우편 | |

| 주요<br>경력사항 | 회사명 | 담당 업무(직무내용) | 근무기간(연, 월) |
|---|---|---|---|
| | | | 년　월 ~ 년　월 |
| | | | 년　월 ~ 년　월 |

| 자격증<br>및<br>특기사항 | 관련 자격증 | | ( 년 월 취득) |
|---|---|---|---|
| | | | ( 년 월 취득) |
| | | | |
| | | | |
| 자기소개 등<br>활동사항 | | | |

| 취업 지원<br>대상자 여부 | 보훈번호 | | |
|---|---|---|---|
| 장애인 여부 | 장애종별 | 등급 | 장애인 등록번호 |
| | | | |
| 저소득층 여부 | 구분 | '국민기초생활보장법'상<br>수급자 | '한부모가족지원법'상<br>보호대상자 |
| | 해당 여부 | | |

## 운전직 채용을 위한 개인정보 수집·이용 및 제3자 제공 동의서(예시)

당사는 운전직 직원 채용을 아래와 같이 개인정보를 수집·이용 및 제3자 제공하고자 합니다. 내용을 자세히 읽으신 후 동의 여부를 결정해주십시오.

### □ 개인정보 수집·이용 내역

| 수집 이용 항목 | 수집 이용 목적 | 보유기간 |
|---|---|---|
| 경력, 운전면허번호 | 채용절차 진행, 경력 자격 확인 | 채용 종료후 180일까지 |

※ 위의 개인정보 수집·이용에 대한 동의를 거부할 권리가 있습니다.
그러나 동의를 거부할 경우 원활한 채용심사를 할 수 없어 채용에 제한을 받을 수 있습니다.

☞ 위와 같이 개인정보를 수집·이용하는 데 동의하십니까?

| 동의 | | 미동의 | |
|---|---|---|---|

### □ 민감정보 처리 내역

| 항목 | 수집목적 | 보유기간 |
|---|---|---|
| 정신질환 여부 | 운전직 채용 관리 | 채용 종료 후 180일까지 |

※ 위의 민감정보 처리에 대한 동의를 거부할 권리가 있습니다.
그러나 동의를 거부할 경우 원활한 채용심사를 할 수 없어 채용에 제한을 받을 수 있습니다.

☞ 위와 같이 민감정보를 처리하는 데 동의하십니까?

| 동의 | | 미동의 | |
|---|---|---|---|

## ☐ 고유식별정보 수집·이용 내역

| 항목 | 수집목적 | 보유기간 |
|---|---|---|
| 운전면허번호 | 운전직 채용 관리 | 채용 종료후 180일까지 |

※ 위의 고유식별정보 처리에 대한 동의를 거부할 권리가 있습니다.

그러나 동의를 거부할 경우 원활한 채용심사를 할 수 없어 채용에 제한을 받을 수 있습니다.

☞ 위와 같이 고유식별정보를 처리하는 데 동의하십니까?

| 동의 | | 미동의 | |
|---|---|---|---|

## ☐ 개인정보 3자 제공 내역

| 제공받는 자 | 제공목적 | 제공 항목 | 보유기간 |
|---|---|---|---|
| ○○계열사 | 채용절차 진행 | 학력, 경력 | 채용 종료후 180일까지 |

※ 위의 개인정보 제공에 대한 동의를 거부할 권리가 있습니다.

그러나 동의를 거부할 경우 원활한 채용심사를 할 수 없어 채용에 제한을 받을 수 있습니다.

☞ 위와 같이 개인정보를 제3자에게 제공하는 데 동의하십니까?

| 동의 | | 미동의 | |
|---|---|---|---|

년　월　일

본인　성명　　　(서명 또는 인)

○○회사 귀중

## 05 채용 시 주의사항이 있나요?

　기업은 원칙적으로 채용의 자유를 가집니다. 다만, 법률에 따른 약간의 제한이 있습니다.

　첫째는 채용 제한입니다. 15세 미만인 사람이나 중학교 재학 중인 18세 미만인 사람은 원칙적으로 사용하지 못합니다. 이를 위반한 경우에는 2년 이하의 징역 또는 2,000만 원 이하의 벌금에 처합니다. 또 15세 미만자가 아니라 하더라도 사용자는 쟁의행위 기간 중에는 그 쟁의행위로 중단된 업무의 수행을 위해 해당 사업과 관계없는 사람을 채용하거나 대체할 수 없습니다. 그러나 필수공익사업의 경우에는 파업 참가자의 50%를 초과하지 않는 범위 안에서 채용이나 대체하는 것이 가능합니다. 이를 위반한 경우에는 1년 이하의 징역 또는 1,000만 원 이하의 벌금에 처합니다.

　둘째는 차별 금지입니다. '고용정책기본법'은 근로자를 모집, 채용할 때 합리적인 이유 없이 성별, 신앙, 나이, 신체조건, 사회적 신분, 출신지역, 학력, 출신학교, 혼인, 임신 또는 병력 등을 이유로 차별하는 것을 금지합니다. 이 가운데 성별, 나이, 장애를 이유로 모집 채용 시 합리적 이유 없이 차별하는 경우에는 타 법률에 따른 벌칙의 적용을 받게 됩니다. 예컨대, 남녀를 차별하는 경우에는 '남녀고용평등과일가정양립지원에관한법률'에 따라 500만 원 이하의 벌금에 처합니다. 여성 근로자를 모집, 채용할 때 그 직무의 수행에 필요하지 않은 용모, 키, 체중 등의 신체적 조건, 미혼 조건 등을 제시하거나 요구하는 경우 또한 그렇습니다. 나이를 이유로 차별하는 경우에는 '고용상연령차별금지및고령자고용촉진에관한법률'에 따라 500만 원 이하의 벌금에 처합니다. 장애인에 대한 차별행위와 그 행위가 악의적인 것으로 인정되는 경우에는 '장애인차별금지및권리구제등에관한법률'에 따라 3년 이하의 징역 또는 3,000만 원 이하의 벌금에 처할 수 있습니다.

셋째는 고용 의무입니다. 법률은 국가, 지방자치단체, 공공기관, 지방공기업 및 일정 규모 이상의 사업에 대해 장애인, 국가유공자, 청년, 고령자 등에 대한 고용의무를 부과합니다. 이에 대해서는 별도의 항에서 설명하도록 하겠습니다.

넷째는 절차상의 제한입니다. 2015년 1월 1일부터 '채용절차의공정화에관한법률'이 시행되면서 채용 광고, 서류접수, 서류반환 등의 채용절차상 사용자가 지켜야 할 의무가 대폭 강화되었습니다. 이에 대해서도 항을 달리해 설명하도록 하겠습니다.

## 06 우리 회사도 장애인, 국가유공자, 청년, 고령자도 채용해야 하나요?

법률은 국가, 지방자치단체, 공공기관, 지방공기업, 일정 규모 이상의 사업에 대해 장애인, 국가유공자, 청년, 고령자 등에 대한 고용의무를 부과합니다.

먼저 장애인 고용의무에 대해 살펴보면, 국가, 지방자치단체, 상시 50명 이상의 근로자를 사용하는 사업주는 '장애인고용촉진및직업재활법'에 따라 의무고용률 이상의 장애인을 고용해야 합니다. 의무고용률은 아래 표와 같으며, 의무고용률에 미치지 못하면 매년 고용노동부장관에게 부담금을 납부해야 합니다. 다만 100명 미만의 근로자를 고용하는 사업주는 의무고용률에 미치지 못하는 경우라도 부담금을 납부하지 않습니다. 의무고용률을 초과해 고용하는 경우에는 일정액의 지원금을 지급합니다.

[표] 장애인 의무고용률

| 구분 | | 의무고용률 |
|---|---|---|
| 국가 및 지방자치단체 | 2017년 1월 1일부터 2018년 12월 31일까지 | 1,000분의 32 |
| | 2019년 이후 | 1,000분의 34 |
| 장애인 고용의무가 있는 사업주 | 2017년 1월 1일부터 2018년 12월 31일까지 | 1,000분의 29 |
| | 2019년 이후 | 1,000분의 31 |

다음으로 국가유공자 등에 대한 고용의무에 대해 살펴보면, '국가유

공자등예우및지원에관한법률'에 따라 국가기관, 지방자치단체, 군부대, 국립학교와 공립학교, 일상적으로 하루에 20명 이상을 고용하는 공·사기업체 또는 공·사단체, 사립학교는 전체 고용인원의 3% 이상 8% 이하의 범위에서 아래 표에 따른 대상업체별 고용비율 이상으로 국가유공자 등 취업 지원 대상자를 우선해 고용해야 합니다. 다만, 대상업체별 고용비율표상 분류번호 제10호부터 제33호까지 해당하는 제조업체는 200명 이상을 고용하는 경우에 한해 취업 지원 대상자에 대한 우선고용의무가 있습니다. 국가보훈처장은 고용비율에 미달한 업체 등에 취업 지원 대상자를 복수로 추천하거나 고용할 것을 명할 수 있으며, 고용할 것을 명했으나 정당한 사유 없이 따르지 않으면 1,000만 원 이하의 과태료를 부과합니다.

[표] 대상업체별 고용비율

| 분류번호 | 업종 | 대상업체별 고용비율(%) |
|---|---|---|
| 01 | 농업 | 5 |
| 02 | 임업 | 3 |
| 03 | 어업 | 3 |
| 05 | 석탄, 원유 및 천연가스 광업 | 3 |
| 06 | 금속 광업 | 5 |
| 07 | 비금속광물 광업(연료용 제외) | 4 |
| 08 | 광업 지원 서비스업 | 3 |
| 10 | 식료품 제조업 | 5 |
| 11 | 음료 제조업 | 5 |
| 12 | 담배 제조업 | 7 |
| 13 | 섬유제품 제조업(의복 제외) | 4 |

| 분류번호 | 업종 | 대상업체별 고용비율(%) |
|---|---|---|
| 14 | 의복, 의복 액세서리 및 모피제품 제조업 | 3 |
| 15 | 가죽, 가방 및 신발 제조업 | 3 |
| 16 | 목재 및 나무제품 제조업(가구 제외) | 3 |
| 17 | 펄프, 종이 및 종이제품 제조업 | 4 |
| 18 | 인쇄 및 기록매체 복제업 | 3 |
| 19 | 코크스, 연탄 및 석유 정제품 제조업 | 6 |
| 20 | 화학물질 및 화학제품 제조업(의약품 제외) | 6 |
| 21 | 의료용 물질 및 의약품 제조업 | 6 |
| 22 | 고무제품 및 플라스틱제품 제조업 | 5 |
| 23 | 비금속 광물제품 제조업 | 7 |
| 24 | 1차 금속 제조업 | 6 |
| 25 | 금속가공제품 제조업(기계 및 가구 제외) | 3 |
| 26 | 전자부품, 컴퓨터, 영상, 음향 및 통신장비 제조업 | 4 |
| 27 | 의료, 정밀, 광학기기 및 시계 제조업 | 3 |
| 28 | 전기장비 제조업 | 6 |
| 29 | 기타 기계 및 장비 제조업 | 5 |
| 30 | 자동차 및 트레일러 제조업 | 4 |
| 31 | 기타 운송장비 제조업 | 4 |
| 32 | 가구 제조업 | 3 |
| 33 | 기타 제품 제조업 | 3 |
| 35 | 전기, 가스, 증기 및 공기조절 공급업 | 8 |
| 36 | 수도사업 | 8 |
| 37 | 하수, 폐수 및 분뇨 처리업 | 3 |
| 38 | 폐기물 수집운반, 처리 및 원료재생업 | 4 |
| 39 | 환경 정화 및 복원업 | 3 |
| 41 | 종합 건설업 | 5 |

| 분류번호 | 업종 | 대상업체별 고용비율(%) |
|---|---|---|
| 42 | 전문직별 공사업 | 5 |
| 45 | 자동차 및 부품 판매업 | 5 |
| 46 | 도매 및 상품중개업 | 4 |
| 47 | 소매업(자동차 제외) | 4 |
| 49 | 육상운송 및 파이프라인 운송업 | 3 |
| 49100 | 철도운송업 | 5 |
| 49211 | 도시철도 운송업 | 5 |
| 50 | 수상 운송업 | 4 |
| 51 | 항송 운송업 | 5 |
| 52 | 창고 및 운송 관련 서비스업 | 5 |
| 55 | 숙박업 | 4 |
| 56 | 음식점 및 주점업 | 4 |
| 58 | 출판업 | 3 |
| 59 | 영상·오디오 기록물 제작 및 배급업 | 3 |
| 60 | 방송업 | 3 |
| 61 | 통신업 | 5 |
| 62 | 컴퓨터 프로그래밍, 시스템 통합 및 관리업 | 4 |
| 63 | 정보서비스업 | 4 |
| 64 | 금융업 | 7 |
| 65 | 보험 및 연금업 | 7 |
| 6511 | 생명 보험업 | 5 |
| 65121 | 손해 보험업 | 5 |
| 66 | 금융 및 보험 관련 서비스업 | 7 |
| 68 | 부동산업 | 5 |
| 682 | 부동산 관련 서비스업 | 4 |
| 69 | 임대업(부동산 제외) | 4 |

| 분류번호 | 업종 | 대상업체별 고용비율(%) |
|---|---|---|
| 70 | 연구개발업 | 5 |
| 71 | 전문서비스업 | 3 |
| 72 | 건축기술, 엔지니어링 및 기타 과학기술 서비스업 | 3 |
| 73 | 기타 전문, 과학 및 기술 서비스업 | 3 |
| 74 | 사업시설 관리 및 조경 서비스업 | 3 |
| 75 | 사업지원 서비스업 | 3 |
| 84 | 공공행정, 국방 및 사회보장 행정 | 4 |
| 85 | 교육 서비스업 | 4 |
| 86 | 보건업 | 4 |
| 87 | 사회복지 서비스업 | 4 |
| 90 | 창작, 예술 및 여가 관련 서비스업 | 3 |
| 91 | 스포츠 및 오락 관련 서비스업 | 5 |
| 94 | 협회 및 단체 | 5 |
| 95 | 수리업 | 5 |
| 96 | 기타 개인 서비스업 | 3 |
| 97 | 가구 내 고용활동 | 3 |

세 번째로 청년 고용의무에 대해 살펴보도록 하겠습니다. 정원이 30명 이상인 공공기관과 지방공기업은 '청년고용촉진특별법'에 따라 매년 각 공공기간과 지방공기업 정원의 100분의 3 이상씩 청년 미취업자를 고용해야 합니다. 이를 이행하지 않더라도 별도의 과태료 규정은 없으나, 청년 미취업자 고용실적은 공공기관 및 지방공기업 경영실적 평가에 반영되어 성과급 등에 영향을 미치게 됩니다. 일반 사기업의 경우 청년 고용의무는 없지만, 청년 실업 등의 해소를 위해 고용노동부장관이 청년을 고용하고 일정 요건을 충족한 기업에게 고용지원금 등을

지급하는 경우가 있으니 청년을 채용하는 경우 지원금 수급이 가능한 지 여부도를 함께 체크해보시기 바랍니다.

네 번째로 고령자 고용노력의무에 대해 살펴보도록 하겠습니다. 상시 300명 이상의 근로자를 사용하는 사업장의 사업주는 '고용상연령차별금지및고령자고용촉진에관한법률'에 따라 기준고용률 이상의 고령자를 고용하도록 노력해야 합니다. 기준고용률은 제조업의 경우 상시 근로자수의 2%, 운수업, 부동산 및 임대업은 6%, 그 외의 산업은 3%로, 본 규정은 임의규정이기 때문에 기준고용률 미달에 대한 제재규정은 없습니다. 다만, 고령자 기준고용률을 초과한 경우로서 일정 요건을 충족한 기업에게는 고용노동부 장관이 고용지원금 등을 지급하는 경우가 있으므로 고령자 채용을 통해 지원금을 받고자 하는 기업은 사전에 관련 지원금이 있는지를 확인하고 지급요건에 맞게 채용절차를 진행하시기 바랍니다.

## 07 채용절차상 지켜야 할 것에는 어떤 것이 있나요?

채용시장에서 상대적 약자인 구직자를 보호하기 위해 2015년 1월 1일부터 채용절차의 공정화에 관한 법률이 시행되었습니다. 상시 30명 이상의 근로자를 사용하는 사업은 채용을 진행할 때, 채용절차의 공정화에 관한 법률에 따른 의무를 이행해야 합니다. 여기에서는 채용절차상 기업이 지켜야 할 주요의무에 대해 살펴보도록 하겠습니다.

첫 번째 의무는 거짓 채용광고 등의 금지의무입니다. 구인자는 채용을 가장해 아이디어를 수집하거나 사업장을 홍보하기 위한 목적 등으로 거짓의 채용광고를 내서는 안 됩니다. 물품판매, 수강생모집, 직업소개, 부업알선, 자금모금, 투자 유치 등 실질적으로 채용을 목적으로 하지 않은 광고는 모두 거짓 채용에 해당하며, 거짓의 채용광고를 낸 구인자에 대해서는 5년 이하의 징역 또는 2,000만 원 이하의 벌금이 부과됩니다.

두 번째 의무는 채용광고의 내용 등의 변경금지의무입니다. 구인자는 정당한 사유 없이 채용광고의 내용을 구직자에게 불리하게 변경해서는 안 됩니다. 구직자를 채용한 후에 정당한 사유 없이 채용광고에서 제시한 근로조건을 구직자에게 불리하게 변경하는 것도 허용되지 않습니다. 정당한 사유 없이 채용광고의 내용을 구직자에게 불리하게 변경하거나, 근로조건을 구직자에게 불리하게 변경한 구인자에게는 500만 원 이하의 과태료가 부과됩니다.

세 번째 의무는 채용서류 등의 귀속 강요 금지의무입니다. 구인자는 구직자에게 채용서류 및 이와 관련한 저작권 등의 지적재산권을 자신에게 귀속하도록 강요해서는 안 됩니다. 이를 위반해 지적재산권을 자신에게 귀속하도록 강요한 구인자는 500만 원 이하의 과태료에 처합니다. 귀속을 강요하는 행위를 금지하는 것이므로 구직자의 지적재산권이 구인자에게 실제로 귀속되지 않았더라도 벌칙이 적용될 수 있음에 주의하시기 바랍니다.

네 번째 의무는 채용심사 비용의 부담금지의무입니다. 구인자는 채용심사를 목적으로 구직자에게 채용서류 제출에 드는 비용 이외의 일체의 금전적 비용을 부담시키지 못합니다. 다만, 사업장 및 직종의 특수성으로 인해 불가피한 사정이 있는 경우에는 먼저 고용노동부장관의 승인을 받아 구직자에게 채용심사비용의 일부를 부담하게 할 수 있습니다. 고용노동부장관의 승인을 받으려면 아래 '채용심사비용 승인신청서'에 '채용심사비용 산정 내역서'와 '채용(예정) 공고문'을 첨부해 지방고용노동관서의 장에게 제출해야 합니다.

다섯 번째 의무는 채용서류의 보관, 반환, 파기의무입니다. 구인자는 구직자의 채용 여부가 확정된 이후 일정 기간 채용서류를 보관하고, 확정된 채용대상자를 제외한 구직자가 채용서류의 반환을 청구하는 경우에는 본인임을 확인한 후 반환해야 합니다. 이는 채용서류를 재활용할 수 있도록 하기 위함으로, 채용서류가 홈페이지 또는 전자우편으로 제출된 경우나 구직자가 구인자의 요구 없이 자발적으로 제출한 경우에는 반환의무를 부담하지 않습니다. 채용서류의 반환 청구 기간은 구직자의 채용 여부가 확정된 날 이후 14~180일까지의 범위에서 구인자가 정한 기간입니다. 구인자는 구직자의 채용서류 반환 청구에 대비해 이 기간 동안 채용서류를 보관해야 하며, 구직자는 채용서류의 반환을 청구하는 경우에는 아래 '채용서류 반환청구서'를 구인자에게 제출해야 합니다. 그리고 구직자로부터 채용서류의 반환 청구를 받은 구인자는 구직자가 반환 청구를 한 날부터 14일 이내에 구직자에게 해당 채용서류를 특수취급우편물을 이용해 발송하거나 전달해야 합니다. 채용서류의 반환에 소요되는 비용은 원칙적으로 구인자가 부담하나, 구인자는 채용서류를 특수취급 우편물로 송달하는 경우 드는 요금 및 수수료의

■ 채용절차의 공정화에 관한 법률 시행규칙 [별지 제1호서식]

# 채용심사비용 승인신청서

※ [　]에는 해당되는 곳에 √표시를 합니다.

| 접수번호 | 접수일 | 처리기간　7일 |
|---|---|---|

| 신청인 | 사업장명 | | |
|---|---|---|---|
| | 대표자 성명 | | 생년월일 |
| | 소재지 | | |
| | (전화번호:　　　　　) | | |

| 신청내용 | 채용예정인원 | 명 | 상시근로자수 | 명 |
|---|---|---|---|---|
| | 채용심사내용 | | | |
| | 채용심사기간 | | | |
| | 채용심사비용 | 원 | 구직자 부담금액 | 원 |

심사비용 청구 사유(구체적으로 적으시기 바랍니다.)



'채용절차의 공정화에 관한 법률' 제9조제2항과 같은 법 시행규칙 제2조제1항에 따라 위와 같이 구직자의 채용심사비용 부담 승인을 신청합니다.

년　　월　　일

신청인　　　　　　　(서명 또는 인)

대리인　　　　　　　(서명 또는 인)

○○지방고용노동청(지청)장 귀하

| 첨부서류 | 1. 채용심사비용 산정 내역서 1부<br>2. 채용 공고문 1부 | 수수료 없음 |
|---|---|---|

| 처리절차 |
|---|

210mm×297mm[일반용지 60g/㎡(재활용품)]

범위에서 채용서류의 반환에 소용되는 비용을 구직자에게 부담하게 할 수 있습니다. 채용서류 반환 청구기간이 지난 경우나 채용서류를 반환하지 않는 경우에는 개인정보보호법에 따라 지체 없이 채용서류를 파기해야 합니다.

여섯 번째 의무는 채용절차상의 고지의무입니다. 채용절차상 고지해야 할 내용은 총4가지로 채용일정 및 채용과정의 고지, 채용서류의 반환 등에 관한 고지, 채용서류 접수사실 고지, 채용여부의 고지입니다.

먼저 채용일정 및 채용과정의 고지에 대해 살펴보면, 구인자는 구직자에게 채용일정, 채용심사 지연의 사실 등 채용과정을 홈페이지 게시, 휴대전화에 의한 문자전송, 전자우편, 팩스, 전화 등으로 알려야 합니다. 고지시점이 특별히 규정되어 있지는 않으나 채용광고 시 전체 일정을 알려 구직자가 취업일정 등을 잡도록 하는 것이 바람직합니다. 당초 채용일정이 변경된 경우에는 변경 시마다 알려야 합니다.

다음으로 채용서류의 반환 등에 관한 고지에 대해 살펴보도록 하겠습니다. 구인자는 채용 여부가 확정되기 전까지 채용서류 등의 반환, 보관, 파기, 비용 등에 관한 사항을 구직자에게 알려야 합니다. 구직자에게 반환청구를 할 수 있다는 사실과 반환청구 방법 등을 알림으로써 실질적으로 채용서류를 재활용할 수 있는 기회를 주기 위한 규정으로, 모집 시 채용광고에 기재해 알리는 것도 가능합니다. 구인자가 구직자에게 알려야 할 구체적인 사항은 총6가지로 채용서류의 반환을 청구할 수 있다는 사실(확정된 채용대상자 제외), 반환청구 대상 채용서류의 종

■ 채용절차의 공정화에 관한 법률 시행규칙[별지 제3호서식]

# 채용서류 반환청구서

| 접수번호 | | 접수일자 | |
|---|---|---|---|
| 청구인 | 성명 | 수험번호 | |
| 주 소 | | | |
| 반환장소<br>(주소와 다른<br>경우 기재) | | | |
| 반환청구서류 | | | |

'채용절차의 공정화에 관한 법률' 제11조 및 같은 법 시행령 제2조 및 제4조에 따라 위와 같이 채용
서류의 반환을 청구합니다.

년 월 일

청구인 (서명 또는 인)
○○사업장 귀하

## 공지사항

1. '채용절차의 공정화에 관한 법률 시행령' 제2조제1항에 따라 신청인이 채용서류의 반환을 요청하
   면 해당 사업장은 14일 이내에 반환요구서류를 발송하도록 하고 있습니다.
2. '채용절차의 공정화에 관한 법률 시행령' 제2조제2항에 따라 반환요구서류는 특수취급우편물을
   통해서 전달받거나, 사업장으로부터 직접 전달받을 수 있습니다.
3. '채용절차의 공정화에 관한 법률' 제11조제5항 및 같은 법 시행령 제5조제2항에 따라 채용서류의
   반환에 드는 비용을 청구인이 부담할 수 있습니다.

210mm×297mm[일반용지 60g/㎡(재활용품)]

류와 범위, 반환청구 제출방법, 반환 청구기간 및 이행기간, 반환 방법 및 비용부담, 채용서류의 보관기간 및 파기입니다.

세 번째로 채용서류 접수 사실 고지에 대해 살펴보도록 하겠습니다. 구인자는 채용서류를 받은 경우 지체 없이 구직자에게 접수된 사실을 홈페이지 게시, 휴대전화에 의한 문자전송, 전자우편, 팩스, 전화 등으로 알려야 합니다. 구인자가 채용서류 접수 사실을 인지하지 못할 수도 있고, 이를 구직자가 연락해 확인하는 것도 쉽지 않기 때문입니다.

네 번째로 채용여부의 고지에 대해 살펴보도록 하겠습니다. 구인자는 채용대상자를 확정한 경우 지체 없이 구직자에게 채용여부를 홈페이지 게시, 휴대전화에 의한 문자전송, 전자우편, 팩스, 전화 등 사업장에 맞는 방법으로 지체 없이 알려야 합니다. 합격자뿐만 아니라 불합격자에게도 불합격 사실을 알려주어야 한다는 점에 주의하시기 바랍니다.

아래는 채용공고문 작성 예시입니다. 공고문에 채용일정 및 채용과정과 채용서류의 반환 등에 관한 고지도 포함했으니 업무에 참고하시기 바랍니다.

# 직원 공개 모집

## 1. 모집직무
전산개발 5명

## 2. 자격요건
전산 관련 기사 이상 자격증 소지자

본사 취업규칙의 채용 결격사유에 해당하지 않는 자(구체적 명시)

## 3. 근무조건
정규직

주 5일 근무(월 - 금, 9:00~18:00)

보수는 본사 보수규정에 따름

## 4. 전형절차

| 전형 | 일정 | 결과발표 |
|------|------|----------|
| 지원서접수 | 00.00~00.00 | 00.00~00.00 |
| 필기전형 | 00.00~00.00 | 00.00~00.00 |
| 면접전형 | 00.00~00.00 | 00.00~00.00 |
| 신체검사 | 00.00~00.00 | 00.00~00.00(최종합격) |
| 입사예정일 | 00.00 | |

## 5. 입사지원서 제출
제출기한 : 09.20.

제출방법 : **홈페이지**(홈페이지 주소), **전자우편**(이메일 주소), **우편**(회사 주소)

제출서류 :

① 입사지원서(당사 양식)

② 전산 관련 기사 이상 자격증 사본(전자계산기, 정보통신, 정보처리, 전자계산기조
직응용, 정보보안 중 1개)

## 6. 채용서류 반환에 관한 고지

① 최종합격자를 제외한 구직자는 기제출한 채용서류를 반환받을 수 있음

② 당사 채용에 응시한 구직자 중 최종합격이 되지 못한 구직자는 0000년 00월 00일부터 0000년 00월 00일까지 제출한 채용서류의 반환을 청구할 수 있음. 다만, 홈페이지 또는 전자우편으로 제출된 경우나 구직자가 당사의 요구 없이 자발적으로 제출한 경우에는 그러하지 아니하며, 천재지변이나 그 밖에 당사에게 책임 없는 사유로 채용서류가 멸실된 경우에는 반환한 것으로 봄.

③ 채용서류 반환 청구를 하려는 구직자는 채용서류 반환청구서[채용절차의 공정화에 관한 법률 시행규칙 별지 제3호 서식]를 작성해 당사로 팩스(02-0000-0000) 또는 이메일(00000@0000.00.00)로 제출하면, 제출이 확인된 날로부터 14일 이내에 지정한 주소지로 등기우편을 통해 발송해드림. 이 경우 등기우편 요금은 수신자 부담으로 함.

  * 수신자 부담을 하지 않을 경우 채용서류 반환 비용을 입금할 수 있는 금융기관 계좌 명시

④ 당사는 구직자의 반환 청구에 대비해 0000년 00월 00일까지 채용서류를 보관하게 되며, 그때까지 채용서류의 반환을 청구하지 않을 경우에는 '개인정보보호법'에 따라 지체 없이 채용서류 일체를 파기할 예정임.

# 📓 08 근로계약서는 어떻게 작성해야 하나요?

노동법은 어디까지나 근로조건의 최저 기준일 뿐 구체적인 근로조건을 제시하지 못하기 때문에 근로를 시작하기 전에 근로계약 당사자 간 어떤 일을 언제부터 언제까지 하면 얼마를 받을 수 있는지와 같은 구체적인 근로조건을 정하는 것이 필요합니다.

보통 근로계약은 사용자가 근로조건을 제시하고 근로자가 이를 수락하는 형태로 이루어집니다. 서면뿐 아니라 구두로 체결한 계약도 유효하지만, 구두로 근로계약을 체결하는 경우 양 당사자가 근로조건을 다르게 인식해 분쟁이 발생할 가능성이 높기 때문에 우리 노동법은 주요 근로조건을 서면으로 명시하고 사용자가 근로자에게 교부하도록 강제하고 있습니다.

근로계약을 체결하거나 변경할 때 반드시 명시해야 하는 근로조건은 임금의 구성항목·계산방법·지급방법, 소정근로시간, 근로기준법 제55조에 따른 휴일, 연차유급휴가, 취업의 장소, 종사해야 할 업무, 취업규칙에서 정한 사항, 기숙사 규칙에서 정한 사항입니다. 이 중에서 임금, 소정근로시간, 휴일, 연차유급휴가는 서면으로 명시하고 교부해야 합니다. 이를 위반한 경우 즉시 시정하지 않으면 500만 원 이하의 벌금이 부과됩니다.

기간제근로자 또는 단시간근로자와 근로계약을 체결하는 때에는 '기간제및단시간근로보호등에관한법률(이하 '기간제법')'이 추가로 적용되어 일반 근로자의 서면 명시 근로조건 외에 근로계약기간에 관한 사항, 휴게에 관한 사항, 취업의 장소, 종사해야 할 업무, 근로일 및 근로일별 근로시간(단시간근로자에 한함)을 추가로 서면으로 명시해야 합니다. 이를 위반한 경우에는 즉시 과태료가 부과됩니다.

파견근로자와 근로계약을 체결하고 근로자파견을 하고자 할 때는 '파견근로자보호등에관한법률'이 추가로 적용되어 일반 근로자의 서면 명시 근로조건 외에 파견근로자로서 고용한다는 사실, 근로자파견계약의 내용(파견근로자의 수, 파견근로자가 종사할 업무의 내용, 파견 사유, 파견근로자가 파견되어 근로할 사업장의 명칭 및 소재지 기타 파견근로자의 근로 장소, 파견근로 중인 파견근로자를 직접 지휘·명령할 자에 관한 사항, 근로자파견기간 및 파견근로 개시일에 관한 사항, 시업 및 종업의 시각과 휴게시간에 관한 사항, 휴일·휴가에 관한 사항, 연장·야간·휴일근로에 관한 사항, 안전 및 보건에 관한 사항, 근로자파견의 대가, 파견사업관리책임자 및 사용사업관리책임자의 성명·소속 및 직위), 파견되어 근로할 사업장의 복리후생시설의 이용에 관한 사항, 파견의 대가(파견근로자가 요구하는 경우에 한함)도 추가로 서면으로 명시해야 합니다. 이를 위반한 경우 즉시 시정하지 않으면 과태료가 부과됩니다.

아래 표는 근로자 유형별 서면으로 명시해야 하는 근로조건을 정리한 것입니다. 업무에 참고하시기 바랍니다.

## [표] 서면명시사항

| 일반근로자 | 기간제 및 단시간근로자 | 파견근로자 |
|---|---|---|
| ① 임금의 구성항목·계산방법·지급방법<br>② 소정근로시간<br>③ 근로기준법 제55조에 따른 휴일<br>④ 연차유급휴가 | 일반근로자 서면명시사항<br>+<br>① 근로계약기간에 관한 사항<br>② 휴게에 관한 사항<br>③ 취업의 장소<br>④ 종사해야 할 업무<br>⑤ 근로일 및 근로일별 근로시간(단시간근로자에 한함) | 일반근로자 서면명시사항<br>+<br>① 파견근로자로서 고용한다는 사실<br>② 근로자파견계약의 내용<br>③ 파견되어 근로할 사업장의 복리후생시설의 이용에 관한 사항<br>④ 파견의 대가(파견근로자가 요구하는 경우에 한함) |

한편, 명시된 근로조건이 사실과 다를 경우 근로자는 근로조건 위반을 이유로 사용자에게 손해배상을 청구할 수 있으며 즉시 근로계약을 해제할 수 있습니다. 이때, 손해배상 청구는 민사소송뿐만 아니라 노동위원회에도 할 수 있으며, 근로계약이 해제되었을 경우 사용자는 취업을 목적으로 거주를 변경하는 근로자에게 귀향여비를 지급해야 합니다.

작성한 근로계약서는 근로관계 종료 후 분쟁 발생에 대비해 사용자에게 근로관계가 끝난 날로부터 3년간 근로계약서를 보존해야 합니다. 이를 위반한 경우에는 500만 원 이하의 과태료가 부과됩니다.

근로계약서는 당사자 간 근로조건에 관한 합의 내용을 적은 문서이기 때문에 법정 필수 기재사항을 포함하기만 한다면 양식에 제한은 없으나, 고용노동부는 근로계약서 작성에 어려움이 있는 사업장을 위해 표준근로계약서를 개발해 배포하고 있으니 자체 양식 개발에 어려움이 있는 사업장에서는 아래 근로계약서 양식을 참고하시기 바랍니다.

# 근로계약서

_____(이하 "갑"이라 함)과(와) _____(이하 "을"이라 함)은 다음과 같이 근로계약을 체결한다.

1. 근로계약기간:     년  월  일부터     년  월  일까지
   ※ 근로계약기간을 정하지 않는 경우에는 "근로개시일"만 기재

2. 근 무 장 소:

3. 업무의 내용:

4. 소정근로시간:__시 __분부터 __시 __분까지(휴게시간 : __시 __분~ __시 __분)

5. 근무일/휴일:매주   일(또는 매일 단위)근무, 주휴일 매주   요일

6. 임 금
   – 월(일, 시간)급:_____원
   – 상여금:있음(   )          원, 없음(   )
   – 기타급여(제수당 등):있음(   ), 없음(   )
     • _____원, _____원
     • _____원, _____원
   – 임금지급일:매월(매주 또는 매일)     일(휴일의 경우는 전일 지급)
   – 지급방법:을에게 직접지급(   ), 예금통장에 입금(   )

7. 연차유급휴가
   – 연차유급휴가는 근로기준법에서 정하는 바에 따라 부여함

8. 사회보험 적용여부(해당란에 체크)
   □ 고용보험 □ 산재보험 □ 국민연금 □ 건강보험

9. 근로계약서 교부
   – "갑"은 근로계약을 체결함과 동시에 본 계약서를 사본해 "을"의 교부요구와 관계없이
     "을"에게 교부함(근로기준법 제17조 이행)

10. 기 타
    – 이 계약에 정함이 없는 사항은 근로기준법령에 의함
      년  월  일

(갑) 사업체명:        (전화 :          )
    주   소:
    대 표 자:        (서명)
(을) 주   소:
    연 락 처:
    성   명:        (서명)

# 09 근로자명부도 작성해서 보관해야 합니다

　사용자는 근로자를 채용한 경우 사업장별로 근로자명부를 작성해야 합니다. 이를 위반한 경우에는 500만 원 이하의 과태료가 부과됩니다. 근로자명부를 작성토록 한 것은 인사관리의 한 축인 사람에 대한 정보를 관리함으로써 인사관리 활동을 보다 효율적으로 수행하도록 하기 위함입니다. 예컨대, 공석이 된 직무에 기존 인력을 배치하고자 할 때, 근로자명부는 근로자에 대한 구체적인 정보를 제공함으로써 직무에 적합한 인력을 선별할 수 있게 도와줍니다.

　근로기준법에서 정하고 있는 근로자명부의 기재사항은 성명, 성별, 생년월일, 주소, 이력, 종사하는 업무의 종류, 고용 또는 고용갱신 연월일, 계약기간을 정한 경우에는 그 기간, 그 밖의 고용에 관한 사항, 해고, 퇴직 또는 사망한 경우에는 그 연월일과 사유, 그 밖에 필요한 사항입니다. 흔히 기업에서는 인사관리카드라는 이름으로 제반 인사내용을 포함한 근로자명부를 관리하고 있습니다.

　근로자명부에 적을 사항이 변경된 경우에는 지체 없이 정정해야 하며, 근로자가 해고되거나 퇴직 또는 사망한 날부터 3년간 보존해야 합니다. 다만 30일 미만인 일용근로자에 대해서는 근로자명부를 작성하지 않을 수 있습니다.

# 근로자 명부

| ① 성명 | | ② 생년월일 | |
|---|---|---|---|
| ③ 주소 | (전화 :        ) | | |
| ④ 부양가족 | 명 | ⑤ 종사업무 | |

| 이력 | ⑥ 기능 및 자격 | | 퇴직 | ⑩ 해고일 | 년    월    일 |
|---|---|---|---|---|---|
| | ⑦ 최종 학력 | | | ⑪ 퇴직일 | 년    월    일 |
| | ⑧ 경력 | | | ⑫ 사유 | |
| | ⑨ 병역 | | | ⑬ 금품청산 등 | |

| ⑭ 고용일(계약기간) | 년    월    일 | ⑮ 근로계약갱신일 | 년    월    일 |
|---|---|---|---|

⑯ 근로계약조건



⑰ 특기사항(교육, 건강, 휴직 등)

근로자는 퇴직 후 3년간은 회사에 사용 기간, 업무 종류, 지위와 임금, 그 밖에 필요한 사항에 관한 사용증명서를 청구할 수 있는데, 30일 미만 일용근로자는 근로자명부의 작성 예외에 해당하기 때문에 사용증명서도 청구할 수 없습니다.

근로자명부도 근로계약서와 마찬가지로 법정 필수 기재사항을 포함하기만 한다면 양식에 제한은 없으나, 근로기준법 시행규칙이 근로자명부 서식을 제공하고 있으니 자체 양식을 만들기 어려운 사업장에서는 예시된 근로자명부를 참고하시기 바랍니다.

## 10 근로계약기간은 어떻게 정해야 하나요?

근로계약기간을 정한다는 것은 사전에 근로관계의 종료시점을 정한다는 뜻입니다. 만약 회사가 특정 인원과 지속적인 근로관계의 유지를 원한다면 근로계약의 종료시점을 정하지 않고 근로계약서에 근로개시일만 명시하면 됩니다. 그러나 특정 인원이 지속적으로 필요하지 않을 때는 사전에 근로관계의 종료시점을 반드시 명시해야 합니다. 예컨대, 육아휴직을 간 근로자의 업무를 대신 하기 위해 사람을 뽑는 경우가 그렇습니다. 왜냐하면 우리나라는 근로계약기간 도중 사용자가 일방적으로 근로관계를 종료하는 조치인 해고를 법으로 엄격히 제한하고 있기 때문입니다. 근로계약기간의 종료시점을 정하지 않으면 설사 육아휴직을 간 사람이 복귀한다 하더라도 육아휴직자의 복귀를 이유로 사용자가 일방적으로 대체인력과의 근로관계를 종료할 수 없습니다.

그런데 재미있게도 이 해고 제한 규정으로 인해 근로계약기간을 설정하는 일이 발생하기 시작했습니다. 근로계약기간을 정한 경우에는 기간의 만료로 근로관계는 당연히 종료되어 해고 제한 규정의 적용을 받지 않기 때문입니다.

그래서 법원은 기간제 근로계약의 남용을 막기 위해 새로운 법리를 형성하기 시작했습니다. 기간의 정함이 있는 근로계약은 그 기간의 만료로 종료되는 것이 원칙이고, 계약을 갱신할 것인지의 여부는 당사자의 자유에 속하는 일이지만, 예외적인 경우에는 이러한 원칙을 깨고 계약의 갱신거절을 해고와 동일하게 본다는 것입니다.

법원이 이야기하는 예외적인 경우는 크게 2가지입니다. 그중 첫 번째는 기간제 근로계약을 체결했더라도 사실상 기간의 정함이 없는 근로계약으로 볼 수 있는 경우입니다. 사용자가 고용보장을 약속하면서 근로계약서에는 근로계약기간을 명시한 경우 등이 여기에 해당합니다. 이때는 사용자의 계약갱신 거절에 근로기준법 제23조의 '정당한 이유'가 있어야 합니다.

두 번째 예외는 기간제 근로계약이기는 하지만 근로자에게 계약갱신에 대한 정당한 갱신기대권이 인정되는 경우입니다. 법원은 정당한 갱신기대권이 인정되는지 여부를 해당 계약이 수차례 반복 갱신 체결되었거나, 계약기간 등을 설정할 특별한 이유가 발견되지 않거나, 근로자가 수행하는 업무가 상시 계속적인 업무이거나, 취업규칙 등에 갱신 의무 또는 갱신 절차 규정이 존재하거나, 근무실적을 평가해 일정 수준 이상이면 재계약하도록 규정하는 등의 구체적 사정을 종합적으로 고려해 판단합니다. 그리고 이를 통해 정당한 갱신기대권이 인정됨에도 불구하고 '합리적 이유' 없이 계약갱신을 거절하면 부당해고로 판단합니다. 합리적 이유란 정당한 이유보다는 완화된 기준으로 사용자의 사업 목적과 성격, 사업장 여건, 근로자의 지위 및 담당 직무의 내용, 근로계약 체결 경위, 근로계약의 갱신에 관한 요건이나 절차의 설정 여부와 그 운용 실태, 근로자에게 책임 있는 사유가 있는지 여부 등 당해 근로관계를 둘러싼 여러 사정을 종합해 갱신 거부의 사유와 그 절차가 사회통념에 비추어 볼 때 객관적이고 합리적이며 공정한지를 말합니다. 구체적인 사례에 있어 갱신기대권과 합리적 이유의 유무는 법원의 판단에 따라 달라질 것이나, 이러한 판단의 핵심은 법원이 기간제 근로계약을 통해 해고 제한 규정을 회피하는 행위를 막겠다는 것이기 때문에 이점을 고려해 근로계약기간을 설정하면 될 것입니다.

2007년부터는 기간제및단시간근로자보호등에관한법률(이하 '기간제법')이 시행되어 법률로서 기간제 근로계약의 남용을 막고 있습니다. 기간제법은 2년을 초과하지 않는 범위에서 기간제 근로자를 사용할 수 있습니다. 기간제 근로계약의 반복갱신 등의 경우에는 그 계속 근로한 총기간이 2년을 초과하지 않는 범위 안에서 사용할 수 있습니다. 만약 이러한 제한에도 불구하고 2년을 초과해 기간제 근로자를 사용하는 경우에는 그 기간제 근로자는 기간의 정함이 없는 근로계약을 체결한 근로자가 됩니다. 그래서 사용기간이 2년을 초과한 시점부터는 근로계약 기간이 만료됐음을 이유로 근로관계를 종료할 수 없습니다. 만약 정당한 이유 없이 사용자가 일방적으로 근로관계를 종료하는 경우 부당해고 문제가 발생할 수 있습니다.

따라서 필요에 따라 기간제 근로계약을 체결하는 경우에는 총계약기간은 2년을 초과하지 않도록 관리해야 합니다. 나아가 근로계약 종료일이 도래했으나 당사자 간에 아무런 합의 없이 근로자가 계속해 근로를 제공하고 이에 대해 사용자가 상당한 기간 이의를 제기하지 않은 경우에는 근로계약은 전과 동일한 기간만큼 갱신된 것으로 보기 때문에 기간제 근로계약을 체결했다면 그 이후에는 반드시 근로계약 종료일을 관리해야 할 것입니다.

## 11 2년을 초과해서 기간제 근로자를 사용할 수 있나요?

기간제법은 기간제 근로자를 2년을 초과하지 않는 범위에서 사용할 수 있도록 하는 것을 원칙으로 하면서, 2년을 초과해 기간제 근로자를 사용할 수 있는 7가지 예외를 법으로 정하고 있습니다.

첫 번째 예외는 사업의 완료 또는 특정한 업무의 완성에 필요한 기간을 정한 경우입니다. 예를 들면 건설공사 등 유기사업, 특정 프로그램

개발 또는 프로젝트 완수를 위한 사업 등과 같이 원칙적으로 한시적이거나 일회성 사업의 특성을 갖는 경우가 여기에 해당합니다. 사업의 객관적인 성격으로 인해 일정 기간 후 종료될 것이 명백한 경우여야 본 예외에 해당합니다. 근로계약 체결 시 주의할 점은 별도의 사정이 없는 한 당해 사업의 종료시점까지를 근로계약기간으로 해야 한다는 것이며, 사업 완료에 필요한 기간을 정해 근로자를 채용한 때에는 해당 근로자는 당해 사업에 관련된 업무를 수행해야 합니다.

두 번째 예외는 휴직·파견 등으로 결원이 발생해 당해 근로자가 복귀할 때까지 그 업무를 대신할 필요가 있는 경우입니다. 출산, 질병, 군입대 등으로 인해 기존 근로자가 휴직하거나 장기 파견된 경우 당해 근로자를 대체하는 경우 등이 여기에 해당합니다. 근로자가 대체인력으로 채용된 것임을 인식하지 못한 경우 근로관계 종료 시 분쟁 발생 가능성이 있기 때문에 이 경우에는 근로계약서에 사유를 명시하는 것이 바람직합니다.

세 번째 예외는 근로자가 학업, 직업훈련 등을 이수함에 따라 그 이수에 필요한 기간을 정한 경우입니다. 근로자가 학업, 직업훈련 등을 통해 자주적으로 직업능력을 개발하고자 하는 경우에는 동 소요기간과 관련해서는 근로계약기간에 제한을 두지 않겠다는 것이며 학업, 직업훈련과 직장의 양립을 도모하려는 취지입니다. 여기서 주의해야 할 점은 이수에 필요한 기간은 학위취득기간이 아닌 수업을 듣는 기간이라는 것과 학업, 직업훈련은 반드시 직무 관련 과목에 한하는 것은 아니라는 것입니다.

네 번째 예외는 '고령자고용촉진법' 제2조제1호의 고령자와 근로계약을 체결하는 경우입니다. 본 규정은 재취업이 어려운 고령자의 고용촉진을 위해 고령자에 대한 예외를 허용한 것으로, 여기서 고령자란 55세 이상인 자를 말합니다. 55세 이상인지 여부는 근로계약 체결 및 갱신 당시 나이를 기준으로 합니다. 55세 이전에 이미 기간의 정함이 없는 근로자로 전환된 근로자에 대해서는 본 규정을 적용하지 않습니다.

다섯 번째 예외는 전문적 지식·기술의 활용이 필요한 경우입니다. 박사학위 소지자가 해당 분야에 종사하는 경우, 기술사 자격을 소지하고 해당 분야에 종사하는 경우, 전문자격을 소지하고 해당 분야에 종사하는 경우를 의미합니다. 전문국가자격에는 건축사, 공인노무사, 공인회계사, 관세사, 변리사, 변호사, 보험계리사, 손해사정사, 감정평가사, 수의사, 세무사, 약사, 한약사, 한약업사, 한약조제사, 의사, 치과의사, 한의사, 경영지도사, 기술지도사, 사업용조종사, 운송용조종사, 항공교통관제사, 항공기관사, 항공사가 있습니다. 해당 분야에 종사할 것을 조건으로 하기 때문에 의사를 의학전문기자로 사용하는 경우는 이에 해당하지 않는다는 것이 고용노동부의 해석입니다. 전문인력이 다른 업무를 병행하는 것은 가능하지만 주된 업무는 반드시 해당 분야여야 합니다.

여섯 번째 예외는 정부의 복지정책·실업대책 등에 따라 일자리를 제공하는 경우로서 대통령령이 정하는 경우입니다. 대통령령이 정하는 경우란 법령에 따라 국민의 직업능력 개발, 취업촉진 및 사회적으로 필요한 서비스 제공 등을 위해 일자리를 제공하는 경우, 제대군인의 고용증진 및 생활안정을 위해 일자리를 제공하는 경우, 국가보훈대상자에 대한 복지증진 및 생활안정을 위해 보훈도우미 등 복지지원 인력을 운영하는 경우입니다.

일곱 번째 예외는 그 밖에 이에 준하는 합리적인 사유가 있는 경우로서 대통령령이 정하는 경우입니다. 대통령령이 정하는 경우란 다른 법령에서 기간제근로자의 사용 기간을 달리 정하거나 별도의 기간을 정해 근로계약을 체결할 수 있도록 한 경우, 국방부장관이 인정하는 군사적 전문적 지식·기술을 가지고 관련 직업에 종사하거나 대학에서 안보 및 군사학 과목을 강의하는 경우, 특수한 경력을 갖추고 국가 안전보장, 국방·외교 또는 통일과 관련된 업무에 종사하는 경우, 대학에서 조교, 겸임교수, 명예교수, 시간강사, 초빙교원 등의 업무에 종사하는 경우, 한국표준직업분류의 대분류 1과 대분류 2 직업에 종사하는 자의 근로소득(최근 2년간의 연평균 근로소득을 말한다)이 고용노동부장관이 최근 조사한 고용형태별 근로실태조사의 한국표준직업분류 대분류 2 직업에 종사하는 자의 근로소득 상위 100분의 25에 해당하는 경우, 4주 동안을 평균해 1주 동안의 소정근로시간이 15시간 미만인 근로자를 사용하는 경우, 선수와 체육지도자 업무에 종사하는 경우, 국공립연구기관 등에서 연구업무에 직접 종사하는 경우 또는 실험·조사 등을 수행하는 등 연구업무에 직접 관여해 지원하는 업무에 종사하는 경우입니다.

덧붙여 기간제 근로자 사용기간 제한에 관한 규정은 상시 4인 이하 근로자를 사용하는 사업에는 적용되지 않기 때문에 상시 4인 이하 사업장은 사용기간 제한의 예외에 해당하지 않더라도 2년을 초과해 기간제 근로자를 사용할 수 있습니다.

**제3장**

# 근로시간 관리

# 근로시간은 어떻게 정해야 하나요?

**12**

기업 입장에서는 근로자가 항시 대기하고 있어 필요 즉시 노동력을 제공해주기를 원하지만, 근로자 입장에서는 자신의 개인적 삶도 존재하기 때문에 근로계약을 체결했다는 이유로 무제한 사용자의 처분 아래 자신의 노동력을 둘 수는 없습니다. 그리고 기업 입장에서도 장시간 근로가 반드시 이익이 되는 것도 아닙니다. 왜냐하면, 근로시간이 길어지면 지급해야 하는 임금은 늘어나는 반면, 근로자의 생산성은 저하되기 때문입니다. 이 때문에 근로기준법은 근로시간의 상한을 정하고 있습니다.

사용자는 근로계약을 체결할 때 소정근로시간을 사전에 반드시 정해 서면으로 명시해서 교부해야 합니다. 여기서 소정근로시간이란 법정근로시간의 범위에서 근로자와 사용자 사이에 정한 근로시간입니다. 그리고 법정근로시간은 법률이 정한 1일 및 1주에 대한 근로시간의 한도입니다. 이하에서는 법정근로시간에 대해 알아보도록 하겠습니다.

근로기준법과 산업안전보건법은 법정근로시간을 일반 근로자, 연소근로자(18세 미만인 자), 유해위험작업종사자의 3가지 경우로 달리 정하고 있습니다.

[표] 법정근로시간

| 구분 | 1일 | 1주 | 비고 |
|---|---|---|---|
| 일반근로자 | 8시간 | 40시간 | 근로기준법 |
| 연소근로자 | 7시간 | 35시간 | 근로기준법 |
| 유해위험작업종사자 | 6시간 | 34시간 | 산업안전보건법 |

첫 번째로 일반 근로자의 법정근로시간은 휴게시간을 제외하고 1일 8시간, 1주 40시간을 초과할 수 없습니다. 보통 근로시간은 1일 8시간, 주 5일 근무로 설계하는 것이 일반적이지만, 사업장의 필요에 따라 주 40시간을 주 6일로 나누어 분배하는 것도 가능합니다.

두 번째로 연소근로자의 근로시간은 1일 7시간, 1주 35시간을 초과할 수 없습니다. 연소근로자란 15세 이상 18세 미만인 근로자로서 기존 연소근로자의 법정근로시간은 1주 40시간이었으나, 2018년 7월 1일부터 법정근로시간이 1주 35시간으로 단축되었습니다. 동시에 1주 연장근로시간 한도 또한 기존 1일 1시간, 1주 6시간에서 1일 1시간, 1주 5시간으로 개정됨에 따라 연소근로자의 근로시간은 1주 최대 40시간을 초과하지 못합니다.

유해위험작업종사자는 '산업안전보건법' 제46조에 따라 1일 6시간, 1주 34시간을 초과할 수 없습니다. 유해위험작업이란 잠함 또는 잠수작업 등 높은 기압에서 하는 작업을 말합니다.

사용자와 근로자는 법정근로시간의 범위 내에서 자유롭게 근로시간을 정할 수 있습니다.

## 13 휴게시간은 어떻게 정해야 하나요?

근로자와 사용자는 근로계약을 체결할 때 소정근로시간뿐 아니라 휴게시간도 정해야 합니다. 근로기준법은 계속적인 근로에 따른 피로감으로부터 근로자의 건강을 보호하고, 작업능률을 증진시키기 위해 휴게시간의 최저를 법으로 정하고 있습니다.

휴게시간은 근로시간이 4시간인 경우에는 30분 이상, 8시간인 경우에는 1시간 이상으로 정해야 합니다. 근로시간이 4시간 미만인 경우에는 휴게시간을 주지 않아도 되지만, 근로시간이 4시간 이상 8시간 미만인 경우에는 30분 이상의 휴게시간을 부여해야 합니다. 예컨대, 근로시간이 7시간 50분인 근로자도 4시간만 일하는 근로자와 동일하게 휴게시간을 30분만 부여해도 적법합니다. 같은 취지로 근로시간이 8시간 이상인 경우에는 1시간 이상의 휴게시간을 주면 될 뿐, 근로시간에 비례해 휴게시간을 추가로 주어야 하는 것은 아닙니다.

근로기준법은 휴게시간의 최저기준을 정했을 뿐, 상한을 제한하고 있지는 않으므로 합리성을 잃지 않는 범위 내에서 휴게시간을 길게 부여하는 것도 가능합니다. 대부분의 사업장은 점심시간 1시간을 휴게시간으로 정하고 있습니다. 휴게시간은 일시적으로 부여하는 것이 휴게제도의 취지에 부합하지만, 작업의 성질 또는 사업장의 근로조건 등에 비추어 사회통념상 합리적인 이유가 있다면 휴게시간을 분할해서 주는 것도 가능합니다.

휴게시간은 근로시간 도중 사용자의 지휘·감독에서 완전히 벗어나 근로자가 자유롭게 이용할 수 있습니다. 따라서 휴게시간 중 외출도 원칙적으로는 자유이며, 사용자는 휴게시간에 대해 임금을 지급하지 않아도 됩니다. 그러나 휴게시간은 작업의 시작으로부터 종료 시까지 제한된 시간 중의 일부이므로 휴게시간의 이용 장소와 방법에 있어 다음 작업의 계속을 위해 사용자가 일정 수준의 제약을 가할 수 있습니다. 예컨대, 사용자의 지휘·감독을 벗어나 휴게시간을 자유롭게 이용할 수 있도록 하되 구체적인 사정을 고려해 그 장소를 사업장 안으로 제한하는 것은 합리적인 제한으로 볼 수 있습니다.

한편, 휴게시간은 사용자의 지휘감독에서 완전히 벗어난 시간이므로, 실제 근로 제공 없이 휴식을 취했다 하더라도 언제 사용자의 근로 제공 요구가 있을지 모르는 상태에서 기다리는 대기시간은 근로시간에 해당합니다. 휴게시간을 모호하게 정한 경우에는 근로자가 자유롭게 이용할 수 없기 때문에 근로시간으로 볼 가능성이 높으므로 휴게시간은 사전에 명확하게 정하는 것이 필요합니다.

# 14 주 52시간제에 대해 알고 싶습니다

사업을 운영하다 보면 상황에 따라 초과근로의 필요성이 생기는데 이것을 완전히 금지하는 것은 현실적이지 않을뿐더러 실효성도 없습니다. 그래서 근로기준법은 당사자 간 합의를 조건으로 법정근로시간을 초과해 근로할 수 있는 길을 열어두었습니다. 이를 연장근로라고 합니다. 연장근로의 한도는 1주 12시간입니다. 상대적 약자인 근로자가 사용자의 연장근로 요구를 거부하기란 쉽지 않다는 점을 고려해 연장근로를 허용하되, 한도를 둔 것입니다. 동시에, 근로기준법은 연장근로에 대해서는 통상임금의 100분의 50 이상을 가산해 지급하도록 함으로써 경제적 압박을 통해 간접적으로 연장근로를 억제하고 있습니다.

일반근로자의 경우 1주간의 법정근로시간은 40시간을 초과할 수 없기 때문에 여기에 1주간 연장근로 한도인 12시간을 합하면 1주간 최대 근로시간은 52시간이 됩니다. 다시말해 주 52시간제란 연장근로를 포함한 1주 최대근로시간입니다.

사실 법조문을 문언 그대로 해석하면 2014년 7월 1일부터 주 52시간제가 시행된 것처럼 보입니다. 그러나 그간 우리 산업현장에서는 1주간 최대 68시간의 근로가 합법적으로 이루어져 왔습니다. 왜 그랬을까요?

바로 우리 고용노동부의 창의적인 법 해석방법 때문입니다. 우리 고용노동부는 휴일에 하는 근로는 1일 8시간을 초과하지 않는 이상 연장근로에 해당하지 않는다고 보았습니다. 이러한 해석방식에 따르면 1주에 휴일이 1일인 사업장은 주 52시간에 1일 8시간의 휴일근로를 더해 1주 최대 60시간의 근로가 가능하고, 1주에 휴일이 2일인 사업장은 주 52시간에 2일 16시간의 휴일근로를 더해 1주 최대 68시간의 근로가 가능해집니다.

주의할 점은 주 5일제 사업장이라고 해서 1주에 휴일이 2일인 것은 아니라는 것입니다. 무슨 말이냐고요? 1주일 중 소정근로일이 5일이고 주휴일이 1일인 사업장의 경우, 나머지 1일을 노사가 취업규칙 등으로 휴일로 정하지 않으면 그날은 휴일이 아니라는 것입니다. 휴일과 동일하게 쉬는 날이지만 휴일로 정하지 않으면 그날은 휴무일이 되고, 그날의 근로는 연장근로가 됩니다. 따라서 나머지 1일을 취업규칙 등으로 휴일로 정한 경우에야 1주 최대 68시간의 근로가 가능해집니다.

그리고 이처럼 휴일과 휴무일을 구분하는 고용노동부의 해석은 그동안 장시간 근로 개선과 일자리 창출에 걸림돌로 작용해왔습니다. 이에 국회는 근로시간에 관한 규정을 개정한 것이 아니라, 1주를 휴일을 포함한 7일로 정의함으로써 1주 근로시간 한도를 52시간으로 명확히 했습니다. 일반인으로서는 당연한 1주의 개념을 법으로 규정한 후에야 주 52시간 시대가 열렸다니 법 해석은 너무나 재미있습니다.

[표] 개정 전후 비교

| 개정 전 | 개정 후 |
|---|---|
| 1주 최대 근로 가능 시간 :<br>68시간 또는 60시간<br>* 68시간 = 40시간 + 12시간 + 16시간(휴<br>  일이 2일인 경우)<br>* 60시간 = 40시간 + 12시간 + 8시간<br>  (휴일이 1일인 경우) | 1주 최대 근로 가능 시간 : 52시간<br>* 52시간 = 40시간 + 12시간 |

아무튼, 그렇게 2018년 7월 1일부터 주 52시간 시대가 열렸습니다. 다만, 근로시간이 단축되면 근로자의 임금도 줄어들 수 있고, 중소기업이 경영상 부담을 느낄 수 있기 때문에 상시 근로자수가 300인 미만인 사업장은 2020년 7월 1일 이후 주 52시간제를 순차적으로 적용받게 됩니다. 상시 근로자수에 따른 주 52시간제 시행시기는 다음과 같습니다.

- 근로자 300인 이상 및 국가, 지자체, 공공기관 : 2018년 7월 1일
  단, 특례업종에서 제외된 21개 업종은 2019년 7월 1일
- 근로자 50~300인 미만 : 2020년 1월 1일
- 근로자 5~50인 미만 : 2021년 7월 1일

그러나 여기에도 예외는 있습니다. 상시근로자수가 30인 미만 사업장의 경우 충분한 준비 시간을 주기 위해 2021년 7월 1일부터 2022년 12월 31일까지는 1주 8시간의 범위 안에서 근로자 대표와의 서면합의 시 특별연장근로를 허용합니다. 다만, 18세 미만 연소근로자는 특별연장근로 적용대상에서 제외됩니다. 만약 특별연장근로를 적용하던 중

사업장의 상시 근로자수가 30인 이상이 된 경우에는 그 시점부터 특별 연장근로가 허용되지 않습니다.

　마지막으로 주의할 점은 노동법은 연소근로자, 임신 중의 여성근로자, 산후 1년이 지나지 않은 여성근로자, 유해위험작업종사자에 대해서는 별도의 연장근로의 한도를 두고 있다는 것입니다. 연소근로자의 연장근로 한도는 1일 1시간, 1주 5시간입니다. 임신 중의 여성근로자는 일체의 연장근로가 금지됩니다. 산후 1년이 지나지 않은 여성근로자는 1일 2시간, 1주 6시간, 1년 150시간을 한도로 연장근로가 가능하며, 유해위험작업종사자는 임신 중의 여성근로자와 마찬가지로 연장근로를 해서는 안 됩니다.

[표] 근로자별 연장근로 한도

| 구분 | 연장근로 한도 | 비고 |
|---|---|---|
| 연소근로자 | 1일 1시간, 1주 5시간 | 근로기준법 |
| 임신 중의 여성근로자 | 연장근로 금지 | |
| 산후 1년이 지나지 않은 여성근로자 | 1일 2시간, 1주 6시간, 1년 150시간 | |
| 유해위험작업종사자 | 연장근로 금지 | 산업안전보건법 |

# 주 52시간제가 적용되지 않는 사업이 있나요?

상시 근로자수 5인 이상 사업임에도 불구하고 주 52시간제의 적용을 받지 않을 수 있는 사업이 있습니다. 바로 육상운송 및 파이프라인 운송업(노선여객자동차 운송사업은 제외), 수상운송업, 항공운송업, 기타 운송 관련 서비스업, 보건업이 그렇습니다. 오해하지 말아야 하는 부분은 근로시간 특례업종에 해당한다고 해서 연장근로에 따른 가산임금 규정의 적용까지 배제되는 것은 아니라는 것입니다.

이처럼 근로기준법은 공중의 편의 및 업무특성을 고려해 위 5가지 사업인 경우에 한해 특별히 주 12시간을 초과해 연장근로를 하게 하거나 휴게시간을 변경할 수 있다고 정하고 있습니다. 다만, 이들 사업에 해당하더라도 근로자대표와의 서면합의가 있어야 특례제도가 적용됩니다. 근로자대표는 그 사업 또는 사업장에 근로자의 과반수로 조직된 노동조합이 있는 경우에는 그 노동조합, 근로자의 과반수로 조직된 노동조합이 없는 경우에는 근로자의 과반수를 대표하는 사람을 말합니다. 근로자대표와의 서면합의 없이 1주 12시간의 한도를 넘는 연장근로를 하게 한 경우에는 법위반에 해당합니다.

더불어, 특례제도를 도입한 사업의 사용자는 2018년 9월 1일부터 근로일 종료 후 다음 근로일 개시 전까지 근로자에게 연속해 11시간 이상의 휴식시간을 보장해야 합니다.

특례업종에 해당하는지 여부는 한국표준사업분류표를 기준으로 하며, 하나의 사업장에 특례업종을 포함해 여러 업종이 혼재되어 있는 경우라면 주된 업종에 따라 적용여부를 결정합니다. 주된 업종은 사업의 목적과 주된 사업영역이 무엇인지에 따라 판단하되, 직종별 근로자수, 분야별 매출액 등을 종합적으로 고려합니다.

특례업종에 해당하는 사업이라면 근로자의 직무에 관계없이 소속근로자 전체를 대상으로 특례규정을 적용할 수 있습니다. 그러나 근로자대표와의 서면합의를 통해 일부 직무의 근로자만 적용하는 것도 가능합니다.

문제는 기존에 특례업종에 해당했으나 특례업종에서 제외된 사업의 근로시간입니다. 특례제도는 근로자의 건강은 물론 공중의 생명까지 위협하는 요인이 될 수 있기 때문에 아래 26개 업종은 2018년 7월 1일부터 특례업종에서 제외되었습니다.

[표] 특례제외업종

| 특례제외업종 |
| --- |
| 중분류 또는 소분류 기준 26개 업종 |
| 자동차 및 부품판매업(45), 도매 및 상품중개업(46), 소매업(47), 보관 및 창고업(521), 금융업(64), 보험 및 연금업(65), 금융 및 보험 관련 서비스업(66), 우편업(611), 교육서비스업(85), 연구개발업(70), 숙박업(55), 음식점 및 주점업(56), 광고업(713), 시장조사 및 여론조사업(714), 사업시설 관리 및 조경 서비스업(742), 미용, 욕탕 및 유사서비스업(961), 영상·오디오 및 기록물제작 및 배급업(59), 방송업(60), 전기통신업(621), 하수·폐수 및 분뇨처리업(37), 사회복지서비스업(87), 육상운송업 중 노선여객자동차운송사업 |

특례업종에서 제외된 업종으로서 300인 이상 사업은 실제 특례제도를 도입하고 있었는지 여부와 관계없이 2019년 7월 1일부터 주 52시간제가 적용됩니다. 300인 이상인 일반사업보다 주 52시간제 적용시기를 1년 늦춘 것입니다. 즉, 2019년 7월 1일 전까지는 1주에 휴일이 1일인 사업장은 1주 최대 60시간의 근로가 가능하며, 1주에 휴일이 2일인 사업장은 1주 최대 68시간의 근로가 가능합니다.

상시 근로자수가 300인 미만인 특례제외업종의 경우에는 다른 업종과 마찬가지로 2020년 1월 1일부터 주 52시간제가 적용되며, 50인 미만 특례제외업종의 경우 2021년 7월 1일부터 주 52시간제가 적용됩니다.

## 16 주 52시간제 시행 시 주의사항이 있나요?

근로시간 단축 입법 시행에 따라 근로시간이 단축되어 임금이 감소하는 경우 확정급여형퇴직연금제도(이하 'DB제도') 또는 퇴직금제도를 설정한 사용자는 근로자에게 퇴직급여가 감소할 수 있음을 미리 알리고 근로자대표와의 협의를 통해 근로자의 퇴직급여 감소를 예방하기 위해 필요한 조치를 해야 합니다. DB제도 또는 퇴직금제도는 퇴직 당시 임금을 기준으로 퇴직급여액을 산정하기 때문에 근로자가 임금이 감소된 기간 중 퇴직하는 경우에는 해당 기간의 임금이 전 계속근로기간에 영향을 미쳐 불이익이 발생할 수 있기 때문입니다.

근로자에게 퇴직급여가 감소할 수 있음을 미리 알리는 방법은 퇴직급여 수령액이 감소될 수 있는 근로자 개인에게 우편, 전자메일, 서면 등으로 개별적으로 통지하는 것입니다. 고용노동부는 근로자대표를 통한 통지나 사내 게시판 등을 통한 공지는 충분하지 않다고 판단합니다.

다음으로 근로자대표와의 협의를 통해 근로자의 퇴직급여 감소를 예방하기 위해 필요한 조치를 해야 합니다. 퇴직급여 감소를 예방하기 위한 조치에는 확정기여형퇴직연금제도(이하 'DC제도')로의 전환, 퇴직급여 산정기준의 개선, 퇴직금 중간정산 등이 있습니다.

먼저, 퇴직급여 감소를 예방하려는 조치로써 DC제도로의 전환에 대해 살펴보도록 하겠습니다. DC제도는 사용자가 부담해야 할 부담금의 수준이 사전에 결정되어 있는 퇴직연금제도입니다. 이 제도를 택한 사업장의 경우 매년 1회 이상 정기적으로 임금총액의 12분의 1 이상에 해당하는 부담금을 근로자의 계정에 납입하면 사용자는 퇴직급여지급의무를 다하는 것이 됩니다. 따라서 근로시간 단축으로 임금이 줄어들더라도 퇴직시점의 급여액이 전 계속근로기간에 영향을 미치지 않습니다. 그러나 근로시간 단축 입법에 따른 퇴직급여 수령액 감소 방지를 위해 DC제도로 전환하는 경우에는 주의사항이 있습니다. 바로 근로기간 전체에 대해 소급해 DC제도로 가입하거나, 소급해 DC제도에 가입하지 않는다면 퇴직금제도 및 DB제도가 적용되는 기간에 대해서는 별도의 급여산정기준을 마련하는 것입니다. 왜냐하면 DC제도로 전환하더라도 전체기간에 대해 소급하지 않으면 퇴직금제도 및 DB제도가 적용되는 기간의 퇴직급여액은 달리 볼 사정이 없는 한 퇴직 당시의 평균임금을 기준으로 하기 때문입니다. 그런데 여기서 더 중요한 것은 퇴직급여 수령액의 감소 여부는 근로자별로 임금감소 수준, 퇴직시점, 임금 상승률 등에 따라 달라질 수 있다는 것입니다. 즉, 일률적으로 퇴직급여 수령액의 감소 여부를 판단할 수 없기 때문에 DC제도로 전환할지 여부는 개별 근로자에게 선택권을 부여하는 것이 타당합니다.

다음, 퇴직급여 감소 예방조치에는 퇴직급여 산정기준을 개선하는 것이 있습니다. 예컨대, 기존에는 무조건 퇴직일을 기준으로 평균임금을 산정해 퇴직급여를 지급했다면, 이에 대한 예외를 두어 근로기준법 단축 입법에 따른 근로시간 단축으로 인해 퇴직일을 기준으로 산정한 평균임금 수준이 근로시간 단축시점에서 산정한 평균임금 수준보다 낮아지는 경우에는 근로시간 단축 전 계속근로기간에 대해서는 근로시간 단축일 기준 평균임금을, 근로시간 단축 후 계속근로기간에 대해서는 퇴직일 기준 평균임금을 적용해 퇴직급여를 지급할 수 있도록 하는 것입니다.

그리고 이러한 퇴직급여 산정기준은 퇴직금제도 설정 사업장의 경우 취업규칙에, DB제도 설정 사업장의 경우 퇴직연금규약에 명시합니다. 별도 산정기준의 마련은 근로자에게 불리한 변경이 아니므로 퇴직금제도 설정 사업장은 근로자 과반수로 조직된 노동조합이 있는 경우에는 그 노동조합, 근로자 과반수로 조직된 노동조합이 없는 경우에는 근로자 과반수의 의견을 들어 취업규칙을 변경해야 하며, DB제도 설정 사업장은 근로자대표의 의견을 들어 규약을 변경합니다.

① 회사는 1년 이상 근무한 사원이 퇴직할 경우 계속근로기간 1년에 대해 30일분의 평균임금을 퇴직급여로 지급한다.

② 제1항에도 불구하고 법률 제15513호 근로기준법 일부개정법률 시행에 따른 근로시간 단축으로 인해 퇴직일을 기준으로 산정한 평균임금 수준이 근로시간 단축 시점에서 산정한 평균임금 수준보다 낮아지는 경우, 다음 각 호의 방법으로 산정한 금액을 합산한 금액을 퇴직급여로 지급한다.

   1. 근로시간 단축 전 계속근로기간 : 근로시간 단축일은 퇴직급여의 산정사유가 발생한 날로 보고 단축 전 계속근로기간 1년에 대해 30일분의 평균임금에 상당하는 금액

   2. 근로시간 단축 후 계속근로기간 : 퇴직일을 퇴직급여의 산정사유가 발생한 날로 보고 단축 후 계속근로기간 1년에 대해 30일분의 평균임금에 상당하는 금액

마지막, 퇴직급여 감소 예방조치에는 퇴직금 중간정산이 있습니다. 이 조치는 퇴직금제도를 운영하던 사업장에서만 택할 수 있는 방법으로, 2018년 6월 19일부터 근로시간 단축입법 시행에 따른 퇴직급여 감소로 인한 퇴직금 중간정산이 허용되었습니다.

퇴직금 중간정산이 허용되는 근로자는 실제 근로시간이 단축되어 퇴직급여 수령액이 감소될 가능성이 있는 근로자로 한정합니다. 다시 말해, 주52시간을 초과해 근로했던 근로자가 근로시간 단축입법 시행으로 실근로시간이 주52시간 이하로 단축되고, 이에 따라 임금도 줄어들어 퇴직급여 수령액이 감소될 수 있는 경우에만 중간정산 신청이 가능하며, 근로시간이 단축됐으나 사용자의 임금보전 등으로 퇴직급여 수령액이 감소되지 않은 근로자는 퇴직금 중간정산 대상에 해당하지 않습니다.

문제는 이 역시 퇴직금 수령액은 임금감소 수준, 퇴직시점, 임금 상승률 등에 따라 달라질 수 있기 때문에 일률적으로 퇴직금 수령액의 감소 여부를 판단할 수는 없고, 근로자별로 판단해야 한다는 것입니다. 설사 실제 근로시간이 단축되어 임금이 줄어드는 경우에도 그 기간 동안 퇴직하지 않는 경우에는 임금 상승으로 인해 퇴직금을 중간정산 받는 것이 오히려 불리할 수 있습니다. 따라서 회사는 이 점 또한 근로자에게 안내할 필요가 있습니다.

중간정산 신청 방법은 중간정산 신청서를 회사에 제출하는 것입니다. 신청서 외에 필요한 서류는 없습니다. 사용자가 보유한 자료만으로 퇴직금 수령액 감소 여부를 판단할 수 있기 때문입니다. 퇴직금 중간정산 신청서는 법정서식은 없고 노사가 자유롭게 정해서 사용하면 됩니다.

한편, 근로자가 퇴직금 중간정산을 요청한다고 해도 사용자가 반드시 중간정산을 해주어야 하는 것은 아닙니다. 다만, 사용자가 중간정산을 거부하더라도 근로자에게 퇴직급여가 감소할 수 있음을 미리 알리고, 근로자대표와의 협의를 통해 DC제도의 도입, 별도의 급여산정기준 마련 등 근로자의 퇴직급여 감소를 예방하기 위해 필요한 조치는 해야 합니다.

마지막으로 근로시간 단축입법에 따른 퇴직급여 감소로 인한 퇴직금 중간정산은 정산 받은 금품이 생활자금으로 사용될 우려가 있으므로, 우선적으로는 DC제도로의 전환, 퇴직급여 산정기준의 개선 등을 통해 퇴직급여가 감소되지 않도록 하는 것이 근로자 노후소득 보장 측면에서 바람직할 것입니다.

# 17 어떤 시간을 근로시간으로 보나요?

근로시간은 임금계산의 기초이자, 규제의 대상이기 때문에 어떤 시간을 근로시간으로 보느냐는 매우 중요한 문제입니다. 그러나 근로기준법은 근로시간에 관한 별도의 정의 규정이 존재하지 않습니다. 다만, 근로기준법은 근로시간을 산정함에 있어 작업을 위해 근로자가 사용자의 지휘·감독 아래에 있는 대기시간 등은 근로시간으로 본다는 규정을 두고 있을 뿐입니다.

즉, 근로시간인지는 실제 작업을 수행했는지와는 무관하게 사용자의 지휘·감독 아래 있는지 여부로 판단합니다. 문제는 사용자의 지휘·감독 아래 있는지 여부는 사람에 따라 달리 판단할 수 있다는 것입니다. 예컨대, 근로계약서상 근로시간으로 명시된 시간과 그 시간을 초과하더라도 사용자가 지시해 직접적으로 업무를 수행하는 시간은 근로시간이라는 것이 명확합니다. 그런데 그렇지 않은 시간에 대해서는 근로시간으로 인정해야 하는지에 대한 사용자와 근로자의 입장이 엇갈립니다.

법원은 근로시간인지 여부를 일률적으로 판단하지 않고 개별 구체적 사안에 대해 사용자의 지시 여부, 업무수행 의무 정도, 수행이나 참여를 거부한 경우 불이익 여부, 시간·장소 제한의 정도 등 여러 사정을 종합해 판단합니다. 아래는 사업장의 혼란을 방지하기 위해 고용노동부가 제시한 근로시간 판단 기준 가이드라인입니다. 가이드라인은 단순 참고용일 뿐 구체적 사실관계에 따라 근로시간 인정 여부는 달라질 수 있음에 주의하시기 바랍니다.

먼저, 휴게시간입니다. 휴게시간은 근로자가 사용자의 지휘·감독으로부터 벗어나 자유로이 사용할 수 있는 시간입니다. 휴게시간을 명백히 구분할 수 있고, 그 시간 중 근로자의 자유로운 이용이 보장되어 있다면 그 시간은 근로시간에서 제외됩니다. 그러나 특별한 업무가 없어 휴식을 취했다 하더라도 사용자로부터 언제 취로 요구가 있을지 불명한 상태에서 기다리고 있는 대기시간은 근로시간에 포함됩니다.

다음으로, 교육시간입니다. 교육시간이라 하더라도 일률적으로 근로시간인지 여부를 판단할 수 있는 것은 아니고, 사용자가 의무적으로 실시하도록 되어 있는 각종 교육을 실시하는 경우 그 시간은 근로시간에 포함할 수 있습니다. 그러나 근로자 개인적 차원의 법정의무이행에 따른 교육 또는 이수가 권고되는 수준의 교육을 받는 시간은 근로시간으로 보기 어렵습니다. 한편, '근로자직업능력개발법'에 따른 직업능력개발훈련의 경우에는 사용자와 근로자가 훈련계약을 체결해 훈련시간을 근로시간에 포함시킬 것인지 여부를 정할 수 있습니다. 만약 훈련계약을 체결하지 않은 경우 훈련시간은 근로시간으로 봅니다. 기준근로시간 외에 사업장 밖에서 훈련이 이루어진 경우에는 연장근로와 야간근로에 해당하는 임금을 지급하지 않을 수 있습니다.

세 번째로, 출장시간입니다. 근로시간의 전부 또는 일부를 사업장 밖에서 근로해 근로시간을 산정하기 어려운 경우에는 근로기준법의 근로시간 계산의 특례에 따라 소정근로시간을 근로한 것으로 봅니다. 다만, 그 업무를 수행하기 위해 통상적으로 소정근로시간을 초과해 근로할 필요가 있는 경우에는 그 업무의 수행에 통상 필요한 시간을 근로한 것으로 봅니다. 그런데 그 업무의 수행에 통상 필요한 시간 역시 사람에 따라 달리 판단할 수 있는 것이기 때문에 여전히 논란의 소지가 존재합니다. 그래서 실무적으로는 이러한 논란으로부터 벗어나기 위해 사전에 근로자대표와의 서면합의로 통상 필요한 시간을 정하는 경우가 많습니다. 이와 관련한 구체적인 내용은 '18. 사업장 밖 간주근로제는 무엇이고, 어떻게 도입하나요?' 부분을 참고하시기 바랍니다.

네 번째로, 접대입니다. 업무 수행과 관련이 있는 제3자를 소정근로시간 외에 접대하는 경우, 이에 대한 사용자의 지시 또는 최소한의 승인이 있는 경우에 한해 근로시간으로 인정할 수 있습니다. 한 지방법원 판례는 휴일에 골프접대를 한 경우 사용자의 구체적인 지시가 없었다면 법인카드로 결제했다고 해서 근로시간에 해당한다고 단정할 수 없다고 판시했습니다.

다섯 번째로, 워크숍 또는 세미나입니다. 워크숍 및 세미나는 목적이 무엇인지에 따라 근로시간인지 여부를 판단합니다. 예컨대, 사용자의 지휘·감독하에서 효과적인 업무 수행 등을 위한 집중 논의 목적의 워크숍·세미나 시간은 근로시간으로 볼 수 있습니다. 다만, 워크숍 프로그램 중 직원 간 친목도모 시간이 포함되어 있는 경우, 이 시간까지 근로시간으로 인정하기는 어렵습니다. 단순히 직원 간 단합 차원에서 이루어지는 워크숍 또한 근로시간으로 보기 힘듭니다.

여섯 번째로, 회식입니다. 회식은 근로자의 기본적인 노무 제공과는 관련 없이 사업장 내 구성원의 사기 진작, 조직의 결속 및 친목 등을 강화하기 위한 것이기 때문에 근로시간으로 인정하기는 어렵습니다. 설사 사용자가 참석을 강제하는 언행을 했다 하더라도 그러한 요소만으로는 회식을 근로계약상 노무 제공의 일환으로 보기는 힘들다는 것이 고용노동부의 입장입니다.

일곱 번째로, 조기 출근입니다. 만약 사업주가 조기 출근을 하지 않을 경우 임금을 감액하거나 복무 위반으로 제재를 가한다면 조기 출근도 근로시간에 해당되지만, 그렇지 않다면 근로시간으로 볼 수 없습니다. 근로시간은 사업주가 시업시간으로 정한 시각부터 측정합니다.

## 18 사업장 밖 간주근로제는 무엇이고, 어떻게 도입하나요?

근로시간은 당사자 사이의 근로계약이나 취업규칙 등에서 어떻게 정했는지와 관계없이 객관적으로 결정되는 것이 원칙입니다. 그러나 근로자가 출장 그 밖의 사유로 근로시간의 전부 또는 일부를 사업장 밖에서 근로해 근로시간을 실질적으로 산정하기 어려운 경우에는 실제의 근로시간과 관계없이 일정한 시간을 근로시간으로 인정하는 제도가 있습니다. 이를 사업장 밖 간주근로제라고 합니다. 사업장 밖 간주근로제는 근로시간 산정이 어려운 업무로서 영업직, A/S업무, 출장업무, 택

시운송업, 재택근무 등에 적용 가능합니다. 아래에서 자세히 살펴보도록 하겠습니다.

　사업장 밖 간주근로제가 적용되기 위한 첫 번째 요건은 근로자가 사업장 밖에서 근로해야 한다는 것입니다. 근로시간 전부를 사업장 밖에서 근로하는 경우는 물론 일부만 사업장 밖에서 근로하는 경우도 포함합니다. 출장의 경우처럼 일시적이든, 상태적이든 상관하지 않습니다. 두 번째 요건은 근로시간을 산정하기 어려워야 한다는 것입니다. 사업장 밖 근로라 하더라도 사용자의 구체적인 지휘·감독이 미치는 경우에는 근로시간의 산정이 가능하므로 적용대상에서 제외합니다. 사업장 밖에서 근로를 제공하지만, 휴대전화 등을 통해 수시로 지시를 받으면서 근로하는 경우, 여러 명이 그룹으로 사업장 밖에서 근로하면서 그 구성원 중 근로시간을 관리하는 사람이 있는 경우, 사업장 밖에서 지시대로 업무에 종사하고 사업장에 돌아오는 경우 등은 사업장 밖 간주근로제를 적용할 수 없습니다.

　위 요건을 충족하는 경우 근로시간을 산정하는 방법은 크게 3가지입니다. '소정근로시간으로 보는 경우', '업무수행에 통상적으로 필요한 시간으로 보는 경우', '노·사가 서면으로 합의한 시간으로 보는 경우'입니다. 원칙적으로는 근로자가 사업장 밖에서 근로해 근로시간을 산정하기 어려운 경우에는 소정근로시간을 근로한 것으로 봅니다. 그러나 해당 업무를 수행하기 위해 통상적으로 소정근로시간을 초과해 근로할 필요가 있는 경우에는 그 업무의 수행에 통상 필요한 시간을 근로한 것으로 봅니다. 통상 필요한 시간은 그 업무수행에 그 근로자가 사용한 시간이 아니라 평균인이 통상의 상태에서 객관적으로 필요로 하는 시간으로, 통상 필요한 시간이 법정근로시간을 초과한 경우에는 연장근로수당을 지급해야 합니다. 그런데 통상 필요한 시간에 대해서는 당사자 간 다툼이 있을 수 있으며, 업무마다 통상 필요한 시간을 수시로 산정하는 것은 번거롭습니다. 그래서 근로기준법은 그 업무에 관해 근로자대표와 서면합의를 한 경우에는 그 합의에서 정하는 시간을 그 업무의 수행에 통상 필요한 시간으로 인정하고 있습니다. 합의는 서면으로 작성해야 하며, 서면합의 서류는 합의한 날부터 3년간 보존해야 합니다.

사업장 밖 간주근로제가 법적 요건을 갖추지 못한 채 운영되면 실근로시간이 적용되며, 실근로시간을 토대로 임금 등 근로조건이 적용됩니다. 이하는 사업장 밖 간주근로제 서면합의서 예시입니다. 업무에 참고하시기 바랍니다.

주식회사 OOO 대표이사 OOO과 근로자대표 OOO은 근로자에 대해 사업장 밖 근로를 시키는 경우 근로시간 산정에 관해 다음과 같이 합의한다.

**제1조**(목적) 이 합의서는 사업장 밖 근로시간을 계산함에 있어 필요한 사항을 정하는 것을 목적으로 한다.

**제2조**(적용대상자) 이 합의서는 주로 영업 및 판매 업무에 종사하는 자 및 출장업무 수행 후 당일 사업장에 복귀하지 않는 자에 대해 적용한다.

**제3조**(인정근로시간) 통상 근로시간의 전부 또는 일부를 사업장 밖에서 근로하고, 근로시간을 산정하기 어려운 경우에는 휴게시간을 제외하고 1일 9시간을 근로한 것으로 본다.

**제4조**(휴게시간) 휴게시간은 근로시간 도중 1시간을 부여한 것으로 본다.

**제5조**(휴일 또는 휴무일의 인정근로시간) 회사의 특별한 지시에 따라 휴일 또는 휴무일에 사업장 밖에서 근로하고, 근로시간을 산정하기 어려운 경우에는 1일 4시간을 근로한 것으로 본다.

**제6조**(유효기간) 이 합의서의 유효기간은 0000년 00월 00일부터 1년으로 한다.


0000. 00. 00.


주식회사 OOO 대표이사　　　(인)　　　근로자대표　　　　　　(인)

# 19 재량근로 간주시간제는 무엇이고, 어떻게 도입하나요?

근로시간은 당사자 사이의 근로계약이나 취업규칙 등에서 어떻게 정했는지와 관계없이 객관적으로 결정되는 것이 원칙입니다. 그러나 업무의 성질에 비추어 업무수행방법을 근로자의 재량에 위임할 필요가 있는 업무로서 근로기준법 시행령으로 정하는 업무는 사용자가 근로자대표와 서면합의로 정한 시간을 근로한 것으로 봅니다. 이를 재량근로 간주시간제라 합니다.

재량근로 간주시간제의 대상업무는 다음과 같습니다.

- 신상품 또는 신기술의 연구개발이나 인문사회과학 또는 자연과학분야의 연구 업무
- 정보처리시스템의 설계 또는 분석 업무
- 신문, 방송 또는 출판 사업에서의 기사의 취재, 편성 또는 편집 업무
- 의복·실내장식·공업제품·광고 등의 디자인 또는 고안 업무
- 방송 프로그램·영화 등의 제작 사업에서의 프로듀서나 감독 업무
- 정보처리시스템의 설계 또는 분석 업무
- 회계·법률사건·납세·법무·노무관리·특허·감정평가 등의 사무에 있어 타인의 위임·위촉을 받아 상담·조언·감정 또는 대행을 하는 업무

재량근로 간주시간제의 대상업무는 고도의 전문 업무에 종사하거나

창의적 업무로서 업무 수행 수단에 재량의 여지가 크고, 보수 또한 근로의 양보다는 근로의 질 내지 성과에 의해 결정되는 것이 적절하므로 근로시간 계산에 예외를 둔 것입니다. 따라서 재량근로 대상 업무에 해당하고 사용자와 근로자대표 사이에 서면합의가 있더라도 업무 성질에 내재하는 재량성이 없다면 재량근로로 볼 수 없다는 것이 고용노동부의 해석입니다.

근로자대표와의 서면합의에 따라 미리 정해야 하는 사항은 다음과 같습니다.

---

- 대상 업무(재량근로 간주시간제 대상업무에 한정)
- 사용자가 업무의 수행 수단 및 시간 배분 등에 관해 근로자에게 구체적인 지시를 하지 아니한다는 내용
- 근로시간의 산정은 그 서면합의로 정하는 바에 따른다는 내용

---

재량근로 간주시간제의 특징은 근로시간 배분뿐만 아니라 업무의 수행 수단에 대해서도 사용자가 구체적인 지시를 하지 않아야 한다는 데 그 특징이 있습니다. 다만, 사용자가 근로자에게 업무의 기본적인 지시를 하거나 일정 단계에서 진행 상황을 보고할 의무를 지우는 것은 가능합니다. 업무 수행과 직접적으로 관련이 없는 직장 질서 또는 기업 내 시설관리에 관한 사항에 대해서도 지시·감독 할 수 있습니다.

근로시간 배분에 관해 구체적인 지시를 받지 않아야 재량근로에 해당하므로, 사용자가 시업 및 종업 시각을 준수하도록 지시하고 지각·

조퇴를 하면 주의를 주거나 임금을 삭감하는 것은 재량근로에 해당하지 않습니다. 또한 자발적인 시간배분을 방해할 정도로 업무보고·지시·감독을 위한 회의참석 의무를 정하는 경우에도 재량근로의 본질에 어긋납니다. 다만, 근로자의 동의를 얻는 경우 업무협조 동의 필요에 의해 예외적으로 회의 시각을 정하는 것은 가능합니다.

근로시간 산정은 그 서면합의로 정하는 바에 따른다는 내용과 함께 서면합의를 통해 근로시간으로 간주하는 시간을 명시해야 합니다. 서면합의에서 정한 간주근로시간이 법정근로시간을 초과하는 경우에는 연장근로에 따른 가산수당을 지급해야 합니다. 사용자의 허가를 득해 휴일·야간근로가 실제로 수행되면 그에 대한 가산수당은 추가로 지급해야 합니다.

재량근로 간주시간제가 법적 요건을 갖추지 못한 채 운영되거나, 특정 근로자에 대해 그 업무의 수행 수단, 시간 배분 등에 관해 구체적인 지시를 하는 등 재량근로의 본질을 벗어나게 되면 실근로시간이 적용되며, 실근로시간을 토대로 임금 등 근로조건이 적용됩니다.

주식회사 OOO 대표이사 OOO과 근로자대표 OOO은 근로자에 대해 재량근로와 근로시간 산정에 관해 다음과 같이 합의한다.

**제1조**(목적) 이 합의서는 재량근로 대상업무와 재량근로에 따른 근로시간을 계산함에 있어 필요한 사항을 정하는 것을 목적으로 한다.

**제2조**(대상 업무 및 근로자) 본 합의는 각 호에서 제시하는 업무에 종사하는 근로자에게 적용한다.
1. 본사 연구소에서 신상품 또는 신기술의 연구개발 업무에 종사하는 근로자
2. 본사 부속 정보처리센터에서 정보처리시스템의 설계 또는 분석의 업무에 종사하는 근로자

**제3조**(업무의 수행방법) ① 제2조에서 정한 근로자에 대해서는 원칙적으로 그 업무수행의 방법 및 시간 배분의 결정 등을 본인에 위임하고 회사 측은 구체적인 지시를 하지 않는다. 다만, 연구과제의 선택 등 종사할 기본적인 업무 내용을 지시하거나 일정 단계에서 보고할 의무를 지울 수 있다.
② 제1항에도 불구하고 업무수행과 직접 관련이 없는 직장 질서 또는 회사 내 시설 관리상의 지시는 할 수 있다.

**제4조**(근로시간의 산정) 제2조에서 정한 근로자에 대해서는 1일 9시간을 근로한 것으로 본다.

**제5조**(연장근로수당) 제4조의 간주근로시간이 소정근로시간을 초과하는 부분에 대해서는 연장근로로 취급해 가산수당을 지급한다.

**제6조**(휴일 및 야간근로) ① 제2조에서 정한 근로자가 휴일 또는 야간에 업무를 행하고자 하는 경우에는 미리 소속 부서장의 허가를 얻어야 한다.
② 허가받지 아니한 휴일 및 야간근로에 대해 회사는 수당지급의무를 부담하지 아니한다.

**제7조**(유효기간) 이 합의서의 유효기간은 0000년 00월 00일부터 1년으로 한다.

0000. 00. 00.

주식회사 OOO 대표이사　　　(인)　　　근로자대표　　　　　　(인)

# 20 탄력적 근로시간제는 무엇이고, 어떻게 도입하나요?

법정근로시간은 근로시간을 1일 및 1주 단위로 규제합니다. 따라서 1월의 근로시간을 평균해 1주 40시간을 초과하지 않더라도 특정 주에 1주 40시간을 초과하면 연장근로가 됩니다. 같은 이유로 1월의 총 근로시간을 평균해 1주 52시간을 초과하지 않더라도 특정 주에 1주 52시간을 초과하면 연장근로 한도를 위반한 것이 됩니다.

그러나 기계를 쉬지 않고 가동시켜야 하는 등 특정 산업(예 운수, 철강, 석유화학)에 있어서는 연속해 집중적으로 근무하고 집중적으로 쉬는 것이 효율적인 경우가 있습니다. 계절의 영향을 받는 업종(예 빙과류제조, 냉난방장비제조, 여행상품판매)은 특정 시기에는 업무량이 많지만, 아닌 때에는 업무량이 적기 때문에 업무량에 따라 근로시간을 조정할 필요성이 있습니다.

이러한 필요에 대응해 근로기준법은 근로시간을 1일 및 1주 단위로 규제하는 대신, 일정 기간 동안 평균적인 근로시간으로 유연하게 규제하는 제도를 두었습니다. 탄력적 근로시간제는 주로 사용자 측 필요에 따라 1일 및 1주의 근로시간을 불규칙하게 배분하는 제도입니다. 이하에서 자세히 살펴보도록 하겠습니다.

탄력적 근로시간제는 특정한 날 또는 특정한 주에 법정근로시간을 초과하더라도 일정한 단위기간 동안의 평균 근로시간이 1주 40시간을 초과하지 않고, 특정한 주 또는 날의 근로시간이 소정의 상한선을 초과하지 않는다면 법정근로시간을 초과하지 않은 것으로 봅니다. 즉, 연장근로가 발생한 것으로 보지 않기 때문에 연장근로에 따른 가산임금도 발생하지 않습니다.

근로기준법은 일반근로자에 한해 탄력적 근로시간제를 허용하면서, 2주 이내의 것과 3개월 이내의 것으로 구분해 그 요건을 규정하고 있습니다. 연소근로자와 임신 중인 여성근로자에 대해서는 탄력적 근로시간제를 적용할 수 없습니다.

## (1) 2주 이내의 탄력적 근로시간제

사용자는 취업규칙(취업규칙에 준하는 것을 포함)에서 정하는 바에 따라 2주 이내의 일정한 단위기간을 평균해 1주 간의 근로시간이 40시간을 초과하지 않는 범위에서 특정한 주에 40시간을, 특정한 날에 8시간을 초과해 근로하게 할 수 있습니다. 다만, 특정한 주의 근로시간은 48시간을 초과할 수 없습니다.

취업규칙 작성의무가 없는 상시 9인 이하의 근로자를 사용하는 사업장은 취업규칙이 있는 경우에는 그 취업규칙, 취업규칙이 없는 경우에는 근로자대표와의 서면합의 등으로 정하면 될 것입니다.

취업규칙에서 정해야 하는 것에 대해서는 명문의 규정이 없으나, 탄력적 근로시간제는 1일 및 1주의 근로시간을 불규칙하게 배분할 사용자의 필요에 대응한 제도이므로, 근로자가 계획적으로 생활할 수 있도록 대상 근로자(연소근로자 및 임신 중인 여성근로자 제외)와 단위기간, 단위기간의 근로일과 그 근로일별 근로시간을 구체적으로 정해야 할 것입니다.

**참고** **2주 이내 탄력적 근로시간제 취업규칙 예시**

① 회사는 생산직 근로자에 대해 다음 각 호에 정하는 바에 따라 2주 단위의 탄력적 근로시간제를 실시한다.
   1. 주당 근무 시간 : 첫째 주 44시간, 둘째 주 36시간
   2. 첫째 주의 1일 근무 시간 : 주 4일(개별 근로계약에 따름) 1일 11시간
   3. 둘째 주의 1일 근무 시간 : 주 3일(개별 근로계약에 따름) 1일 13시간

② 연소근로자와 임신 중 여성근로자에 대해서는 제1항의 규정을 적용하지 아니한다.

③ 근로일별 근로하기로 정한 시간을 초과한 경우 통상임금의 50%를 가산해 지급한다.

1주의 48시간을 초과하지 않는 범위 내에서, 2주 이내의 일정한 단위기간 동안의 평균 근로시간이 1주 40시간을 초과하지 않는다면 연장근로가 발생한 것으로 보지 않습니다.

탄력적 근로시간제 아래에서도 당사자 간에 합의가 있다면 1주간에 12시간을 한도로 연장근로를 할 수 있습니다. 2주 이내인 탄력적 근로시간제인 경우 특정한 주의 근로시간은 48시간을 초과할 수 없으므로, 여기에 12시간의 연장근로를 더해 최대 1주 60시간까지 근로가 가능합니다.

탄력적 근로시간제는 법정근로시간의 탄력이지, 연장근로시간의 탄력이 아니므로 1주에 연장근로시간은 12시간을 초과할 수 없음에 주의하시기 바랍니다.

## (2) 3개월 이내의 탄력적 근로시간제

사용자는 근로자대표와의 서면합의에 따라 3개월 이내의 단위기간을 평균해 1주간의 근로시간이 40시간을 초과하지 않는 범위에서 특정한 주에 40시간을, 특정한 날에 8시간을 초과해 근로하게 할 수 있습니다. 다만, 특정한 주의 근로시간은 52시간을, 특정한 날의 근로시간은 12시간을 초과할 수 없습니다.

근로자대표와의 서면합의에 따라 미리 정해야 하는 사항은 다음과 같습니다.

- 대상 근로자의 범위(연소근로자 및 임신 중인 여성근로자는 제외한다)
- 단위기간(3개월 이내의 일정한 기간으로 정해야 한다)
- 단위기간의 근로일과 그 근로일별 근로시간
- 서면합의의 유효기간

주식회사 OOO 대표이사 OOO과 근로자대표 OOO은 3월 단위 탄력적 근로시간제에 관해 다음과 같이 합의한다.

**제1조**(목적) 이 합의서는 근로기준법에 따라 3월 단위 탄력적 근로시간제를 실시하는데 필요한 사항을 정하는 것을 목적으로 한다.

**제2조**(적용대상자) 이 합의서의 내용은 전체 생산직 근로자에 적용한다.

**제3조**(단위기간) 이 합의서의 단위기간은 매분기 초일부터 매분기 말일까지로 한다.

**제4조**(근로시간) 3월 단위 탄력적 근로시간제 단위기간에 있어서 1일의 근로시간, 시영업시간, 종업시간 및 휴게시간은 다음과 같다.

| 구분 | 1일 근로시간 | 시업 | 종업 | 휴게 |
|---|---|---|---|---|
| 1, 4, 7, 10월 | 7시간(월-금) | 9:00 | 17:00 | 12:00~13:00 |
| 2, 5, 8, 11월 | 8시간(월-금) | 9:00 | 18:00 | 12:00~13:00 |
| 3, 6, 9, 12월 | 9시간(월-금) | 9:00 | 19:00 | 12:00~13:00 |

**제5조**(적용제외) 연소근로자와 임신 중인 여성근로자에게는 본 합의를 적용하지 않는다.

**제6조**(연장근로 가산임금) 근로일별 근로하기로 정한 시간을 초과한 경우 통상임금의 50%를 가산해 지급한다.

**제7조**(유효기간) 이 합의서의 유효기간은 0000년 00월 00일부터 1년으로 한다.

0000. 00. 00.

주식회사 OOO 대표이사　　(인)　　근로자대표　　　　　(인)

1일 12시간, 1주의 52시간을 초과하지 않는 범위 내에서, 3개월 이 내의 일정한 단위 기간의 평균 근로시간이 1주 40시간을 초과하지 않 는다면 연장근로가 발생한 것으로 보지 않습니다.

탄력적 근로시간제 아래에서도 당사자 간의 합의가 있다면 1주간에 12시간을 한도로 연장근로를 할 수 있습니다. 3개월 이내인 탄력적 근 로시간제인 경우 특정한 주의 근로시간은 52시간을 초과할 수 없으므 로, 여기에 12시간의 연장근로를 더해 최대 1주 68시간까지 근로가 가 능합니다.

탄력적 근로시간제는 법정근로시간의 탄력이지, 연장근로시간의 탄 력이 아니므로 1주에 연장근로시간은 12시간을 초과할 수 없음에 주의 하시기 바랍니다.

## 21 선택적 근로시간제는 무엇이고, 어떻게 도입하나요?

법정근로시간은 근로시간을 1일 및 1주 단위로 규제합니다. 따라서 1월의 근로시간을 평균해 1주 40시간을 초과하지 않더라도 특정 주 에 1주 40시간을 초과하면 연장근로가 됩니다. 같은 이유로 1월의 총 근로시간을 평균해서 1주 52시간을 초과하지 않더라도 특정 주에 1주 52시간을 초과하면 연장근로 한도를 위반한 것이 됩니다.

그러나 근로일 및 근로시간에 따른 업무조율이 가능하며, 근로의 양보다는 질이 중요한 업무(예 소프트웨어 개발, 연구, 디자인, 설계)에 있어서는 근로시간을 1일 및 1주 단위로 규제하는 것이 오히려 비효율적일 수 있습니다. 선택적 근로시간제는 일정 기간 동안 평균적인 근로시간이 1주 40시간을 초과하지 않는 범위에서 근로자 개개인의 개성과 필요에 따라 자유롭게 출퇴근할 수 있는 제도입니다. 이하에서 자세히 살펴보도록 하겠습니다.

선택적 근로시간제는 일정한 정산기간 동안 일정한 시간 근로할 것을 조건으로 1일의 근로시간을 자기가 선택하는 시각에 시작하고 종료할 수 있는 제도를 말합니다. 근로자의 선택에 따라 특정한 날 또는 특정한 주에 법정근로시간을 초과하더라도 일정한 정산기간을 평균해 1주간의 근로시간이 40시간을 초과하지 않으면 법정근로시간을 준수한 것으로 인정되고 연장근로에 따른 가산임금도 발생하지 않습니다.

사용자는 취업규칙(취업규칙에 준하는 것을 포함)에서 업무의 시작 및 종료 시각을 근로자의 결정에 맡기기로 한 근로자에 대해 근로자대표와의 서면합의에 따라 1개월 이내의 정산기간을 평균해 1주간의 근로시간이 40시간을 초과하지 않는 범위에서 1주간에 40시간을, 1일에 8시간을 초과해 근로하게 할 수 있습니다.

선택적 근로시간제를 시행하려면 취업규칙에서 업무의 시작 및 종료 시각을 근로자 결정에 맡긴다는 내용과 맡기기로 한 근로자를 기재해야 합니다. 취업규칙 작성의무가 없는 상시 9인 이하의 근로자를 사용하는 사업장은 취업규칙이 있는 경우에는 그 취업규칙, 취업규칙이 없는 경우에는 서면으로 그 취지를 작성해 선택적 근로시간제의 도입을 해당 근로자에게 주지시켜야 합니다.

근로자대표와의 서면합의에 따라 미리 정해야 하는 사항은 다음과 같습니다.

- 대상 근로자의 범위(연소근로자는 제외한다)
- 정산기간(1개월 이내의 일정한 기간으로 정해야 한다)
- 정산기간의 총근로시간
- 반드시 근로해야 할 시간대를 정하는 경우에는 그 시작 및 종료 시각
- 근로자가 그의 결정에 따라 근로할 수 있는 시간대를 정하는 경우에는 그 시작 및 종료 시각
- 표준근로시간(유급휴가 등의 계산 기준으로 사용자와 근로자대표가 합의해 정한 1일의 근로시간)

대상근로자의 범위는 보통 출퇴근을 엄격하게 제한받지 않는 외근직, 연구직, 사무직 등이 될 수 있으나 사업장의 필요에 따라 적절히 정할 수 있습니다.

정산기간은 1개월 이내에서 2주, 4주 등으로 설정할 수 있습니다. 근로일별 근로시간이나 주별 근로시간을 미리 정할 수 없으며 정산기간 전체를 대상으로 한 총근로시간만 정해야 합니다.

의무적 근로시간대는 근로자가 반드시 근로해야 할 시간대이며, 선택적 근로시간대는 근로자가 스스로 결정에 의해 근로제공 여부를 결

정할 수 있는 시간대로 이를 정하지 않는 것도 무방합니다. 다만, 야간에 근로하기를 원치 않는 사업장은 선택적 근로시간대에서 야간근로시간대를 제외할 수 있을 것입니다. 선택적 근로시간대에 휴일 또는 야간근로시간이 포함되어 있지 않음에도 불구하고, 근로자가 사용자의 지시 또는 승인 없이 자발적으로 휴일 또는 야간근로시간에 근로한 경우에는 가산수당 지급의무를 부담하지 않습니다.

표준근로시간은 유급휴가 등의 계산 기준으로 사용자와 근로자대표가 합의해 정한 1일의 근로시간을 말합니다. 선택적 근로시간제의 경우 소정근로일 수와 출근일 수가 불명확하므로, 총근로시간과 정산기간 동안 해당 근로자의 실제 근로시간을 각각 표준근로시간으로 나누어 산정할 수 있도록 한 것입니다.

선택적 근로시간제 아래에서도 당사자 간에 합의가 있다면 연장근로를 할 수 있습니다. 그러나 선택적 근로시간제 아래에서는 당사자 간 정산기간에 있어 총근로시간만 정해지므로 1일 및 1주 단위로 연장근로를 계산할 수 없으며, 실제 연장근로를 했는지 여부는 정산기간 이후에 알 수 있습니다. 따라서 사용자가 연장근로를 지시했거나 승인한 경우에만 연장근로로 인정해야 할 것입니다.

연장근로로 계산되는 시간은 정산기간에 있어 미리 정한 총근로시간을 넘는 시간으로, 선택적 근로시간제 아래에서는 연장근로 산정도 평균적인 시간으로 유연하게 규제합니다. 정산기간을 평균해 1주에 12시간을 초과하지 않는다면 연장근로 한도 위반에 해당하지 않습니다.

주식회사 000 대표이사 000과 근로자대표 000은 선택적 근로시간제에 관해 다음과 같이 합의한다.

**제1조**(목적) 이 합의서는 근로기준법과 취업규칙에 의해 선택적 근로시간제를 실시하는 데 필요한 사항을 정하는 것을 목적으로 한다.

**제2조**(적용대상자) 선택적 근로시간제는 연구직 및 관리직 근로자를 대상으로 한다. 다만 연소근로자에 대해서는 적용하지 아니한다.

**제3조**(정산기간) 근로시간의 정산기간은 매월 초일부터 말일까지로 한다.

**제4조**(총근로시간) 정산기간의 총근로시간은 다음과 같이 계산한다.
　1일 8시간 * 해당 월의 소정근로일수(휴일, 휴무일 제외)

**제5조**(표준근로시간) 1일의 표준근로시간은 8시간으로 한다.

**제6조**(의무근무 시간대) 의무근무 시간대는 오전 10시부터 오후 4시까지로 한다. 다만, 정오부터 오후 1시까지는 휴게시간으로 한다.

**제7조**(선택시간대) 선택시간대는 시작시간대 오전 8시부터 10시, 종료시간대 오후 4시부터 7시로 한다.

**제8조**(가산수당) 업무상 부득이한 경우 사용자의 지시 또는 승인을 받고 휴일 또는 야간시간대에 근무하거나 제4조 근무 시간을 초과해 근무한 시간에 대해 가산수당을 지급한다.

**제9조**(임금공제) 의무시간대에 근무하지 않을 경우 근무하지 않은 시간만큼 임금을 공제하며, 의무시간 시작시간을 지나 출근하거나 의무시간 종료 전에 퇴근한 경우에는 지각, 조퇴로 처리한다.

**제10조**(유효기간) 이 합의서의 유효기간은 0000년 00월 00일부터 1년으로 한다.


0000. 00. 00.


주식회사 000 대표이사　　(인)　　근로자대표　　　　　(인)

# 22 근로시간 적용제외 근로자가 있다고요?

'근로시간 특례업종'에 해당하는 경우에는 공중의 편의를 고려해 장시간 근로가 가능한 길을 열어두었다고 한다면, '근로시간 적용제외 근로자'에 대해서는 애초에 근로기준법 제4장과 제5장에서 정한 근로시간, 휴게, 휴일에 관한 규정이 적용되지 않습니다. 즉, 법의 제한 없이 당사자 간 자유롭게 근로시간, 휴게, 휴일에 관한 사항을 정할 수 있습니다. 다만, 근로시간 적용제외 근로자에 해당하더라도 근로계약서 등으로 근로기준법 제4장과 제5장에서 정한 근로시간, 휴게, 휴일에 관한 규정을 적용하기로 한 경우에는 그 합의에 따릅니다.

근로기준법 제4장과 제5장에서 정한 근로시간, 휴게, 휴일에 관한 규정이 적용되지 않는 근로시간 적용제외 근로자는 다음과 같습니다.

- 토지의 경작·개간, 식물의 재식(栽植)·재배·채취 사업, 그 밖의 농림 사업
- 동물의 사육, 수산 동식물의 채포(採捕)·양식 사업, 그 밖의 축산, 양잠, 수산 사업
- 감시(監視) 또는 단속적(斷續的)으로 근로에 종사하는 자로서 사용자가 고용노동부장관의 승인을 받은 자
- 관리·감독 업무 또는 기밀을 취급하는 업무에 종사하는 자

농림, 축산, 양잠, 수산 사업 등의 경우 자연조건의 영향을 강하게 받기 때문에 근로시간을 규제하기 곤란하다는 점에서, 감시 또는 단속적

근로에 종사하는 자로서 고용노동부장관의 승인을 받은 자는 근로제공에 따른 심신의 피로가 적으므로 근로시간을 엄격히 규제할 필요가 없다는 점에서, 관리·감독 업무 또는 기밀을 취급하는 업무에 종사하는 자는 경영자와 일체적 지위에 있거나 경영자의 활동과 불가분의 관계에 있다는 점에서 근로시간 적용제외 대상으로 설정하고 있습니다.

적용되지 않는 규정은 근로기준법 제4장과 제5장 중 근로시간, 휴게, 휴일에 관한 규정입니다. 이들에 대해서는 근로시간의 제한이 없으며, 휴게시간의 최저를 보장할 필요도 없습니다. 주휴일을 부여하지 않아도 무방하고, 연장 및 휴일근로에 대한 가산임금도 적용되지 않습니다. 그러나 근로자의 날은 근로기준법이 아닌 근로자의 날 제정에 관한 법률에서 정하고 있으므로 적용이 배제되지 않으며, 연차휴가, 배우자 출산휴가, 출산 전후휴가, 생리휴가 등 휴가에 관한 규정은 모두 적용됩니다.

근로시간 중 야간근로에 관한 부분은 적용됨에 주의하시기 바랍니다. 야간근로는 근로시간의 규제와는 그 취지를 달리하기 때문입니다. 따라서 근로시간 적용제외에 해당하는 경우에도 연소근로자와 여성근로자에 대한 야간근로는 제한되며, 야간근로에 따른 가산임금은 지급해야 합니다.

실무상 가장 문제되는 부분은 사용자가 근로시간 적용제외 근로자에 대해 근로기준법의 근로시간, 휴게, 휴일규정을 적용할 의사가 없음에도 불구하고, 취업규칙에 근로시간 적용제외 근로자에 대한 근로시간, 휴게, 휴일 규정의 적용배제 규정을 두지 않는 경우입니다. 이 경우 근로시간 적용근로자에 대해서도 일반 근로자와 마찬가지로 근로기준법의 근로시간, 휴게, 휴일 규정이 적용된다고 해석할 가능성이 존재하므로 근로시간 적용제외 근로자를 일반 근로자와 달리 취급하고자 한다면 취업규칙 제·개정 시 반드시 이 부분을 체크해야 할 것입니다.

## 23 감시·단속적 근로에 대한 적용제외 승인은 어떻게 받아야 하나요?

감시·단속적으로 근로에 종사하는 자라 하더라도 근로기준법 제4장과 제5장에서 정한 근로시간, 휴게, 휴일에 관한 규정이 적용되지 않기 위해서는 사용자가 고용노동부장관의 승인을 받아야 합니다.

감시·단속적 근로에 대한 적용 제외 승인을 받으려면 사용자는 감시적 또는 단속적 근로종사자에 대한 적용 제외 승인 신청서를 관할 지방고용노동관서의 장에게 제출해야 합니다.

승인 대상이 되는 감시적 근로에 종사하는 자는 감시업무를 주 업무로 하며 상태적으로 정신적·육체적 피로가 적은 업무에 종사하는 자로 아래의 기준을 모두 갖춘 경우입니다.

① 수위·경비원·물품감시원 또는 계수기감시원 등과 같이 심신의 피로가 적은 노무에 종사하는 경우. 다만, 감시적 업무이기는 하나 잠시도 감시를 소홀히 할 수 없는 고도의 정신적 긴장이 요구

되는 경우는 제외한다.

② 감시적인 업무가 본래의 업무이나 불규칙적으로 단시간 동안 타 업무를 수행하는 경우. 다만, 감시적 업무라도 타 업무를 반복해 수행하거나 겸직하는 경우는 제외한다.

③ 사업주의 지배 하에 있는 1일의 근로시간이 12시간 이내인 경우 또는 다음 어느 하나에 해당하는 격일제(24시간 교대) 근무의 경우

가. 수면시간 또는 근로자가 자유로이 이용할 수 있는 휴게시간이 8시간 이상 확보되어 있는 경우

나. 위의 요건이 확보되지 않더라도 공동주택('주택법 시행령' 제2조제1항 및 '건축법 시행령' 별표1 제2호 가목부터 라목까지 규정하고 있는 아파트, 연립주택, 다세대주택, 기숙사) 경비원에 있어서는 당사자 간의 합의가 있고 다음 날 24시간의 휴무가 보장되어 있는 경우

승인 대상이 되는 단속적으로 근로에 종사하는 자는 근로가 간헐적·단속적으로 이루어져 휴게시간이나 대기시간이 많은 업무에 종사하는 자로 아래의 기준을 모두 갖춘 경우입니다.

① 평소의 업무는 한가하지만 기계고장 수리 등 돌발적인 사고발생에 대비해 대기하는 시간이 많은 업무인 경우

② 실근로시간이 대기시간의 반 정도 이하인 업무로서 8시간 이내인 경우. 다만, 격일제(24시간 교대)근무인 경우에는 당사자 간의 합의가 있고 다음 날 24시간의 휴무가 보장되어야 한다.

③ 대기시간에 근로자가 자유로이 이용할 수 있는 수면 또는 휴게시설이 확보되어 있는 경우

■ 채용절차의 공정화에 관한 법률 시행규칙 [별지 제1호서식]

# [ ] 감시적
# [ ] 단속적 근로종사자에 대한 적용제외 승인 신청서

※ [ ]에는 해당되는 곳에 ✓표시를 합니다.

| 접수번호 | | 접수일 | | 처리기간  10일 |
|---|---|---|---|---|

| 신청인 | ① 사업장명 | | ② 사업의 종류 |
|---|---|---|---|
| | ③ 대표자성명 | | ④ 생년월일 |
| | ⑤ 근로자수 | | ⑥ 전화번호 |
| | ⑦ 소재지 | | |

| 신청 내용 | ⑧ 종사업무 | | |
|---|---|---|---|
| | ⑨ 근로자수 | 감시적 근로종사자 | 명(남:    명, 여:    명) |
| | | 단속적 근로종사자 | 명(남:    명, 여:    명) |
| | ⑩ 근로형태 | 감시적 근로종사자 | |
| | | 단속적 근로종사자 | |

'근로기준법' 제63조제3호와 같은 법 시행규칙 제10조제1항에 따라 위와 같이 [[  ]감시적, [  ]단속적] 근로종사자에 대한 '근로기준법' 제4장 및 제5장에서 정한 근로시간, 휴게와 휴일에 관한 규정의 적용 제외 승인을 신청합니다.

년    월    일

신청인         (서명 또는 인)
대리인         (서명 또는 인)

○○지방고용노동청(지청)장 귀하

| 처리절차 |
|---|

| 신청서 제출 | ➡ | 접수 | ➡ | 내용검토 | ➡ | 결재 | ➡ | 통보 |
|---|---|---|---|---|---|---|---|---|
| 신청인 | | 지방고용노동청(지청)장<br>(민원실) | | 지방고용노동청(지청)장<br>(근로개선지도과) | | 지방고용노동청(지청)장<br>(청장 · 지청장) | | |

210mm×297mm[일반용지 60g/㎡(재활용품)]

관할 지방고용노동관서의 장은 감시·단속적 근로에 대한 적용제외를 승인 할 경우 감시적 또는 단속적 근로종사자에 대한 적용 제외 승인서를 내주어야 합니다. 승인의 효과는 승인일 이전으로 소급하지 않음에 주의하시기 바랍니다.

한편, 감시·단속적 근로에 대한 적용제외 승인은 근로자를 기준으로 한 것이 아니라 업무를 기준으로 한 것이기 때문에 근로자의 입·퇴사를 이유로 새로이 받을 필요는 없습니다. 그러나 근로형태의 변경이 있는 경우에는 다시 승인받아야 합니다.

## 24 야간근로는 어떻게 시킬 수 있나요?

야간근로는 오후 10시부터 다음 날 오전 6시 사이의 근로를 말합니다. 낮과 밤이 바뀌는 근로환경으로부터 근로자의 건강을 보호하고자 노동법에서는 야간근로에 대해 별도로 정하고 있습니다.

야간근로를 실시하려면 그 허용요건을 충족해야 합니다. 즉, 18세 이상의 여성근로자의 경우에는 그 근로자의 동의가 필요하고, 18세 미만 근로자와 산후 1년이 지나지 않은 여성근로자의 경우에는 본인의 동의와 근로자대표와의 성실한 협의 및 고용노동부장관의 인가가 있어야 야간근로를 시킬 수 있습니다. 임신 중의 여성근로자의 경우는 본인의

명시적 청구와 근로자대표와의 성실한 협의 및 고용노동부장관의 인가
가 필요합니다.

일반 근로자의 야간근로에 대해서는 직접적인 허용요건을 규정하고
있지 않으나, 소정근로를 야간에 실시하는 것은 근로계약 체결 시 당사
자 간 합의하에 결정되며, 연장근로를 야간에 실시하는 것은 연장근로
의 합의에 포함해서 보면 될 것입니다.

[표] 야간근로의 허용요건

| 구분 | 야간근로 허용요건 | 비고 |
|---|---|---|
| 일반근로자 | 근로자 동의 | 해석론 |
| 연소근로자 | 근로자 동의 +<br>근로자대표와의 협의 +<br>고용노동부장관의 인가 | 근로기준법 |
| 18세 이상 여성근로자 | 근로자 동의 | 근로기준법 |
| 임신 중 여성근로자 | 본인의 명시적 청구 +<br>근로자대표와의 협의 +<br>고용동부장관의 인가 | 근로기준법 |
| 산후 1년 미만 여성근로자 | 근로자 동의 +<br>근로자대표와의 협의 +<br>고용노동부장관의 인가 | 근로기준법 |

사용자는 야간근로에 대해 통상임금의 100분의 50 이상을 가산해 근
로자에게 지급해야 하며, 근로자대표와의 서면합의에 따라 야간근로
대해 임금을 지급하는 것을 갈음해 휴가를 줄 수 있습니다. 이에 관한
자세한 내용은 '41. 연장·야간·휴일근로수당은 어떻게 산정하나요?'
및 '42. 보상휴가제에 대해 알려주세요' 부분을 참고하시기 바랍니다.

근로시간 적용제외에 해당하는 경우에도 연소근로자와 여성근로자에 대한 야간근로는 제한되며, 야간근로에 따른 가산임금은 지급해야 함에 주의하시기 바랍니다.

〈근로시간 적용제외〉
- 토지의 경작·개간, 식물의 재식(栽植)·재배·채취 사업, 그 밖의 농림 사업
- 동물의 사육, 수산 동식물의 채포(採捕)·양식 사업, 그 밖의 축산, 양잠, 수산 사업
- 감시(監視) 또는 단속적(斷續的)으로 근로에 종사하는 자로서 사용자가 고용노동부장관의 승인을 받은 자
- 관리·감독 업무 또는 기밀을 취급하는 업무에 종사하는 자

상시 4인 이하 사업장의 경우 야간근로에 대한 가산임금의 규정이 적용되지 않으나, 연소근로자, 임신 중인 여성근로자, 산후 1년 미만 여성근로자에 대한 야간근로 제한 규정은 적용됩니다.

아래와 같이 야간근로를 상시적으로 수행하는 근로자에 대해서는 일반건강진단에 더해 특수건강진단을 실시해야 합니다.

- 6개월간 밤 12시부터 오전 5시까지의 시간을 포함해 계속되는 8시간 작업을 월 평균 4회 이상 수행하는 경우
- 6개월간 오후 10시부터 다음 날 오전 6시 사이의 시간 중 작업을 월 평균 60시간 이상 수행하는 경우

# 25 임신기 근로시간 단축제도에 대해 알려주세요

근로계약 체결 당시의 근로시간을 변경하기 위해서는 당사자 간 합의가 있어야 합니다. 근로기준법은 이에 대한 예외로서 임신기 근로시간 단축제도를 두고 있습니다.

사업주는 임신 후 12주 이내 또는 36주 이후에 있는 여성 근로자가 1일 2시간의 근로시간 단축을 신청할 경우, 근로계약의 형태, 직종, 근속기간 등과 관계없이 임신기 근로시간 단축을 허용해야 합니다. 이를 임신기 근로시간 단축이라 하며, 사용자는 임신기 근로시간 단축을 이유로 임금을 삭감할 수 없습니다. 임신기 근로시간 단축은 일정 기간 사용자의 동의를 요하지 않고 근로시간을 단축할 수 있으며, 근로시간이 줄어듦에도 불구하고 임금을 삭감할 수 없다는 데 그 특징이 있습니다.

임신기 근로시간 단축은 여성근로자의 만혼 등으로 인해 유산·사산 및 조산 등을 예방하고 임신근로자의 모체건강을 보호하기 위해 2014년 3월 24일 새로 도입된 제도로, 근로자의 신청을 요건으로 합니다. 따라서 근로자가 신청하지 않으면 근로시간 단축을 부여하지 않아도 됩니다.

임신 12주 이내(임신 후 84일까지) 36주 이후(임신 후 246일 이후)부터 근로시간 단축 사용이 가능합니다. 진단서상 12주 0일까지, 35주 1일부터 사용할 수 있으며, 임신 12주 이내에 사용했을지라도 36주 이후가 됐을 때 다시 사용 가능합니다.

1일 근로시간이 8시간 미만인 근로자가 근로시간 단축을 신청하는 경우 근로시간이 6시간이 되도록 허용할 수 있습니다. 1일 근로시간이 7시간인 경우 6시간으로 단축할 수 있으며, 6시간 이하 근로자의 경우 사용자가 6시간 미만으로 근로시간 단축을 허용해야 할 의무는 없습니다. 단축 방식은 출근시간을 늦추거나 퇴근을 일찍 하는 등 제한은 없으나, 근로자가 신청하는 방식으로 허용하는 것이 원칙입니다. 근로자 신청하는 방식으로 허용이 불가능한 사정이 있을 경우에는 사업주가 이를 입증해야 합니다. 이를 위반한 경우에는 500만 원 이하의 과태료에 처합니다.

임신기 근로시간 단축과 함께 노동법에서 규정하고 있는 근로시간 단축제도에는 육아기 근로시간 단축제도가 있습니다. 다만, 육아기 근로시간 단축제도는 육아휴직 대신 사용할 수 있는 제도이므로 관련 내용은 제8장 휴직 관리 부분에서 육아휴직 다음으로 살펴보도록 하겠습니다.

# 제4장

# 휴일 관리

## 26 공휴일과 법정휴일이 다른 건가요?

흔히 공휴일은 당연히 쉬어야 하는 날로 알고 있지만, 공휴일은 공무원만을 규율하는 관공서의 휴일일 뿐, 민간기업에까지 강제되는 것이 아닙니다. 그러나 실제로는 공기업과 대기업 등 많은 민간부문에서 공휴일에 쉬고 있기 때문에 공휴일은 마치 국민 전체의 휴일인 것처럼 인식되고 있습니다.

민간부문의 휴일은 법에서 쉬도록 강제한 '법정휴일'과 사업장별로 근로자와 사용자가 정하는 '약정휴일'로 나눠집니다. 현재 우리나라의 법정휴일은 ① '근로기준법'상 주1회 이상 부여해야 하는 주휴일(보통 일요일로 정함)과 ② '근로자의날제정에관한법률'에서 정하고 있는 근로자의 날(5.1)로 모두 유급휴일입니다. 약정휴일은 사업장마다 차이는 있으나 통상 공휴일, 회사창립일, 노조창립일 등을 포함하며, 노사 간 체결한 단체협약이나 회사에서 작성한 취업규칙 등으로 정하고 있습니다. 만약, 공휴일을 취업규칙 등에 약정휴일로 명시하지 않았다면 근로일로 보아야 합니다.

그러나 앞으로는 민간기업의 근로자도 공휴일을 법정휴일로 보장받게 됩니다. 2018년 3월 20일에 개정된 근로기준법은 공무원과 일반 근로자가 공평하게 휴일을 향유할 수 있도록 공휴일(일요일 제외)을 유급휴일로 정하면서, 기업의 부담을 감안해 기업규모별로 3단계로 나누어 시행시기를 정했습니다. 다만, 상시 근로자수 5인 미만 사업장에는 적용되지 않습니다.

[표] 법정휴일

| 기존 | 개정 |
|---|---|
| 1. 근로자의 날<br>2. 주휴일 | 1. 근로자의 날<br>2. 주휴일<br>3. '관공서의공휴일에관한규정'에 따른 공휴일<br>**[시행일]**<br>1. 300명 이상 : 2020년 1월 1일<br>2. 30명 이상 300명 미만 : 2021년 1월 1일<br>3. 5인 이상 30명 미만 : 2022년 1월 1일 |

　공휴일은 대통령령인 '관공서의공휴일에관한규정'에서 정하고 있으며, 일요일을 비롯해 국경일 중 일부, 설날, 추석 등이 지정되어 있습니다. 설날연휴와 추석연휴, 어린이날이 다른 공휴일과 겹치면 다음 비공휴일을 공휴일로 부여하는 대체공휴일도 법정휴일에 포함됩니다. 단, 주휴일 제도가 있음을 고려해 일요일은 법정휴일에서 제외시켰습니다.

[표] 관공서의 공휴일 현황

| | |
|---|---|
| 공휴일 | 1. 일요일 ← 법정휴일에서 제외<br>2. 국경일 중 3·1절, 광복절, 개천절 및 한글날<br>3. 1월 1일<br>4. 설날 전날, 설날, 설날 다음 날(음력 12월 말일, 1월 1일, 2일)<br>5. 부처님오신날(음력 4월 8일)<br>6. 5월 5일(어린이날)<br>7. 6월 6일(현충일)<br>8. 추석 전날, 추석, 추석 다음 날(음력 8월 14일, 15일, 16일)<br>9. 12월 25일(기독탄신일)<br>10. '공직선거법' 제34조에 따른 임기만료에 의한 선거의 선거일<br>11. 기타 정부에서 수시 지정하는 날 |
| 대체공휴일 | 설, 추석연휴 및 어린이날이 일요일 또는 다른 공휴일과 겹치면 다음 비공휴일을 공휴일로 정함(어린이날은 토요일이 겹치는 경우도 포함) |

공휴일에 근로할 필요성이 있는 경우에는 근로자대표와의 서면합의를 통해 특정한 근로일로 대체할 수 있습니다. 이때 근로자대표란 근로자의 과반수로 조직된 노동조합이 있는 경우에는 그 노동조합, 근로자의 과반수로 조직된 노동조합이 없는 경우에는 근로자의 과반수를 대표하는 자를 말하며, 개별 근로자의 동의를 요하지 않습니다. 대체 휴일을 특정하도록 정하고 있기 때문에 특정하지 않고 임의로 사용토록 할 때에는 휴일대체가 인정되지 않음에 주의해야 합니다.

적법하게 휴일대체를 했다면 원래의 휴일은 통상의 근로일이 되므로 그날의 근로도 휴일근로가 아닌 통상의 근로가 됩니다. 따라서 휴일근로에 따른 가산수당 지급의무는 없습니다. 다만, 이 경우에도 주 52시간 한도는 준수되어야 합니다. 이미 주 52시간을 근무한 상태에서 휴일대체를 통해 공휴일에 근로하는 것은 연장근로한도를 초과하므로 법위반에 해당합니다.

## 27 주휴일에 대해 알려주세요

1주의 근로시간을 40시간의 범위 내에서 정했다 하더라도 1주의 소정근로일은 6일을 초과할 수 없습니다. 근로기준법은 사용자로 하여금 1주 동안의 소정근로일을 개근한 근로자에게 1주에 평균 1회 이상의 유급휴일을 보장하도록 규정했기 때문입니다. 이를 '주휴일'이라 하며,

주휴일은 반드시 근로계약서에 명시해야 합니다. 다만, 4주 동안을 평균해 1주 동안의 소정근로시간이 15시간 미만인 근로자에 대해서는 주휴일이 적용되지 않습니다.

주휴일은 1주 동안의 소정근로일을 개근한 근로자에게 부여합니다. 소정근로일을 개근하지 않은 근로자에 대해서는 주휴일이 무급으로 처리되는 것입니다. 예컨대, 소정근로일이 5일인 근로자가 개근한 경우에는 6일분의 임금을 받지만, 1일을 결근한 경우에는 4일분의 임금을 받게 됩니다.

개근이란 소정근로일에 결근이 없는 것을 말하기 때문에 조퇴나 지각이 있더라도 결근이 없다면 주휴일을 부여해야 합니다. 법정휴일과 약정휴일은 애초에 소정근로일이 아니므로 그날 쉬었다고 해서 주휴일을 주지 않는 것은 법 위반입니다. 소정근로일은 근로자마다 다를 수 있으며 반드시 주5일 이상 출근할 것을 의미하지 않습니다. 연차휴가 등 법정휴가를 사용한 날은 주휴일 부여에 있어 출근한 것으로 봅니다.

주휴일은 1주에 평균 1회 이상 부여하면 되고, 반드시 일요일인 것을 요하지 않습니다. 요일을 특정해야 하는 것도 아닙니다. 매주 요일을 달리 정할 수도 있고, 부서나 직종별로 달리 정하는 것도 가능합니다. 1회 이상의 휴일은 원칙적으로 0~24시까지를 의미하나, 고용노동부 행정해석은 교대제 등 특별한 사정이 있는 경우에는 24시간의 휴식을 주는 것도 1회의 휴일로 인정합니다.

근로기준법은 주휴일을 '유급'으로 부여해야 한다고 규정하고 있을 뿐, '유급'에 대한 구체적인 규정을 두고 있지 않습니다. 이에 대해 고용노동부는 정상근로일의 소정근로시간을 기준으로 주휴수당을 지급해야 한다고 하고 있습니다. 고용노동부 행정해석에 따른 주휴수당 산정기준은 다음과 같습니다.

〈고용노동부 행정해석에 따른 주휴수당 산정기준〉
- 월~금(8시간)인 경우 : 8시간
- 월~금(7시간), 토요일(5시간)인 경우 : 7시간
- 월~토(6시간40분)인 경우 : 6시간 40분

그러나 고용노동부의 해석에 따르면 1주 소정근로시간이 동일하더라도 근무형태에 따라 주휴수당 산정시간이 다르므로 임금에 차이가 발생합니다. 월급근로자의 경우 1주 소정근로시간과 월 통상임금이 같아도 시간급 통상임금은 다를 수 있으며, 최저임금액의 월환산액도 근무형태에 따라 달라집니다. 따라서 주휴수당의 지급기준은 통상임금으로 보고, 지급수준은 1주 40시간인 근로자 기준 8시간분으로 보는 것이 바람직하다고 생각합니다.

주급제 및 월급제에서는 주휴수당이 포함되어 있지만, 시급제 및 일급제에서는 주휴수당이 포함되어 있지 않은 것으로 해석합니다. 따라서 시급제 및 일급제의 경우에는 주휴수당을 추가로 지급해야 함에 주의하시기 바랍니다. 사용자가 근로자에게 무급으로 주휴일을 부여한 경우 벌칙 적용을 받게 됩니다.

사견은 유급인 주휴일 규정은 임금계산에 혼란을 주어 사용자가 의도치 않게 법을 위반하게 되는 요인이 되므로 무급휴일로 법을 개정하는 것이 바람직하다고 생각합니다. 다만 동시에 시급제 및 일급제의 경우 기존의 임금수준이 저하되지 않도록 조치하고, 주급제 및 월급제의 경우 통상임금이 갑작스럽게 증가되지 않도록 경과규정을 두어야 할 것입니다.

## 28 근로자의 날에 대해 알려주세요

근로자의 날(5월 1일)은 주휴일과 함께 법정휴일로서, '근로자의날제정에관한법률'에 따라 근로기준법에 따른 유급휴일로 봅니다. 근로자의 날은 1963년 한국노총의 창립일인 3월 10일로 제정되었다가, 1994년 세계적으로 5월 1일을 노동절로 기념해온 것에 맞춰 날짜를 5월 1일로 변경되었습니다.

근로자의 날 제정 취지는 근로자들의 노고를 위로하고 근무의욕을 높이기 위한 것으로 공휴일에는 해당하지 않으나, 근로기준법상 주휴일과 함께 법정휴일이므로 해당일에 근로제공이 없더라도 임금이 지급됩니다.

한편, 근로자의 날 근로를 제공한 경우에는 근로기준법 제56조에 따라 휴일근로수당을 추가로 지급해야 합니다. 휴일근로수당 지급에 갈음해 근로자대표와의 서면합의에 따라 근로기준법 제57조에 따른 보상휴가를 주는 것도 가능합니다. 그러나 근로자의 날은 법률로써 5월 1일을 특정해 유급휴일로 정하고 있기 때문에 다른 날로 대체할 수는 없습니다.

감시·단속적 근로자를 포함한 근로기준법 제63조의 적용제외 근로자는 근로기준법 제4장과 제5장에서 정한 휴일에 관한 규정은 적용되지 않으나, 근로자의 날은 유급휴일로 보장됩니다. 따라서, 근로자의 날에 근로 제공을 하지 않고 쉬더라도 통상 하루에 지급하는 소정임금을 추가로 지급해야 합니다. 예컨대, 1일 2교대 10시간 근무자의 경우 10시간분의 임금을 지급합니다. 그러나 격일제 근무는 근무일 다음의 휴무일은 전일의 근무를 전제로 주어지는 것이므로, 격일자 근무자에게 지급해야 할 통상 하루의 소정임금은 근무일의 절반에 해당하는 근로시간의 소정임금이라는 것이 고용노동부의 해석입니다.

만약 근로기준법 제63조의 적용제외 근로자가 격일제 근무 등을 이유로 근로자의 날 쉬지 못하고 근로를 제공한 경우 휴무자와 동일하게 통상 하루의 소정임금을 추가로 지급하면 됩니다.

## 29 휴일과 휴무일, 휴일근로의 실시와 제한, 휴일대체에 대해 알려주세요

### (1) 휴일과 휴무일

휴일에 대한 정의규정은 존재하지 않으나, 휴일은 법령, 취업규칙, 단체협약, 근로계약 등에 따라 근로제공의무를 부담하지 않기로 미리 정해진 날입니다. 주의할 점은 근로제공 의무가 없는 날이라고 해서 모두 휴일은 아니라는 것입니다.

고용노동부는 소정근로일이 아닌 날을 모두 휴일로 보는 것이 아니라, 휴일과 휴무일로 구분하고 있습니다. 1주일 중 소정근로일이 5일이고, 유급주휴일이 1일인 경우, 나머지 1일은 노사가 별도로 정하지 않는 이상 휴무일이 됩니다. 즉, 소정근로일도 휴일도 아니지만 근로제공의무가 없는 날이 휴무일입니다. 휴무일 근로는 1일 8시간 또는 1주 40시간을 초과한 경우에는 연장근로가 되지만, 휴일근로에는 해당하지 않음에 주의하시기 바랍니다.

### (2) 휴일근로의 실시와 제한

휴일에 근로를 실시하려면 그 허용요건을 충족해야 합니다. 즉, 18세 이상의 여성근로자의 경우에는 그 근로자의 동의가 필요하고, 18세 미만 근로자와 산후 1년이 지나지 않은 여성근로자의 경우에는 본인의 동의와 근로자대표와의 성실한 협의 및 고용노동부장관의 인가가 있어야 휴일근로를 시킬 수 있습니다. 임신 중의 여성근로자의 경우는 본인의 명시적 청구와 근로자대표와의 성실한 협의 및 고용노동부장관의 인가가 필요합니다.

　일반 근로자의 휴일근로에 대해서는 직접적인 허용요건을 규정하고 있지 않으나, 해석론으로 근로자의 동의를 휴일근로의 전제 요건으로 하고 있습니다. 사견은 연장근로를 일정한 요건 아래 허용하는 것처럼 일반근로자의 휴일근로에 대한 별도의 제한규정이 필요하다고 생각합니다.

[표] 휴일근로의 허용요건

| 구분 | 휴일근로 허용요건 | 비고 |
| --- | --- | --- |
| 일반 근로자 | 근로자 동의 | 해석론 |
| 연소근로자 | 근로자 동의 +<br>근로자대표와의 협의 +<br>고용노동부장관의 인가 | 근로기준법 |
| 18세 이상 여성근로자 | 근로자 동의 | 근로기준법 |
| 임신 중 여성근로자 | 본인의 명시적 청구 +<br>근로자대표와의 협의 +<br>고용동부장관의 인가 | 근로기준법 |
| 산후 1년 미만 여성근로자 | 근로자 동의 +<br>근로자대표와의 협의 +<br>고용노동부장관의 인가 | 근로기준법 |

　1일 8시간 이내의 휴일근로에 대해서는 통상임금의 50%를 가산해 지급하고, 1일 8시간을 초과하는 휴일근로에 대해서는 통상임금의 100%를 가산해 지급합니다. 근로자대표와의 서면합의에 따라 휴일근로에 대

해 임금을 지급하는 것을 갈음해 휴가를 줄 수 있습니다. 이에 관한 자세한 내용은 '41. 연장·야간·휴일근로수당은 어떻게 산정하나요?' 및 '42. 보상휴가제에 대해 알려주세요' 부분을 참고하시기 바랍니다.

근로시간 적용제외에 해당하는 경우 휴일에 관한 규정이 적용되지 않으므로, 연소근로자, 임신 중인 여성근로자, 산후 1년 미만 여성근로자에 대한 휴일근로 제한 규정도 적용되지 않으며, 휴일근로에 대한 가산임금의 지급의무도 없습니다.

---

**〈근로시간 적용제외〉**

- 토지의 경작·개간, 식물의 재식(栽植)·재배·채취 사업, 그 밖의 농림 사업
- 동물의 사육, 수산 동식물의 채포(採捕)·양식 사업, 그 밖의 축산, 양잠, 수산 사업
- 감시(監視) 또는 단속적(斷續的)으로 근로에 종사하는 자로서 사용자가 고용노동부장관의 승인을 받은 자
- 관리·감독 업무 또는 기밀을 취급하는 업무에 종사하는 자

---

상시 4인 이하 사업장의 경우 휴일근로에 대한 가산임금의 규정이 적용되지 않으나, 연소근로자, 임신 중인 여성근로자, 산후 1년 미만 여성근로자에 대한 휴일근로 제한 규정은 적용됩니다.

## (3) 휴일대체

사전에 휴일을 다른 근로일과 대체하면 원래 휴일인 날은 통상의 근로일이 되고, 그날의 근로는 통상근로가 되어 사용자는 근로자에게 휴일근로수당을 지급할 의무를 부담하지 않습니다. 이를 '휴일대체'라고 합니다. 휴일대체에 대해서는 법률에 규정되어 있는 것은 아니나, 판례로써 인정되고 있습니다.

취업규칙 등에서 특정된 휴일을 근로일로 하고 대신 통상의 근로일을 휴일로 교체할 수 있도록 하는 규정을 두거나 그렇지 않더라도 근로자의 동의를 얻은 경우, 미리 근로자에게 교체할 휴일을 특정해 고지하면 달리 보아야 할 사정이 없는 한 이는 적법한 휴일대체가 됩니다. 다만, 근로자의 날은 법률로써 5월 1일을 특정해 유급휴일로 정하고 있으므로 대체할 수 없습니다.

휴일근로 이후 실시한 휴일대체 합의는 효력이 없습니다. 따라서 휴일근로수당을 지급해야 합니다.

# 제 5 장

# 임금 관리

## 30 임금이란 무엇인가요?

　임금은 노동법의 보호대상입니다. 그런데 사용자가 근로자에게 주는 모든 금품이 임금은 아닙니다. 사용자가 근로자에게 지급하는 금품 중 임금만이 노동법에 따른 특별한 보호를 받으며, 퇴직급여 산정 시 포함됩니다. 따라서 어떤 금품이 임금인지 아닌지를 판단하는 것은 의미가 있습니다.

　임금은 기업 입장에서는 비용이고, 근로자 입장에서는 소득으로 서로 간의 이해가 상충하는 항목입니다. 기업은 임금에 있어 효율성을 추구하며 가능한 한 적게 지급하고자 하지만, 근로자에게 임금은 생계를 유지하는 수단이기 때문에 안정성을 추구하며 가능한 한 많이 받고자 합니다. 그러나 현실적으로 근로자가 기업에 대해 자신의 주장을 관철하기란 쉽지 않기 때문에 노동법은 근로자가 인간다운 생활을 할 수 있도록 임금의 최저수준을 정하고, 안정적인 지급을 보장하는 장치를 두고 있습니다.

　기업이 지속적으로 존속·유지·성장하기 위해서는 노동법에 맞게 근로자의 임금을 관리해야 하며, 나아가 임금을 통해 근로자를 동기부여할 수 있어야 합니다. 하지만 아직까지 많은 기업에서의 임금 관리는 노동법을 준수하는 것조차 어려워하는 실정입니다. 이에 이하에서는 노동법의 보호대상인 임금이 무엇인지 살펴보고, 노동법이 사용자에게 부과하고 있는 임금수준 및 지급의무는 무엇인지 알아보고자 합니다.

근로기준법은 임금이란 사용자가 근로의 대가로 근로자에게 임금, 봉급, 그 밖에 어떠한 명칭으로든지 지급하는 일체의 금품이라고 정의하고 있습니다. 임금을 판단함에 있어 그 명칭은 중요하지 않습니다.

## (1) 사용자가 근로자에게 지급하는 것

명칭이 임금이라 하더라도 그러한 금품을 주고받는 사람이 근로기준법상 사용자나 근로자가 아니면 근로기준법상 임금이라고 할 수 없습니다. 손님이 근로자에게 지급하는 봉사료는 사용자가 관여하지 않는 한 그 지급 주체의 요건을 충족하지 않아 임금으로 보지 않습니다. 대표자에게 지급되는 월급은 그 지급대상 요건을 충족하지 않으므로 임금이 아닙니다.

## (2) 근로의 대가

근로의 대가라 함은 사용종속관계 하에서 제공되는 근로에 대한 보상이라고 할 수 있습니다. 근로제공에 대한 반대급부라야 임금이 됩니다. 그런데 사용자가 지급하는 금품은 그 명목과 목적이 매우 다양해 근로의 대가인지 여부가 헷갈리는 경우가 많습니다.

예컨대, 어떤 기업에서 자녀수당이라는 이름으로 매월 자녀 1인당 5만 원씩 지급한다면 이것을 근로의 대가라고 할 수 있을까요?

법원은 이에 대해 근로자에게 계속적·정기적으로 지급되고 그 지급에 관해 단체협약, 취업규칙, 급여규정, 근로계약, 노동관행 등에 의해 사용자에게 지급의무가 지워져 있다면 그 명목 여하를 불문하고 임금에 해당한다고 판시하고 있습니다. 즉, 위의 자녀수당과 같이 임금의 지급 여부나 지급액이 구체적인 근로의 질이나 양과 관계없는 조건에 좌우되더라도 계속적·정기적으로 지급되고 사용자에게 지급의무가 있다면 임금으로 봅니다.

반대로, 근로와 일정 부분 관계있는 조건에 따라 지급한 금품이라 하더라도 그것이 사용자의 재량에 맡겨지거나, 경영성과에 따라서 일시적·불확정적으로 지급되는 경우에는 임금으로 보지 않습니다.

## (3) 임금이 아닌 금품

### ① 은혜적·의례적·호의적 금품
사용자가 은혜적·의례적·호의적으로 지급하는 것은 임금이 아닙니다. 축의금, 조의금 등의 여기에 속하고 이들은 취업규칙 등에 지급의무와 지급조건이 명시되어 있더라도 임금으로 인정되지 않습니다.

### ② 실비변상적인 금품
업무수행에 소요되는 실제 비용을 보상하는 성격을 가진 것도 임금이 아닙니다. 출장비, 작업복구입비, 판공비 등이 이에 해당합니다. 그러나 실제 소요비용과 무관하게 일정 범위의 근로자에게 정기적·계속적으로 일정액을 지급하는 경우에는 임금에 해당합니다.

### ③ 손해배상적 금품

근로기준법에 따라 지급해야 하는 해고예고수당, 재해보상, 귀향여비 등은 손해배상의 성격을 가진 금품으로써 임금이 아닙니다.

### ④ 순수한 이용이익

사택·통근차·목욕시설의 이용이익 등과 같이 순수한 의미의 복리후생비는 임금이 아닙니다. 이러한 시설을 이용하지 못하는 자에게 일정한 수당 등을 지급하는 경우에는 그 이용의 이익도 임금에 포함될 수 있습니다. 설사 통화가 아닌 복지포인트로 지급했다 하더라도 계속적·정기적으로 지급되고 그 지급에 관해 사용자에게 지급의무가 지워졌다면 임금으로 볼 수 있습니다.

# 31 임금과 보수의 차이를 알려주세요

보수는 임금과 상당히 유사한 개념이지만 반드시 일치하는 것은 아닙니다. 보수란 소득세법에 따른 근로소득에서 비과세 근로소득을 뺀 금품입니다. 근로소득은 고용관계뿐만 아니라 이와 유사한 계약에 의해 노무를 제공하고 지급받는 경제적 가치를 포함한다는 점에서 임금과 다릅니다. 또한 임금이라 하더라도 비과세 근로소득에 해당하면 보수에 해당하지 않기 때문에 이 둘은 차이가 있습니다. 보수가 인사관리에서 유의미한 이유는 4대보험과 관련이 있습니다. 4대보험료의 부과기준은 임금이 아닌 보수로 산정하기 때문입니다. 4대보험의 산정기준은 아래 표와 같습니다. 건강보험의 경우 국외근로소득비과세금액도 보수에 포함한다는 점에 주의하시기 바랍니다.

---

〈국외근로소득비과세금액〉
- 외국정부(외국의 지방자치단체와 연방국가인 외국의 지방정부를 포함한다. 이하 같다) 또는 대통령령으로 정하는 국제기관에서 근무하는 사람으로서 대통령령으로 정하는 사람이 받는 급여. 다만, 그 외국정부가 그 나라에서 근무하는 우리나라 공무원의 급여에 대해 소득세를 과세하지 않는 경우만 해당한다.
- 작전임무를 수행하기 위해 외국에 주둔 중인 군인·군무원이 받는 급여
- 국외 또는 '남북교류협력에관한법률'에 따른 북한지역에서 근로를 제공하고 받는 대통령령으로 정하는 급여

---

[표] 4대보험료의 산정기준

| 구분 | 국민연금 | 건강보험 | 고용, 산재보험 |
|---|---|---|---|
| 산정기준 | 소득 | 보수 | 보수 |
| 보수(소득)의 범위 | 근로소득<br>- 비과세소득<br>+ 조특법상의 비과세 | 근로소득<br>- 비과세소득<br>+ 조특법상의 비과세<br>+ 국외근로소득비과세금액 | 근로소득<br>- 비과세소득<br>+ 조특법상의 비과세 |

소득세법은 근로소득을 다음과 같이 정하고 있습니다.

1. 근로를 제공함으로써 받는 봉급·급료·보수·세비·임금·상여·수당과 이와 유사한 성질의 급여
2. 법인의 주주총회·사원총회 또는 이에 준하는 의결기관의 결의에

따라 상여로 받는 소득

3. '법인세법'에 따라 상여로 처분된 금액

4. 퇴직함으로써 받는 소득으로서 퇴직소득에 속하지 않는 소득

5. 종업원 등 또는 대학의 교직원이 지급받는 직무발명보상금(제21조 제1항제22호의2에 따른 직무발명보상금은 제외한다)

대표적인 비과세 근로소득은 아래 표와 같습니다. 앞서 밝혔듯 비과세 근로소득 가운데 국외(북한) 근로수당은 건강보험 산정기준에는 포함됩니다.

[표] 대표적인 비과세 근로소득

| 구분 | 내용 |
|---|---|
| 식대 | 다음 각호의 식사 또는 식사대<br>1. 근로자가 사내급식 또는 이와 유사한 방법으로 제공받는 식사 기타 음식물<br>2. 제1호에 규정하는 식사 기타 음식물을 제공받지 아니하는 근로자가 받는 월 10만 원 이하의 식사대 |
| 자차유지비 | 종업원의 소유차량을 종업원이 직접 운전해 사용자의 업무수행에 이용하고 시내출장 등에 소요된 실제 여비를 받는 대신에 그 소요경비를 당해 사업체의 규칙 등에 의해 정해진 지급기준에 따라 받는 금액중 월 20만 원 이내의 금액 |
| 보육비 | 근로자 또는 그 배우자의 출산이나 6세 이하(해당 과세기간 개시일을 기준으로 판단한다) 자녀의 보육과 관련해 사용자로부터 받는 급여로서 월 10만 원 이내의 금액 |
| 연구보조비 | 다음 각 호의 어느 하나에 해당하는 자가 받는 연구보조비 또는 연구활동비 중 월 20만 원 이내의 금액<br>1. '유아교육법', '초·중등교육법' 및 '고등교육법'에 따른 학교 및 이에 준하는 학교(특별법에 따른 교육기관을 포함한다)의 교원<br>2. '특정연구기관육성법'의 적용을 받는 연구기관, 특별법에 따라 설립된 정부출연연구기관, '지방자치단체출연연구원의설립및운영에관한 법률'에 따라 설립된 지방자치단체출연연구원에서 연구활동에 직접 |

| | |
|---|---|
| 연구보조비 | 종사하는 자(대학교원에 준하는 자격을 가진 자에 한한다) 및 직접적으로 연구활동을 지원하는 자로서 기획재정부령으로 정하는 자<br>3. '기초연구진흥및기술개발지원에관한법률시행령' 제16조의2제1항제1호 또는 제3호의 기준을 충족해 '기초연구진흥및기술개발지원에관한법률' 제14조의2제1항에 따라 인정받은 중소기업 또는 벤처기업의 기업부설연구소와 같은 항에 따라 설치하는 연구개발전담부서(중소기업 또는 벤처기업에 설치하는 것으로 한정한다)에서 연구활동에 직접 종사하는 자 |
| 학자금 | '초·중등교육법' 및 '고등교육법'에 따른 학교(외국에 있는 이와 유사한 교육기관을 포함한다)와 '근로자직업능력개발법'에 따른 직업능력개발훈련시설의 입학금·수업료·수강료, 그 밖의 공납금 중 다음 각 호의 요건을 갖춘 학자금(해당 과세기간에 납입할 금액을 한도로 한다)을 말한다.<br>1. 당해 근로자가 종사하는 사업체의 업무와 관련 있는 교육·훈련을 위해 받는 것일 것<br>2. 당해 근로자가 종사하는 사업체의 규칙 등에 의해 정해진 지급기준에 따라 받는 것일 것<br>3. 교육·훈련기간이 6월 이상인 경우 교육·훈련 후 당해교육기간을 초과해 근무하지 않는 때에는 지급받은 금액을 반납할 것을 조건으로 해받는 것일 것 |
| 국외(북한)<br>근로수당 | 국외 또는 '남북교류협력에관한법률'에 따른 북한지역(이하 이 조에서 "국외등"이라 한다)에서 근로를 제공(원양어업 선박 또는 국외 등을 항행하는 선박이나 항공기에서 근로를 제공하는 것을 포함한다)하고 받는 보수 중 월 100만 원[원양어업 선박, 국외 등을 항행하는 선박 또는 국외 등의 건설현장 등에서 근로(감리업무를 포함한다)를 제공하고 받는 보수의 경우에는 월 300만 원] 이내의 금액 |
| 생산직근로자의<br>연장·야간·휴일<br>근로수당 | 생산직 및 그 관련직에 종사하는 근로자로서 급여 수준 및 직종 등을 고려해 대통령령으로 정하는 근로자가 대통령령으로 정하는 연장근로·야간근로 또는 휴일근로해 받는 급여 |
| 직무발명보상금 | '발명진흥법' 제2조제2호에 따른 직무발명으로 받는 다음의 보상금(이하 "직무발명보상금"이라 한다)으로서 연 300만 원 이하의 금액<br>1) '발명진흥법' 제2조제2호에 따른 종업원 등(이하 이 조, 제20조 및 제21조에서 "종업원등"이라 한다)이 같은 호에 따른 사용자 등으로부터 받는 보상금<br>2) 대학의 교직원이 소속 대학에 설치된 '산업교육진흥및산학연협력촉진에관한법률' 제25조에 따른 산학협력단으로부터 같은 법 제32조제1항 제4호에 따라 받는 보상금 |

## 32 임금은 어떻게 정해야 하나요?

임금수준은 근로자가 직장을 결정함에 있어 중요한 요인입니다. 높은 수준의 임금을 제시하는 기업은 노동시장에서 우수한 지원자를 쉽게 확보할 수 있는 반면, 노동시장에서 형성된 가격보다 낮은 가격으로 노동력을 구입하고자 하는 기업은 인력 유인에 어려움을 겪습니다. 그러나 임금지불능력 측면에서 차이가 있기 때문에 모든 기업이 임금수준을 똑같이 맞출 수는 없습니다. 따라서 각 기업은 기업의 지불능력, 노동시장의 임금수준, 최저임금 등을 고려해 임금수준을 결정하되, 그 결정의 타당성을 근로자에게 설명하고 설득함으로써 임금이 공정하다는 지각을 유도해야 합니다. 이하에서는 임금수준의 결정요인으로써 임금수준의 하한이 되는 최저임금에 대해 살펴보고자 합니다.

임금수준은 본래 근로계약 당사자 사이에 자유롭게 정해야 하지만, 사적 자치에만 맡겨두면 힘의 불균형 때문에 근로자의 인간다운 생활을 해칠 정도의 낮은 임금이 결정될 우려가 있습니다. 그래서 국가는 최저임금 제도를 통해 사용자에게 임금수준의 최저한도를 강제합니다.

최저임금법은 근로자를 사용하는 모든 사업 또는 사업장에 적용하며, 근로자는 상용근로자는 물론 일용근로자, 파트타임근로자, 외국인근로자 등 고용형태나 국적·연령 등에 관계없이 모두 적용됩니다. 그러나 동거하는 친족만을 사용하는 사업과 가사사용인, 선원법의 적용을 받는 선원과 선원을 사용하는 선박의 소유자에게는 적용하지 않습니다.

사용자는 최저임금의 적용대상이 되는 근로자에게 최저임금액 이상의 임금을 지급해야 합니다. 당사자 간 합의로 최저임금액에 미달하는 금액으로 임금을 정했다 하더라도 그러한 합의는 효력이 없으며, 최저임금액과 동일한 임금을 지급해야 합니다.

최저임금은 고용노동부장관이 매년 8월 5일까지 결정해 고시하며, 고시한 최저임금은 다음연도 1월 1일부터 12월 31일까지 적용됩니다. 연도별 최저임금은 다음과 같습니다.

[표] 연도별 최저임금

| 연도 | 시간급 | 월환산액<br>(209시간 기준) | 비고 |
|---|---|---|---|
| 2016년 | 6,030원 | 1,260,270원 | |
| 2017년 | 6,470원 | 1,352,230원 | |
| 2018년 | 7,530원 | 1,573,770원 | 단순노무업무종사자 감액금지 |
| 2019년 | 8,350원 | 1,745,150원 | 최저임금 산입범위 조정 |

# 33 수습기간 동안의 임금은 어떻게 정해야 하나요?

수습기간은 근로자의 직업능력에 대한 양성·교육을 목적으로 설정된 기간입니다. 채용 이후 곧바로 업무에 적응하기는 어렵기 때문에 상당수의 기업이 근로계약서에 수습기간을 설정하고 수습기간에는 약정된 임금의 일정비율 감액해 지급한다는 규정을 두고 있습니다.

그런데 수습기간에 약정한 임금의 일정비율을 감액해 지급한다는 합의가 법적으로 유효할까요? 노동법에 별도로 제한하는 규정을 두고 있지 않으므로 당사자 간 명시적으로 합의했다면 약정된 임금의 일정비율을 감액해 지급하는 것도 가능합니다. 다만, 그 금액은 최저임금법에서 정한 금액 이상이 되어야 하며, 이에 미달하는 경우에는 최저임금법에서 정한 최저임금액이 적용됩니다.

최저임금법은 수습기간 최저임금액에 관해 특별한 규정을 두고 있습니다. 1년 이상의 근로계약을 체결하고 수습 중에 있는 근로자로서 수습을 시작한 날부터 3개월 이내인 자에 대해서는 최저임금의 90%를 그 근로자의 시간급 최저임금으로 한다는 규정입니다.

극단적으로 예시를 들자면 수습기간에 약정한 임금의 50%를 지급한다는 합의도 가능하지만, 그 금액은 적어도 최저임금의 90% 이상이어야 한다는 뜻입니다. 다만, 1년 미만의 기간제근로자에 대해서는 수습

사용기간 최저임금 감액 규정이 적용되지 않으며, 당사자 간에 정한 수습기간이 3개월을 초과하더라도 최저임금 감액 적용기간은 3개월로 한정합니다. 1년 이상 근로계약을 체결했다면 근로자가 1년이 되기 전 퇴사하더라도 수습기간 최저임금 감액 규정의 적용을 받을 수 있습니다.

2018년 3월 20일부터는 단순노무업무로서 한국표준직업분류상 대분류9(단순노무종사자)에 해당하는 사람에 대해서는 수습 사용기간 최저임금 감액 규정이 적용되지 않습니다. 패스트푸드점에서 햄버거를 굽거나 용기에 담는 등 단순 반복적인 작업을 하는 자의 경우 기능숙련 기간이 필요하지 않다는 점을 고려해 수습기간 최저임금 감액 규정에서 제외한 것입니다.

## 34 최저임금 위반 여부는 어떻게 판단하나요?

최저임금에 미달하는 임금을 지급하는 경우 사용자는 3년 이하의 징역 또는 2,000만 원 이하의 벌금에 처합니다. 사업장에서 지급하는 임금이 최저임금에 위반되는지 여부를 판단하려면 ① 지급받은 임금에서 최저임금에 포함되는 임금만을 가려서 ② 이를 시간당 임금으로 환산해 ③ 고시된 최저임금과 비교해야 합니다.

그런데 최저임금에 포함되는 임금의 범위가 2019년 1월 1일부터 달라졌습니다. 최저임금제는 저임금근로자에게 최소한의 생계를 보장하기 위한 제도인데 기존에는 정기상여금과 현금성 복리후생비가 최저임금 산입범위에서 제외되어 고임금근로자까지 최저임금 인상의 혜택을 받는 등 불합리한 사례가 발생했기 때문입니다.

임금채권의 소멸시효는 3년인 바, 이하에서는 먼저 최저임금에 포함되는 임금의 범위를 2019년 1월 1일 전과 이후로 나누어 살펴보도록 하겠습니다. 이후에는 시간급 임금으로의 환산방법을 알아보도록 하겠습니다.

## (1) 2018년 12월 31일까지 최저임금에 포함되는 임금의 범위

2018년 12월 31일까지 최저임금 산정을 위한 임금의 범위는 다음의 방식에 의해 결정하며, 최저임금에 산입하지 아니하는 임금의 범위는 아래 표와 같습니다.

**최저임금의 산입범위 =** 근로기준법상의 임금 − 최저임금에 산입하지 않는 임금

[표] 최저임금에 산입하지 않는 임금의 범위(~2018년 12월 31일)

| 구분 | 임금의 범위 |
|---|---|
| 매월 1회 이상 정기적으로 지급하는 임금 외의 임금 | 1. 1개월을 초과하는 기간의 출근성적에 따라 지급하는 정근수당<br>2. 1개월을 초과하는 일정 기간의 계속근무에 대해 지급하는 근속수당<br>3. 1개월을 초과하는 기간에 걸친 해당 사유에 따라 산정하는 장려가급(勵加給)·능률수당 또는 상여금 |

| 구분 | 임금의 범위 |
|---|---|
| 매월 1회 이상 정기적으로 지급하는 임금 외의 임금 | 4. 그 밖에 결혼수당·월동수당·김장수당 또는 체력단련비 등 임시 또는 돌발적인 사유에 따라 지급하는 임금·수당이나, 지급조건이 사전에 정해진 경우라도 그 사유의 발생일이 확정되지 않거나 불규칙적인 임금·수당 |
| 소정의 근로시간 또는 소정의 근로일에 대해 지급하는 임금 외의 임금 | 1. 연차휴가 근로수당, 유급휴가 근로수당, 유급휴일 근로수당<br>2. 연장시간근로·휴일근로에 대한 임금 및 가산임금<br>3. 야간근로에 대한 가산임금<br>4. 일직·숙직수당<br>5. 그 밖에 명칭에 관계없이 소정근로에 대해 지급하는 임금이라고 인정할 수 없는 것 |
| 그 밖에 최저임금액에 산입하는 것이 적당하지 않은 임금 | 가족수당·급식수당·주택수당·통근수당 등 근로자의 생활을 보조하는 수당 또는 식사, 기숙사·주택 제공, 통근차운행 등 현물이나 이와 유사한 형태로 지급되는 급여 등 근로자의 복리후생을 위한 성질의 것 |

기존 최저임금법(2018년 12월 31일까지 적용)에 따르면, 매월 1회 이상 정기적으로 지급하는 상여금이라 하더라도 상여금을 연간 단위로 정하는 등(예 연 800%) 1개월을 초과하는 기간에 걸친 사유에 따라 산정하는 상여금은 최저임금 산입범위에 포함되지 않습니다(고용노동부 해석). 이에 따르면, 상여금의 비율이 높아 고임금을 받는 근로자라 하더라도 기본급이 최저임금 수준으로 낮은 경우에는 최저임금법에 위반되는 불합리한 사례가 발생합니다.

또한, 가족수당·급식수당·주택수당·통근수당 등 현금성 복리후생비를 최저임금에 산입하지 않기 때문에 동일한 임금을 받고 있다 하더라도 기본급이 최저임금인 근로자는 최저임금 위반이 아니지만, 기본급과 식대로 임금이 분할되어 있는 근로자는 최저임금 위반이 됩니다.

## (2) 2019년 1월 1일부터 최저임금에 포함되는 임금의 범위

2019년 1월 1일부터 매월 1회 이상 정기적으로 지급하는 임금은 최저임금에 산입(算入)합니다. 원칙적으로 매월 1회 이상 정기적으로 지급하는 정기상여금과 현금성 복리후생비도 포함됩니다. 다만, 개정된 최저임금법은 2024년까지 단계적으로 일정비율을 넘는 부분만 최저임금에 산입하도록 제한함으로써 저임금근로자의 임금보장과 중소기업 부담 완화 사이의 균형을 추구합니다.

최저임금에 산입하지 않는 임금은 다음과 같습니다. 연도별 정기상여금, 현금성 복리후생비의 최저임금 미산입비율은 아래 표를 참고하시기 바랍니다.

① '근로기준법' 제2조제1항제8호에 따른 소정(所定)근로시간(이하 "소정근로시간"이라 한다) 또는 소정의 근로일에 대해 지급하는 임금 외의 임금으로서 고용노동부령으로 정하는 임금

② 식비, 숙박비, 교통비 등 근로자의 생활 보조 또는 복리후생을 위한 성질의 임금으로서 통화 이외의 것으로 지급하는 임금

③ 식비, 숙박비, 교통비 등 근로자의 생활 보조 또는 복리후생을 위한 성질의 임금으로서 통화로 지급하는 임금의 월 지급액 중 해당 연도 시간급 최저임금액을 기준으로 산정된 월 환산액의 100분의 7(2019년 기준)에 해당하는 부분

④ 상여금, 그 밖에 이에 준하는 것으로서 고용노동부령으로 정하는 임금의 월 지급액 중 해당 연도 시간급 최저임금액을 기준으로 산정된 월 환산액의 100분의 25(2019년 기준)에 해당하는 부분

| 연도 | 2019 | 2020 | 2021 | 2022 | 2023 | 2024 |
|---|---|---|---|---|---|---|
| 정기 상여금 | 25% | 20% | 15% | 10% | 5% | 0% |
| 현금성 복리후생비 | 7% | 5% | 3% | 2% | 1% | 0% |

달라진 최저임금법에 따르면 2019년 기준 정기상여금은 매월 436,287.5원(2019년의 최저임금 월환산액 1,745,150원의 25%)을 초과하는 경우에 한해 그 초과하는 금액을 최저임금에 포함하게 됩니다. 현금성 복리후생비의 경우에는 매월 122,160.5원(2019년의 최저임금 월환산액 1,745,150원의 7%)을 초과하는 경우에 한해 그 초과하는 금액을 최저임금에 포함하게 됩니다.

## (3) 시간당 임금으로 환산

시간당 임금으로 환산하는 경우, 소정근로시간은 사용자와 근로자가 약정한 시간이 법정근로시간 이내이면 그 시간을, 법정근로시간을 초과하면 법정근로시간을 소정근로시간으로 하고 초과된 시간은 연장근로시간으로 처리합니다.

만일 임금이 주급 또는 월급제 형태로서 근로제공의무 없이 유급(예컨대, 주휴수당)으로 지급되는 임금이 포함된 경우에는 이를 제외하고 해당 임금산정기간의 소정근로시간으로 나누어 시간급 임금으로 환산하거나, 반대로 유급 처리된 임금이 포함된 주급 또는 월급금액을 시간급 임금으로 환산하는 경우에는 해당 임금산정기간의 소정근로시간에 유급 처리되는 시간을 합산합니다. 구체적인 내용은 통상임금의 시간급 환산방법과 유사하므로 '39. 통상임금의 시간급 환상방법을 알려주세요' 부분을 참고하시기 바랍니다.

감시·단속적 근로자로서 근로기준법 제63조제3호의 규정에 의해 고용노동부장관으로부터 근로시간 등의 적용제외 승인을 받은 경우와 4인 이하 사업장의 경우에는 근로기준법상의 근로시간 관련 규정의 적용이 배제되므로 법정근로시간과 관계없이 근로자와 사용자 간에 정한 근로시간을 소정근로시간으로 봅니다.

## 임금은 어떻게 구성하나요?

근로계약 체결 시 사용자와 근로자는 법정근로시간의 범위 내에서 소정근로일과 소정근로시간을 정하고, 해당 시간 동안 근로를 제공하면 지급하는 임금을 정합니다. 소정근로에 대한 시간당 임금이 최저임금에 위배되지 않는 한, 임금을 어떻게 구성하고 계산하느냐는 당사자 간 정하기 나름이며, 이를 약정수당이라고 합니다.

그런데 오후 10시부터 오전 6시 사이의 야간에 근로하는 경우, 법정근로시간을 초과해 근로하는 경우, 근로제공의무가 없는 휴일에 근로하는 경우 등 법으로 임금의 지급사유와 계산방법을 정하는 경우가 있습니다. 이처럼 법에서 정한 지급요건을 충족하는 경우 사용자가 근로자에게 반드시 지급해야 하는 수당을 법정수당이라고 합니다.

법정수당에는 주휴수당, 연장·야간·휴일근로수당, 연차휴가수당, 해고예고수당, 출산 전후 휴가 기간 중 임금, 휴업수당, 퇴직급여, 감급한도액, 재해보상 등이 있습니다. 이들 수당은 액수가 정해진 것이 아니라 산정방법이 정해져 있어 근로자별 임금의 종류와 수준에 따라 그 액수가 달라집니다.

근로기준법은 이러한 법정수당의 산정기준으로써 평균임금과 통상임금이라는 개념을 사용하고 있으며, 통상임금과 평균임금이 적용되는 규정은 다음과 같습니다.

[표] 통상임금과 평균임금 적용 규정

| 통상임금 | 평균임금 |
|---|---|
| • 주휴수당<br>• 연장·야간·휴일근로수당<br>• 해고예고수당<br>• 출산휴가기간 중 임금<br>• 평균임금의 최저 | • 휴업수당<br>• 퇴직급여<br>• 감급한도액<br>• 재해보상 |
| • 연차휴가수당 | |

실제 연장·야간·휴일근로 등은 사업장에서 빈번하게 나타나기 때문에 매월 임금을 지급하기 위해서는 법정수당의 계산방법을 알아야 합니다. 이하에서는 통상임금의 개념과 각종 법정수당의 산정방법에 대해 알아보도록 하겠습니다.

# 통상임금이 뭔가요?

통상임금은 연장근로수당 등의 산정기준입니다. 연장근로수당을 산정하기 위해서는 통상임금을 알아야 합니다. 근로기준법은 연장근로에 대해 통상임금에 50%를 가산하도록 하고 있습니다. 따라서 연장근로가 상시적으로 일어나는 사업장에서 어떤 임금을 통상임금으로 볼 것인가는 기업의 임금지급부담과 관련해 매우 중요한 의미가 있습니다.

근로기준법 시행령은 통상임금을 근로자에게 정기적이고 일률적으로 소정근로 또는 총근로에 대해 지급하기로 정한 시간급 금액, 일급 금액, 주급 금액, 월급 금액 또는 도급 금액이라고 정하고 있습니다. 그러나 이러한 정의 규정에도 불구하고 사업장마다 수당의 종류가 다양하고, 같은 이름의 수당이라도 지급조건이 다르기 때문에 어떤 임금이 통상임금에 해당하는지 여부를 판단하기란 쉬운 일이 아닙니다. 실제 어떠한 임금이 통상임금에 해당하는지에 대한 많은 분쟁이 있어 왔고, 고용노동부와 법원이 엇갈리는 해석을 해 산업현장에 혼선을 야기하기도 했습니다.

이러한 가운데 2013년 12월 28일 대법원 전원합의체 판결은 통상임금의 개념과 요건을 구체적으로 제시했고, 고용노동부도 2014년 1월 23일 전원합의체 판결을 기초로 한 통상임금산정지침을 발표하면서 통상임금에 관한 논란과 혼선이 일부분 정리되었습니다. 이하에서는 앞서 언급한 대법원 전원합의체 판결을 기초로 통상임금 판단기준에 대해 살펴보고자 합니다.

법원은 어떠한 임금이 통상임금에 속하는지 여부를 그 임금이 소정
근로의 대가로 근로자에게 지급되는 금품으로서 정기적·일률적·고정
적으로 지급되는 것인지를 기준으로 판단합니다. 명칭과 관계없이 그
객관적인 성질에 따라 통상임금의 법적인 요건을 갖추면 모두 통상임
금에 해당합니다. 그리고 각각의 판단기준은 다음과 같습니다.

## (1) 소정근로의 대가

통상임금은 소정근로에 대해 지급하기로 정한 임금입니다. 근로기준
법은 1일 및 1주의 법정근로시간을 초과하는 근로를 원칙적으로 금지
하고 있으므로, 소정근로는 법정근로시간의 범위에서 약정된 근로로
한정되며, 근로계약에서 정한 근로가 아닌 특별한 근로를 제공하고 추
가로 받은 임금은 통상임금이 아닙니다.

또한, 근로자가 실제로 초과근로를 제공하기 전에 미리 확정되어 있
어야 합니다. 그래야만 실제 초과근로가 제공될 때 사전에 확정된 통상
임금을 기초로 해 가산임금을 곧바로 산정할 수 있기 때문입니다.

## (2) 정기성

통상임금은 미리 정해진 일정한 기간마다 정기적으로 지급되는 임금
입니다. 어떤 임금이 1개월을 초과하는 기간마다 지급되더라도, 일정

한 기간마다 정기적으로 지급되는 것이면 통상임금에 포함될 수 있습니다. 그간 논란이 있었던 쟁점이지만, 대법원 1996. 2. 9. 선고 94다19501 판결 이후 일관된 판시입니다.

그럼에도 불구하고 정기성이 논란이 되었던 이유는 대법원이 종전의 입장을 변경했음에도 이를 전원합의체에서 다루지 않았으며, 고용노동부 지침이 판례의 입장을 따르지 않았기 때문입니다. 그러나 대법원이 2013년 12월 18일 전원합의체 판결을 통해 1개월을 초과하는 기간마다 지급되더라도, 일정한 기간마다 정기적으로 지급되는 것이면 통상임금에 포함될 수 있다고 했고, 고용노동부가 본 판결을 기초로 통상임금 노사지도 지침을 제시하면서 더 이상 이러한 논란은 존재하지 않게 되었습니다.

## (3) 일률성

일률적으로 지급되는 것이라 함은 모든 근로자에게 지급되는 것뿐만 아니라 일정한 조건 또는 기준에 달한 모든 근로자에게 지급되는 것을 포함합니다. 여기서 일정한 조건이란 시시때때로 변동되지 않은 고정적인 조건이어야 하며, 근로와 관련된 조건이어야 합니다.

휴직자나 복직자 또는 징계대상자 등에 대해 특정한 임금의 지급이 제한되어 있더라도, 이는 해당 근로자의 개인적인 특수성을 고려한 것일 뿐이므로, 정상적인 근로관계를 유지하고 있는 근로자에 대해 그 해당 임금의 일률성이 부정되지 않습니다.

## (4) 고정성

　통상임금이기 위해서는 초과근로를 제공할 당시에, 그 지급 여부가 업적, 성과, 기타 추가적인 조건과 관계없이 사전에 이미 확정되어 있는 것이어야 합니다. 통상임금은 소정근로시간을 근무한 근로자가 그 다음 날 퇴직한다 하더라도 근로의 대가로 당연하고도 확정적으로 지급받게 되는 최소한의 임금으로, 고정성은 통상임금인지 여부를 판단하는 가장 핵심적인 쟁점입니다.

　근로제공 이외에 추가적인 조건이 충족되어야 지급되는 임금이나, 그 충족 여부에 따라 지급액이 달라지는 임금 부분은 고정성이 없어 통상임금이 아닙니다. 여기서 추가적인 조건이란 초과근무를 하는 시점에 성취여부가 불분명한 조건을 의미합니다. 다만, 그 조건에 따라 달라지지 않는 부분만큼은 고정성이 있어 통상임금이 될 수 있습니다.

## 37 각종 수당의 통상임금성을 판단해주세요

　통상임금의 개념적 징표를 기초로 이하에서는 각종 수당이 통상임금인지 여부에 대해 구체적으로 살펴보도록 하겠습니다.

## (1) 특수한 기술, 경력 등을 조건으로 하는 임금(기술수당, 자격수당, 면허수당 등)

특수한 기술의 보유나 특정한 경력의 구비는 근로와 관련한 조건으로, 이 조건을 충족한 모든 근로자에게 지급되는 임금은 일률성의 요건을 충족하고, 근로자가 초과근로를 제공하는 시점에서 보았을 때 해당 기술의 보유나 경력의 구비는 이미 확정되어 있기 때문에 고정성이 인정되어 통상임금에 해당합니다.

## (2) 근속기간에 따라 달라지는 임금(근속수당 등)

근속기간은 근로자의 숙련도와 밀접한 관련이 있는 조건으로, 이 조건을 충족한 모든 근로자에게 지급되는 임금은 일률성의 요건을 충족하고, 근로자가 초과근로를 제공하는 시점에서 보았을 때 그 근로자의 근속기간이 얼마나 되는지는 이미 확정되어 있기 때문에 고정성이 인정되어 통상임금에 해당합니다.

## (3) 가족수당

부양가족이 있는 근로자에게만 지급되는 가족수당은 그 조건이 근로와 무관하므로 통상임금이 아닙니다. 다만, 모든 근로자에게 기본금액을 가족수당 명목으로 지급하면서, 실제로 부양가족이 있는 근로자에게는 일정액을 추가로 지급하는 경우, 그 기본금액은 모든 근로자에게 일률적으로 지급되는 근로의 대가와 같으므로 통상임금에 해당합니다

(추가 지급되는 가족수당은 통상임금이 아님).

## (4) 근무실적에 좌우되는 임금(성과급)

특정기간 근무실적을 평가해 이를 토대로 지급 여부나 지급액이 결정되는 임금은 초과근로를 제공하는 시점에서 근무실적에 대한 평가와 그에 따른 성과급 지급 여부 및 지급액이 확정되어 있지 않으므로 고정성이 인정되지 않아 통상임금이 아닙니다. 다만, 근무실적에서 최하등급을 받더라도 최소한의 일정액은 보장되는 경우라면, 그 최소한도의 금액만큼은 받는 것이 확정되어 있기 때문에 고정적인 임금으로서 통상임금에 해당합니다. 전년도 근무실적에 따라 당해연도에 성과급의 지급 여부나 지급액을 정하는 경우에는 초과근무를 제공하는 시점인 당해연도에는 성과급의 지급 여부나 지급액수가 확정되어 있으므로 고정성이 있어 통상임금에 해당합니다. 단, 전년도에 지급해야 할 것을 그 지급시기만 늦춘 것에 불과한 경우에는 일반적인 성과급과 마찬가지이므로, 고정성이 없어 통상임금이 아닙니다.

## (5) 상여금

1개월을 초과하는 기간마다 상여금을 지급하더라도 그 지급 여부 및 지급액이 확정되어 있고 중간퇴직자에게도 근무일수에 비례해 상여금을 지급하는 경우에는 통상임금에 해당합니다. 그러나 기업실적에 따라 일시적, 부정기적, 사용자 재량에 따른 상여금(경영성과분배금, 격려금, 인센티브)은 초과근로를 제공하는 시점에서 그 지급액수를 확정할 수 없으므로 통상임금이 아닙니다.

## (6) 특정시점에 재직 중인 근로자에게만 지급되는 임금

근로자가 정해진 근로제공을 했는지와 무관하게 지급일 기타 특정시점에 재직 중인 근로자에게만 지급하기로 정해져 있는 임금은 초과근로를 제공하는 시점에서 보았을 때, 그 근로자가 그 특정시점에 재직하고 있을지 여부는 불확실하기 때문에 고정성이 없습니다. 다만, 근로자가 특정시점 전에 퇴직하더라도 그 근무일수에 비례한 만큼의 임금을 받을 수 있다면, 근무일수에 비례해 지급되는 한도에서는 통상임금이 됩니다.

## (7) 근무일수에 따라 달라지는 임금

매 근무일마다 일정액을 지급하기로 한 임금은 근로를 제공하기만 하면 일정액을 지급받기로 확정되어 있으므로 통상임금에 해당합니다. 그러나 일정 근무일수를 채워야만 지급되는 임금은 근로 제공 이외에 일정 근무일수를 채워야 한다는 추가적인 조건 달성이 필요하므로, 초과근로를 제공하는 시점에서 확정할 수 없는 불확실한 조건에 해당해 고정성이 없어 통상임금이 아닙니다.

[표] 통상임금인지 문제되는 임금유형별 정리

| 임금명목 | 임금의 특징 | 통상임금 해당 여부 |
|---|---|---|
| 기술수당 | 기술이나 자격보유자에게 지급되는 수당(자격수당, 면허수당 등) | 통상임금 ○ |

| 임금명목 | 임금의 특징 | 통상임금 해당 여부 |
|---|---|---|
| 근속수당 | 근속기간에 따라 지급 여부나 지급액이 달라지는 임금 | 통상임금 O |
| 가족수당 | 부양가족 수에 따라 달라지는 가족수당 | 통상임금 ×<br>(근로와 무관한 조건) |
| | 부양가족 수와 관계없이 모든 근로자에게 지급되는 가족수당 분 | 통상임금 O<br>(명목만 가족수당, 일률성 인정) |
| 성과급 | 근무실적을 평가해 지급 여부나 지급액이 결정되는 임금 | 통상임금 ×<br>(조건에 좌우됨, 고정성 인정×) |
| | 최소한도가 보장되는 성과급 | 그 최소한도만큼만 통상임금 O<br>(그 만큼은 일률적, 고정적 지급) |
| 상여금 | 정기적인 지급이 확정되어 있는 상여금(정기상여금) | 통상임금 O |
| | 기업실적에 따라 일시적, 부정기적, 사용자 재량에 따른 상여금<br>(경영성과분배금, 격려금, 인센티브) | 통상임금 ×<br>(사전 미확정, 고정성 인정×) |
| 특정시점 재직 시에만 지급되는 금품 | 특정시점에 재직 중인 근로자만 지급받는 금품(명절귀향비나 휴가비의 경우 그러한 경우가 많음) | 통상임금 ×<br>(근로의 대가×, 고정성×) |
| | 특정시점 되기 전 퇴직 시에는 근무일수 비례해 지급되는 금품 | 통상임금 O(근무일수 비례해 지급되는 한도에서는 고정성O) |

# 38 통상임금 제외 합의의 유효성과 추가임금 청구

사용자와 근로자 간 단체협약 등으로 통상임금의 범위를 정하는 경우가 있습니다. 문제는 법률상 통상임금에 해당하는 수당임에도 불구하고 노사가 통상임금의 범위에 포함시키지 않거나 제외하기로 합의한 경우 이것을 어떻게 볼 것인가입니다.

근로기준법에서 정하는 근로조건은 최저기준이므로, 그 기준에 미치지 못하는 근로조건을 정한 근로계약은 그 부분에 한해 무효로 되며, 이에 따라 무효로 된 부분은 근로기준법에서 정한 기준에 따릅니다. 통상임금은 위 근로조건의 기준을 마련하기 위해 법이 정한 도구개념이므로, 사용자와 근로자가 통상임금의 의미나 범위 등에 관해 단체협약 등에 의해 따로 합의할 수 있는 성질의 것이 아닙니다. 따라서 성질상 근로기준법상의 통상임금에 속하는 임금을 통상임금에서 제외하기로 노사 간 합의했다 하더라도 그 합의는 효력이 없습니다.

사용자가 법률상 통상임금에 해당하는 임금을 제외하고 연장근로수당 등을 지급한 경우 근로자는 법률상 통상임금에 해당하는 임금을 통상임금 산정에 포함시켜 다시 연장근로수당 등을 계산한 다음, 소급해 이미 지급받은 것과의 차액을 추가임금으로 청구할 수 있습니다. 이는 통상임금에 속하는 임금을 통상임금에서 제외하기로 노사 간 합의했다 하더라도 또한 같습니다. 사용자가 소멸시효 항변을 할 경우 최종 3년 분만 인정받을 수 있습니다.

다만, 대법원 전원합의체 판결은 아래의 신의칙 요건을 갖춘 경우에는 추가임금의 청구가 허용되지 않는다고 판단합니다.
① 통상임금에 포함하지 않고 산정한 항목이 정기상여금일 것
　　여기서 정기상여금이란 일정한 대상기간에 제공되는 근로에 대응

해 1개월을 초과하는 일정한 기간마다 지급되는 상여금을 말한다.

② 노사가 정기상여금이 통상임금에 해당되지 않는다고 신뢰한 상태에서 이를 통상임금에서 제외하는 합의를 하고 이를 토대로 임금인상률 등 그 밖의 임금 조건을 정했을 것

이와 같은 합의에는 단체협약 등 명시적인 합의 이외에도 묵시적 합의나 근로관행도 포함된다. 이 판결로 그와 같은 노사합의가 무효임이 선언된 이후에는 그와 같은 신뢰가 있을 수 없음이 명백하므로, 신의칙 법리는 이 판결 이후의 합의에는 적용될 수 없다.

③ 이후 근로자가 그 합의의 무효를 주장하며 추가임금을 청구할 경우, 그로 인해 예측하지 못한 새로운 경제적 부담을 떠안을 기업에게 중대한 경영상 어려움을 초래하거나 기업의 존립이 위태롭게 될 수 있다는 사정이 있을 것

추가적인 재정적 부담이 그 정도에 이르지 않는 경우는 신의칙 적용이 불가능하다.

## 통상임금의 시간급 환산방법을 알려주세요

통상임금은 시간급, 일급, 월급 금액 등 다양한 형태로 존재합니다. 그런데 연장·야간·휴일근로에 대한 가산임금은 시간급 금액을 기준으로 산출해야 하고, 해고예고수당은 일급 금액을 기준으로 산출해야 합니다. 따라서 일급, 월급 금액 등으로 정한 통상임금은 시간급이나 일급

으로, 시간급으로 정한 통상임금은 일급으로 환산할 필요가 생깁니다.

통상임금을 일급 금액으로 산정할 때는 시간급 금액에 1일의 소정근로시간수를 곱해 계산하면 되므로, 이하에서는 통상임금을 시간급으로 환산하는 방식을 유형별로 살펴보도록 하겠습니다.

## (1) 일급금액의 시간급 환산

일급금액으로 정해진 임금에 대해서는 그 금액을 1일의 소정근로시간수로 나눈 금액이 시간급 통상임금이 됩니다. 시간급 통상임금을 산정하기 위한 산정방식을 표시하면 다음과 같습니다.

① 일급금액이 법정근로시간 내 시간에 대한 임금으로 정해진 경우

$$\text{시간급 통상임금} = \frac{\text{일급금액}}{\text{1일 소정근로시간수}}$$

② 일급금액이 법정근로시간을 넘는 시간에 대한 임금으로 정해진 경우

$$\text{시간급 통상임금} = \frac{\text{일급금액}}{\text{1일 소정근로시간수} + \text{시간 외 근로시간} \times 1.5}$$

## (2) 주급금액의 시간급 환산

주급금액으로 정해진 임금에 대해서는 그 금액을 주의 통상임금 산정기준시간수(주의 소정근로시간과 소정근로시간 외의 유급처리되는 시간을

합산한 시간)로 나눈 금액이 시간급 통상임금이 됩니다.

근로기준법상 사용자는 근로자에 대해 1주일에 평균 1회 이상의 유급휴일을 주어야 하고 그 주휴일에 대해서는 실제 근로를 하지 않아도 당연히 임금을 지급해야 합니다. 이와 같이 주휴일에 근무하지 않아도 당연히 지급되어야 하는 임금을 주휴수당이라고 하고, 소정의 주급금액에는 주휴수당이 포함되어 있다고 해석합니다.

따라서 시간급 통상임금을 산정하기 위해서는 주급금액에서 주휴수당을 제외해야 하며, 그 밖에도 주급금액에 성질상 통상임금으로 볼 수 없는 임금이 포함되어 있는 경우에는 그러한 임금도 제외되어야 합니다.

1일의 주휴수당은 시간급 '통상임금×1일 근로간주시간수'이므로 이에 따라 시간급 통상임금을 산정하기 위한 산정방식을 표시하면 다음과 같습니다.

① 주급금액이 법정근로시간 내 시간에 대한 임금으로 정해진 경우

$$\text{시간급 통상임금} = \frac{\text{주급금액}}{\text{1주 소정근로시간수} + \text{1일 근로간주시간수}}$$

② 주급금액이 법정근로시간을 넘는 시간에 대한 임금으로 정해진 경우

$$\text{시간급 통상임금} = \frac{\text{주급금액}}{\text{1주 소정근로시간수} + \text{1일 근로간주시간수} + \text{시간외근로시간} \times 1.5}$$

## (3) 월급금액의 시간급 환산

　월 일수는 월력으로만 기준해보면 매월 다른데 월 소정근로시간수를 어떻게 정할 것인가라는 문제가 있습니다. 월급은 고정급으로 동일한데 매월 월 일수를 월력에 맞추어 달리 계산하게 되면 자연히 시간급 통상임금은 매월 달라지게 됩니다. 이러한 결과는 부당하므로 월 일수는 1년을 평균해 '365일÷12개월'로 보는 것이 타당합니다. 따라서 월 평균주수(週數)도 위 평균일수를 7일로 나눈 '365일÷12개월÷7일(약 4.345주)'로 보아야 할 것입니다.

　월급금액으로 정해진 임금에 대해서는 그 금액을 월의 통상임금 산정기준시간수(주의 통상임금 산정기준시간에 1년간의 평균주수를 곱한 시간을 12로 나눈 시간)로 나눈 금액이 시간급 통상임금이 됩니다.

　일반적으로 대부분의 근로자들은 매월 특정일을 월급날로 정해서 임금을 지급받는 것이 관행입니다. 이러한 임금지급형태를 역월월급제라고 부릅니다. 역월월급제에 의해 지급하기로 정해진 임금에는 주휴수당도 당연히 포함되어 있다고 봅니다.

　따라서 이러한 역월월급제 아래에서는 근로자는 사용자에게 별도로 주휴수당의 지급을 요구할 수 없습니다. 그리고 통상임금을 산정함에 있어서도 위 역월월급제의 임금액에서 주휴수당부분은 공제되어야 합니다. 시간급 통상임금을 산정하기 위한 산정방식을 표시하면 다음과 같습니다.

① 월급금액이 법정근로시간 내 시간에 대한 임금으로 정해진 경우

$$\text{시간급 통상임금} = \frac{\text{월급금액}}{(\text{1주 소정근로시간수} + \text{1일 근로간주시간수}) \times \text{월 평균주수}}$$

② 월급금액이 법정근로시간을 넘는 시간에 대한 임금으로 정해진 경우

$$\text{시간급 통상임금} = \frac{\text{월급금액}}{(\text{1주 소정근로시간수} + \text{1일 근로간주시간수}) \times \text{월 평균주수} + \text{시간 외 근로시간} \times 1.5}$$

덧붙여, 월급제 근로자의 통상임금을 산정할 때 근로자의 월급금액을 '월소정근로시간수'(주40시간, 1일 유급휴일시 209시간)로 나누는 것으로 흔히 알고 있는데, 이 때 209시간은 '월 소정근로시간'이 아니라 '월 통상임금 산정기준시간수'라고 해야 합니다. '소정근로시간'이란 법정기준근로시간의 범위 내에서 근로자와 사용자가 근로하기로 정한 시간(근로기준법 제2조 제1항)으로서 유급으로 처리되는 시간을 제외한 시간을 의미하는데, 209시간은 근로하지 않아도 유급처리되는 시간이 포함되어 있으므로 '월 소정근로시간'이라고 쓰는 것은 맞지 않습니다.

[표] 월의 통상임금 산정기준시간수

| 토요일의 성격 | 통상임금 산정기준시간 | 산출근거 |
|---|---|---|
| 무급휴일(휴무일) | 209시간 | (40+8)×4.345≒209 |
| 4시간 유급휴일 | 226시간 | (40+8+4)×4.345≒226 |
| 8시간 유급휴일 | 243시간 | (40+8+8)×4.345≒243 |

아래 근로자의 시간급 통상임금은 1만 원이다.
- 근로일 : 월~금
- 근무 시간 : 1일 8시간, 1주 40시간(9 : 00~18 : 00, 휴게 1시간 포함)
- 휴일 : 일요일은 주휴일, 토요일은 무급휴일
- 임금 : 기본급 : 200만 원
  식대 : 9만 원(전직원 지급)
  연장근로수당 : 30만 원

풀이
- 기본급과 식대는 통상임금
- 시간급 통상임금 = 209만 원 / 209시간 = 1만 원

# 주휴수당의 산정방법을 알려주세요

2019년 최저임금은 시간당 8,350원이지만, 최저임금을 받는 근로자의 실제 1시간 근로에 대한 대가는 1만 원을 초과합니다. 바로 주휴수당 때문입니다. 1주 소정근로시간이 15시간 이상인 근로자가 소정근로일에 개근한 경우, 사용자는 해당 근로자가 주휴일에 근로를 제공하지 않더라도 임금을 지급해야 합니다.

근로기준법은 주휴일을 '유급'으로 부여해야 한다고 규정하고 있을 뿐, '유급'에 대한 구체적인 규정을 두고 있지 않고 있습니다. 이에 대

해 고용노동부는 정상근로일의 소정근로시간을 기준으로 주휴수당을 지급해야 한다고 하고 있습니다. 고용노동부 행정해석에 따른 주휴수당 산정기준은 다음과 같습니다.

〈고용노동부 행정해석에 따른 주휴수당 산정기준〉
- 월~금(8시간)인 경우 : 8시간
- 월~금(7시간), 토요일(5시간)인 경우 : 7시간
- 월~토(6시간40분)인 경우 : 6시간 40분

그러나 고용노동부의 해석에 따르면 1주 소정근로시간이 동일하더라도 근무형태에 따라 주휴수당 산정시간이 다르므로 임금에 차이가 발생합니다. 월급근로자의 경우 1주 소정근로시간과 월 통상임금이 같아도 시간급 통상임금은 다를 수 있으며, 최저임금액의 월환산액도 근무형태에 따라 달라집니다. 따라서 주휴수당의 지급기준은 통상임금으로 보고, 지급수준은 1주 40시간인 근로자 기준 8시간분으로 보는 것이 바람직하다고 생각합니다.

단시간근로자의 주휴수당은 1일의 소정근로시간수에 시간급 임금을 곱해 산정합니다. 이 때 1일의 소정근로시간수는 4주간의 소정근로시간을 그 기간의 총일수(통상근로자의 소정근로일수)로 나누어 산출된 시간수로 합니다. 다만, 4주 동안(4주 미만으로 근로하는 경우에는 그 기간)을 평균해 1주 동안의 소정근로시간이 15시간 미만인 근로자에 대해서는 주휴일에 관한 규정이 적용되지 않습니다.

주급제 및 월급제에서는 주휴수당이 포함되어 있지만, 시급제 및 일급제에서는 주휴수당이 포함되어 있지 않은 것으로 해석함에 주의하시기 바랍니다. 따라서 시급제 및 일급제의 경우에는 주휴수당을 추가로 지급해야 합니다. 사용자가 근로자에게 무급으로 주휴일을 부여한 경우에는 벌칙의 적용을 받게 됩니다.

이하에서는 사례별로 주휴수당의 지급 여부에 대해 알아보도록 하겠습니다.

## (1) 주중 결근자와 주휴수당

주휴일은 1주 동안의 소정근로일을 개근한 자에게 주어야 합니다. 즉, 소정근로일을 개근하지 않은 근로자에게는 주휴일이 무급휴일로 처리됩니다. 예컨대, 5일의 소정근로일을 개근한 자는 6일분의 임금을 받지만, 1일 결근한 자는 4일분의 임금을 받게 됩니다.

## (2) 지각과 주휴수당

개근이란 소정근로일에 결근이 없는 것을 말하기 때문에 조퇴나 지각이 있더라도 결근이 없다면 주휴일을 부여해야 합니다. 법정휴일과 약정휴일은 애초에 소정근로일이 아니므로 그날 쉬었다고 해서 주휴일을 주지 않는 것은 법 위반입니다. 소정근로일은 근로자마다 다를 수 있으며 반드시 주5일 이상 출근할 것을 의미하지 않습니다. 1주일간의 지각 또는 조퇴시간을 합산해 8시간이 되더라도, 지각 또는 조퇴는 결근이 아니므로, 주휴수당을 지급해야 합니다. 연차휴가 등 법정휴가를 사용한 날은 주휴일 부여에 있어 출근한 것으로 봅니다.

## (3) 일용근로자와 주휴수당

근로기준법상의 주휴일은 1주간의 소정근로일수를 개근한 자에게 주도록 되어 있으므로 근로계약이 1일 단위로 체결되어 1주간의 소정근로일수를 산정할 수가 없는 일용근로자에게는 원칙적으로 주휴일을 부여할 수 없습니다. 그러나 일용근로자가 계속적으로 근로를 한다면 이때는 소정근로일수 대신 실근로일수를 기준으로 해서 주휴일을 부여하며, 주휴수당을 지급해야 합니다. 기상사정 등으로 사용자가 근로제공의 의무를 면제한 날은 소정근로일에서 제외합니다.

일용근로자에 대해 주휴수당을 미리 임금에 포함할 수 있는지와 관련해 1일 단위로 근로관계가 단절되어 계속고용이 보장되지 않는 순수 일용근로자의 경우에는 주휴수당을 미리 임금에 포함할 수 없을 것입니다. 그러나 일정 기간 사용이 예정된 경우라면 근로기간 중 사용자가 소정근로일의 근무를 전제로 지급되는 주휴수당을 미리 임금에 포함해 지급하는 것도 가능합니다.

## (4) 퇴직과 주휴수당

주휴일 부여요건을 충족했으나, 주휴일 발생일 이전에 근로관계가 종료된 경우에는 주휴일이 발생하지 않습니다. 즉, 주휴수당을 지급하지 않아도 무방합니다.

## (5) 쟁의행위와 주휴수당

쟁의행위기간이 주 소정근로일의 전부인 경우에는 주휴일제도의 취지에 비추어 볼 때 유급 주휴일을 부여할 의무는 없습니다. 그러나 적법한 쟁의행위로 주중에 쟁의행위가 종료된 경우에는 쟁의행위 기간을 제외한 나머지 소정근로일에 개근했다면 유급 주휴일을 부여해야 합니다.

## (6) 주휴일과 다른 유급휴일이 중복될 경우

주휴일과 다른 유급휴일이 중복될 경우 취업규칙 등에 익일휴무제 등을 명시하지 않았다면 근로자에게 유리한 하나의 휴일만 인정하면 됩니다. 따라서 1일분만 유급처리하면 될 뿐, 중복해 유급휴일수당을 지급해야 할 의무는 발생하지 않습니다.

 **41 연장·야간·휴일근로수당은 어떻게 산정하나요?**

근로계약 체결 시에 소정근로시간을 정했다 하더라도 실제 근로 제공과정에서 업무상 사정에 따라 초과근로가 발생할 수 있습니다. 이 경우 사용자는 약정한 시간을 초과해 실시한 근로에 대해 임금을 추가로 지급해야 합니다.

근로기준법은 일정한 요건 아래에 연장·야간·휴일근로를 허용하면서, 연장·야간·휴일근로에 대해서는 통상임금의 100분의 50 이상을 가산해 지급하도록 임금계산방법을 정하고 있습니다. 이는 사용자를 경제적으로 압박함으로써 연장·야간·휴일근로를 억제하고, 근로자의 건강 및 개인생활 침식에 대해 경제적으로 보상하기 위함입니다. 이에 미달하는 수당을 지급하는 경우에는 3년 이하의 징역 3,000만 원 이하의 벌금에 처합니다.

과거 고용노동부는 통상임금의 범위를 해석해 기업이 신규로 일자리를 창출하기보다는 기존인력을 초과근로 시키는 방식으로 인력수요에 대응할 유인을 제공했습니다. 그러나 2013년 12월 28일 대법원 전원합의체 판결 이후에는 기존의 입장을 유지할 수 없게 되었고, 현재는 고용노동부 지침에 따르더라도 다른 조건에 변화가 없다면 일자리 창출을 통해 근로시간을 줄이는 것이 인건비 절감 측면에서 유리한 상황입니다.

이하에서는 연장근로, 야간근로, 휴일근로의 개념과 수당의 산정방법에 대해 차례로 살펴보도록 하겠습니다.

## (1) 연장근로수당

　가산임금의 지급대상이 되는 연장근로는 법정근로시간을 초과하는 근로시간을 말합니다. 법률로 정한 연장근로의 제한에 위반해 근로한 경우도 연장근로에 포함되고 가산임금의 지급대상이 됩니다. 단시간근로자가 아닌 한, 소정근로시간을 초과하더라도 법정근로시간을 초과하지 않았다면 가산임금을 지급할 의무는 없습니다.

　법정근로시간은 다음 표와 같습니다. 연소근로자의 법정근로시간은 기존에는 1주 40시간으로 규정되어 있었으나, 2018년 7월 1일부터 1주 35시간으로 단축되었습니다. 따라서 연소근로자는 1일 7시간 또는 1주 35시간을 초과하는 근무가 연장근로에 해당합니다.

[표] 법정근로시간

|  | 1일 | 1주 | 비고 |
|---|---|---|---|
| 일반근로자 | 8시간 | 40시간 | 근로기준법 |
| 연소근로자 | 7시간 | 35시간 | 근로기준법 |
| 유해위험작업종사자 | 6시간 | 34시간 | 산업안전보건법 |

　1주 기준으로 계산할 때와 1일 기준으로 계산할 때의 연장근로시간 수가 서로 다른 경우에는 많은 쪽으로 산정합니다. 주중에 결근, 휴일, 휴가가 있어 근로를 제공하지 않은 경우에는 그 시간을 빼고 1주 단위의 연장근로시간을 계산합니다.

　실근로시간이 법정근로시간을 초과하지 않는다면 종업시각 이후 근로를 제공했다 하더라도 가산임금을 지급할 의무는 없습니다.

연장근로에 대해서는 통상임금의 100분의 50 이상을 가산해 지급해야 합니다. 연장근로를 실시한 경우 근로의 대가로 지급하는 임금(통상임금의 100%)과 연장근로에 대한 가산분(통상임금의 50%)을 합쳐 통상임금의 150%를 추가로 지급해야 합니다.

## (2) 야간근로수당

야간근로는 오후 10시부터 오전 6시까지 사이의 근로를 말합니다. 야간근로는 소정근로시간 내에 이루어지더라도 가산임금의 대상이 됩니다. 주간근로에 비해 근로자의 건강을 침해할 가능성이 높기 때문입니다. 야간근로가 적법하게 이루어지지 않은 경우에도 가산임금의 지급대상이 됩니다.

야간근로에 대해서는 통상임금의 100분의 50이상을 가산해 지급해야 합니다. 소정근로시간에 야간근로가 이루어지는 경우에는 야간근로에 대한 가산분(통상임금의 50%)만 추가로 지급하면 됩니다. 연장근로시간에 야간근로가 이루어지는 경우에는 근로의 대가로 지급하는 임금(통상임금의 100%)과 연장근로에 대한 가산분(통상임금의 50%) 및 야간근로에 대한 가산분(통상임금의 50%)을 합쳐 통상임금의 200%를 추가로 지급해야 합니다.

## (3) 휴일근로수당

휴일은 주휴일·근로자의 날 등 법정휴일은 물론 약정휴일도 포함됩니다. 유급휴일인지 여부와 그 근로의 적법 여부는 관계가 없습니다. 휴일근로에 대한 자세한 내용은 '제4장 휴일관리' 부분을 참고하시기 바랍니다.

1일 8시간 이내의 휴일근로에 대해서는 통상임금의 50%를 가산해 지급하고, 1일 8시간을 초과하는 휴일근로에 대해서는 통상임금의 100%를 가산해 지급합니다.

휴일에 10시간을 근로한 경우 8시간에 대해서는 근로의 대가로 지급하는 임금(통상임금의 100%)과 휴일근로에 대한 가산분(통상임금의 50%)을 합쳐 통상임금의 150%를 추가로 지급하고, 2시간에 대해서는 근로의 대가로 지급하는 임금(통상임금의 100%)과 휴일근로에 대한 가산분(통상임금의 100%)을 합쳐 통상임금의 200%를 추가로 지급해야 합니다.

휴일 외 다른 날의 근로시간이 1주 40시간을 넘은 경우 8시간 이내의 휴일근로에 대해 연장근로와 휴일근로 가산률의 중복 지급 논란이 있었으나 2018년 3월 20일 근로기준법 개정으로 법률로서 이를 명확히 정리한 것입니다. 이후 대법원 2018.06.21.선고 2011다 112371판결 역시 같은 취지로 판시했습니다.

연소근로자의 휴일근로 가산수당도 18세 이상 근로자와 동일하게 1일 8시간 이내는 50%, 8시간을 초과한 근로는 100%를 가산합니다.

주의할 점은 근로제공 의무가 없는 날이라고 해서 모두 휴일은 아니라는 것입니다. 고용노동부는 소정근로일이 아닌 날을 모두 휴일로 보는 것이 아니라, 휴일과 휴무일을 구분하고 있습니다. 1주일 중 소정근로일이 5일이고, 유급주휴일이 1일인 경우, 나머지 1일은 노사가 별도로 정하지 않는 이상 휴무일이 됩니다. 휴무일의 근로는 초과근로 또는 연장근로가 되며 휴일근로에 해당하지 않습니다.

사전에 휴일을 다른 근로일과 대체하면 원래 휴일인 날은 통상의 근로일이 되고, 그날의 근로는 통상근로가 되어 사용자는 근로자에게 휴일근로수당을 지급할 의무를 부담하지 않습니다.

## (4) 적용제외

근로시간 적용제외에 해당하는 경우 근로시간 및 휴일에 관한 규정이 적용되지 않으므로 연장근로 및 휴일근로에 따른 가산임금을 지급할 의무가 없습니다. 그러나 야간근로에 대해서는 가산임금을 지급해야 합니다.

〈근로시간 적용제외〉
- 토지의 경작·개간, 식물의 재식(栽植)·재배·채취 사업, 그 밖의 농림 사업
- 동물의 사육, 수산 동식물의 채포(採捕)·양식 사업, 그 밖의 축산, 양잠, 수

산 사업

- 감시(監視) 또는 단속적(斷續的)으로 근로에 종사하는 자로서 사용자가 고용노동부장관의 승인을 받은 자
- 관리·감독 업무 또는 기밀을 취급하는 업무에 종사하는 자

상시 4인 이하 사업장의 경우 영세사업장의 열악한 현실을 고려해 연장·야간·휴일근로에 대한 가산임금의 규정이 적용되지 않습니다.

위 사유에 해당하지 않는 한 연장·야간·휴일근로수당은 동일하게 지급되어야 하며, 연봉제 도입 사업장이라 해서 달리 볼 것은 아닙니다.

**참고** **연장 · 야간 · 휴일근로수당 산정 예시**

아래 근로자가 월요일 9:00부터 24:00까지 근로한 경우(휴게 1시간 포함) 그 날의 연장 및 야간근로수당은 10만 원이다.

- 근로일 : 월~금
- 소정근로시간 : 1일 8시간, 1주 40시간(9:00~18:00, 휴게 1시간 포함)
- 휴일 : 일요일은 주휴일, 토요일은 무급휴일
- 시간급 통상임금 : 1만 원

**풀이**

- 연장근로시간 : 6시간(18:00~24:00)
- 야간근로시간 : 2시간(22:00~24:00)
- 연장근로수당 : 1만 원×6시간×150% = 9만 원
- 야간근로수당 : 1만 원×2시간×50% = 1만 원

# 보상휴가제에 대해 알려주세요

**42**

사용자는 근로자대표와의 서면합의에 따라 연장·야간·휴일근로에 대해 임금을 지급하는 대신 유급휴가를 부여할 수 있습니다. 이를 보상휴가제라고 합니다. 근로자와 사용자로 하여금 임금과 휴가에 대한 선택의 폭을 넓혀주고 실근로시간 단축에 기여코자 도입된 제도입니다.

보상휴가제는 단기간 집중적으로 근로하고 업무를 완료한 이후에는 일정 기간 휴식기간을 가질 수 있는 연구·교육·개발·제작 등의 업무 또는 기업의 업무량이 일정하지 않은 경우에 유용하게 활용할 수 있습니다.

보상휴가제를 도입하기 위해서는 근로자대표와 서면합의가 필요합니다. 서면합의서에 포함되어야 할 내용에 대해서는 근로기준법에서 정하고 있지 않으므로, 보상휴가의 조건·내용 등 세부적인 내용은 당사자 간 자유롭게 정할 수 있습니다.

유급휴가로 보상해야 할 부분은 연장·야간·휴일에 근로한 시간과 그에 대한 가산시간까지 포함합니다. 예컨대, 연장근로이면서 야간근로인 시간이 4시간인 경우 각각의 가산시간을 포함해 8시간분을 유급휴가로 보상할 수 있습니다.

보상휴가제의 적용대상을 연장근로 등에 대한 가산임금을 포함한 전체임금으로 할 것인지, 가산임금 부분만 할 것인지는 노사 서면합의로 정한 바에 따르면 되지만, 소정근로시간 중에 발생한 야간근로에 대해 보상휴가에 관한 규정을 적용하는 것은 입법취지상 적절하지 않습니다.

보상휴가는 소정근로일에 부여하되, 일 단위뿐만 아니라 시간 단위로 부여하는 것도 가능합니다. 근로기준법은 서면합의서에 포함되어야 할 내용을 정하고 있지 않으나, 운영상의 혼란을 줄이기 위해 근로자대표와의 서면합의는 아래의 사항을 포함해 구체적으로 하는 것이 바람직합니다.

- 보상휴가 부여방식 : 근로자의 청구에 의할 것인지, 사용자가 일방적으로 지정할 것인지
- 보상휴가 적용대상 : 보상휴가제를 전체 근로자에게 일률적으로 적용할 것인지, 희망하는 근로자에 한해 적용할 것인지 등
- 임금청구권 : 휴가청구권과 임금청구권을 선택적으로 인정할 것인지, 임금청구권을 배제하고 휴가청구권만 인정할 것인지 등
- 보상휴가 부여기준 : 보상휴가 대상을 연장·야간·휴일근로에 대한 가산임금을 포함한 전체 임금올 할 것인지, 가산임금만 할 것인지, 어느 정도의 기간 동안 연장·야간·휴일근로시간을 적치해 언제까지 휴가로 사용할 수 있는지 등

근로자대표와의 서면합의서는 서면합의한 날부터 3년간 보존해야 합니다.

주식회사 OOO 대표이사 OOO과 근로자대표 OOO은 보상휴가제에 관해 다음과 같이 합의한다.

**제1조**(목적) 이 합의서는 근로기준법에 따라 보상휴가제를 실시하는 데 필요한 사항을 정하는 것을 목적으로 한다.

**제2조**(적용대상자) 보상휴가는 주식회사 OOO에 근무하는 전체 근로자에 대해 적용한다.

**제3조**(보상휴가의 부여) ① 회사는 매월 1일부터 말일까지 발생한 연장·야간·휴일근로에 대해 익월 말일까지 휴가로 보상할 수 있다.

② 보상휴가일은 회사가 지정하며, 최소 24시간 전에 근로에게 공지한다.

③ 보상휴가는 최소 4시간 단위로 부여한다.

③ 보상휴가는 연장·야간·휴일근로에 대한 임금과 가산임금 범위 내에서 회사가 자유롭게 지정할 수 있다.

**제4조**(연장·야간·휴일근로수당) 익월 말일까지 보상휴가로 소진하지 못한 연장·야간·휴일근로에 대한 임금과 가산임금은 임금으로 익월 임금지급일에 지급한다.

**제5조**(유효기간) 이 합의서의 유효기간은 0000년 00월 00일부터 1년으로 한다.

0000. 00. 00.

주식회사 OOO 대표이사　　(인)　　근로자대표　　　　(인)


보상휴가제는 임금 지급 대신 휴가를 부여하는 제도이므로 근로자가 휴가를 사용하지 않은 경우에는 그에 대한 임금을 지급해야 하며, 연차휴가와 달리 휴가사용촉진조치를 통해 임금지급의무를 면제받을 수 없습니다.

# 43 연차미사용수당에 대해 알려주세요

사용하지 못한 연차휴가는 수당으로 보상해야 합니다. 이를 연차미사용수당이라고 합니다. 연차미사용수당은 연차휴가 사용기간이 종료되는 경우와 근로자가 퇴직하는 경우 지급하게 됩니다.

근로자가 연차휴가를 사용치 못한 경우 연차휴가청구권이 소멸된 다음 날에 연차미사용수당청구권이 발생합니다. 노무관리의 편의상 취업규칙 등에 의해 전 근로자에 대해 일률적으로 회계년도를 기준으로 연차휴가를 산정하는 경우 연차미사용수당청구권은 연차휴가 사용 가능년도 다음 해의 첫날 발생합니다. 다만, 사용자가 근로기준법에 의한 연차휴가 사용촉진을 한 경우에는 연차미사용수당 청구권은 소멸됩니다.

연차미사용수당은 취업규칙 등에서 정한 바에 따라 통상임금 또는 평균임금으로 지급하고, 별도의 규정이 없으면 통상임금으로 지급하되 연차휴가청구권이 있는 마지막 달의 통상임금으로 지급합니다. 연차휴가를 사용하지 않은 것은 휴일근로와는 성질이 다르므로 가산임금까지 지급해야 하는 것은 아닙니다.

연차미사용수당은 취업규칙 등으로 연차휴가청구권이 소멸된 날 이후 첫 임금 지급일에 지급하는 것으로 규정해도 근로기준법 위반으로 볼 수 없습니다.

한편, 근로자가 연차휴가청구권을 취득한 후 퇴직 등의 사유로 근로관계가 종료되는 경우에도 사용하지 못한 연차휴가일수에 대해 수당으로 지급해야 합니다. 계속근로기간이 1년 미만인 근로자에 대해서도 사용하지 못한 연차휴가가 있다면 연차미사용수당을 지급해야 합니다.

퇴직 등 근로관계의 종료로 인해 비로소 지급사유가 발생한 연차미사용수당은 퇴직일로부터 14일 이내에 지급해야 합니다. 연차유급휴가 사용촉진을 했으나 휴가지정일 이전에 퇴직해 휴가사용이 이루어지지 않은 경우에도 연차미사용수당을 지급해야 합니다.

# 월급의 일할계산방법을 알려주세요

임금은 근로의 대가이므로 유급휴일 등 특별한 사유가 없는 한 근로자의 근로제공이 없으면 사용자의 임금지급의무도 없습니다. 문제는 월급제 근로자가 월의 중도에 입사하거나 퇴사하는 경우 얼마의 임금을 지급하는가 입니다. 월급은 매월 동일한 반면, 달력상의 일수는 28일부터 31일까지 다양하기 때문에 1시간 또는 1일의 근로의 대가를 얼마로 보느냐에 따라 급여액이 달라지기 때문입니다.

고용노동부 행정해석(근기 68207-690)은 취업규칙이나 근로계약 등에서 특정 근무월의 도중에 퇴직하는 근로자에게 당해 근무월의 임금을 전액 지급한다고 정해지지 않는 한 당해 근로자에게 퇴직일까지의 실제 근로일수에 해당하는 임금을 일할계산해 지급하는 것은 무방하다고 하고 있을 뿐 구체적인 일할계산방식을 알려주고 있지 않습니다.

그러나 다수의 고용노동부 상담사례에서 월급제근로자가 퇴사 전(또는 입사 후) 소정근로시간을 정상적으로 근로한 경우에는 월급액을 해당 월의 역일수로 나누어 계산하는 것이 일반적이라고 답변하고 있습니다. 월급제 근로자는 당해 월의 대소(28~31일)나 월의 소정근로수 및 유급휴일수에 관계없이 매월 고정적인 임금을 받는 근로자이기 때문입니다.

고용노동부 상담사례에 따른 월급의 일할 계산식은 다음과 같습니다.

$$\bullet\ \text{일할 계산액} = \left(\frac{\text{월급액}}{\text{역일수(해당 월에 따라 28~31일)}}\right) \times \text{근무일수}$$

이때, 근무일수는 실제근무일을 의미하는 것이 아니라 휴일과 휴무일을 모두 포함한 달력상의 일수를 의미합니다.

**참고** **월급의 일할계산 예시**

아래 근로자의 12월분 임금은 150만 원이다.
- 월급 : 310만 원
- 근무기간 : 12월 1일~12월 15일

**풀이**
- 일할 계산액 = (월급액 / 역일수) × 근무일수
  = (310만 원 / 31일) × 15일
  = 150만 원

월급의 일할 계산 방식에 대해서는 법령상 특별한 규정이 존재하지 않기 때문에 근로계약서나 취업규칙에 별도로 정하는 바가 있으면 이를 적용하면 될 것입니다.

**월급의 일할계산 방식의 예**

① (월급액 / 역일수)×근무역일수
② (월급액 / 30)×근무역일수
③ (월급액 / 209)×8×근무일 중 유급일수
④ (월급액 / 역일 중 유급일수)×근무일 중 유급일수

실제 근무형태에 따라 합리적인 일할계산방법 역시 달라지겠으나, 사견으로는 1일 8시간, 1주 40시간 근로하는 근로자의 임금이 소정근로에 대한 대가만으로 구성되어 있다고 가정하면, 다음과 같이 근로일과 근로일이 아니지만 유급으로 처리되는 날만 월급계산에 반영하는 것이 가장 합리적이라고 생각합니다. 다만, 이와 같은 일할계산 방식은 무급으로 처리되는 날을 제외해 계산해야 하므로 임금계산에 시간이 많이 들고 번거롭다는 단점이 있습니다.

$$\bullet\ \text{일할 계산액} = \frac{\text{월급액}}{\text{역일 중 유급일수}} \times \text{근무일 중 유급일수}$$

소정근로시간 외에 이루어진 근로에 대해서는 월급의 일할계산과 관계없이 연장·야간·휴일근로수당 등의 산정방식에 따라 지급하면 될 것입니다.

# 45 평균임금의 산정방법을 알려주세요

평균임금은 퇴직금 및 휴업수당 등의 산정기준입니다. 통상임금은 소정근로에 대한 임금을 기초로 산정한다면, 평균임금은 실제로 제공된 근로에 대한 임금을 기초로 산정합니다. 따라서 실제 받는 임금수준을 반영할 필요가 있는 법정수당의 경우 평균임금을 기초로 산정합니다. 임금이 아닌 기타 금품은 평균임금 산정 시 포함되지 않습니다.

근로기준법은 평균임금이란, 이를 산정해야 할 사유가 발생한 날 이전 3개월 동안에 그 근로자에게 지급된 임금의 총액을 그 기간의 총일수로 나눈 금액을 말한다고 정의합니다. 평균임금의 산정방법에 따라 산출된 금액이 그 근로자의 통상임금보다 적으면 그 통상임금액을 평균임금으로 합니다. 평균임금은 일급금액으로 산출합니다.

$$\cdot 평균임금 = \frac{3개월간의\ 임금총액}{3개월간의\ 총일수}$$

기산일은 '산정해야 할 사유가 발생한 날'로서 예컨대 퇴직금의 경우는 근로자가 퇴직한 날, 휴업수당의 경우는 사용자의 귀책사유로 휴업한 날 등을 말합니다.

'3개월간의 임금총액'에는 근로기준법상 임금이 모두 포함됩니다. 다만, 임금이 아닌 기타금품은 평균임금 산정 시 포함되지 않습니다(자세한 내용은 '30. 임금이란 무엇인가요?' 부분을 참고하시기 바랍니다). 법령에 의해 원천징수를 하는 경우에는 공제 전 금액을 임금총액으로 봅니다. 산정기간에 현실적으로 지급된 임금뿐만 아니라 아직 지급되지 않았더라도 그 기간에 사용자에게 지급의무가 발생한 임금도 포함됩니다. 다만, 3개월간의 임금총액 산정에 있어서 상여금과 연차미사용수당은 달리 취급해야 합니다.

단체협약, 취업규칙, 그 밖에 근로계약에 미리 지급되는 조건 등이 명시되어 있거나 관례로 계속 지급해온 상여금은 평균임금을 산정해야 할 사유가 발생한 때 이전 12개월 중에 지급받은 상여금 전액을 12개월로 나누어 3개월분을 3개월간의 임금총액에 포함시킵니다.

연차미사용수당은 전전년도 출근율에 의해 전년도에 발생한 연차유급휴가 중 미사용하고 근로한 일수에 대한 연차미사용수당액의 12분의 3을 3개월간의 임금총액에 포함시킵니다. 전년도 출근율에 의해 당해년도에 발생한 연차유급휴가 중 퇴직으로 인해 사용하지 못한 연차미사용수당은 평균임금 산정 시 제외합니다.

한편, '3개월간의 총일수'는 3개월 동안의 근로일수가 아니라, 달력상의 총일수를 말합니다. 따라서 그 일수는 89일 내지 92일이 됩니다.

평균임금 산정기간에 다음과 같은 기간이 포함되어 있는 경우에는 그 기간과 그 기간 중에 지급된 임금은 평균임금 산정기준이 되는 기간과 임금의 총액에서 각각 뺍니다. 이들 기간이 포함된 경우에는 정상적인 방법으로는 평균임금이 낮아져 근로자에게 너무 불리하기 때문에 특례를 정한 것입니다.

- 수습 사용 중인 기간
- 사용자의 귀책사유로 휴업한 기간
- 출산 전후 휴가 기간
- 업무상 부상 또는 질병으로 요양하기 위해 휴업한 기간
- 육아휴직 기간
- 쟁의행위기간
- 병역의무, 향토예비군 또는 민방위 의무 이행을 위해 휴직하거나 근로하지 못한 기간. 다만, 그 기간 중 임금을 지급받은 경우에는 그러하지 아니하다.
- 업무 외 부상이나 질병, 그 밖의 사유로 사용자의 승인을 받아 휴업한 기간
- 육아기 근로시간 단축 기간

평균임금 계산에서 제외되는 기간이 3개월 이상인 경우 제외되는 기간의 최초일을 평균임금의 산정사유가 발생한 날로 보아 평균임금을 산정합니다.

위 사유에 해당하지 않은 정직기간 등은 평균임금 산정 시 제외되지 않습니다. 만약 정직기간을 제외하지 않아 평균임금의 산정방법에 따라 산출된 금액이 그 근로자의 통상임금보다 적으면 근로기준법 제2조 제2항에 따라 그 통상임금액을 평균임금으로 합니다.

'평균임금의 산정방법에 따라 산출된 금액이 그 근로자의 통상임금보다 적으면 그 통상임금액을 평균임금으로 한다'는 근로기준법 제2조제2항의 규정은 해석상 문제를 발생시킵니다.

'3개월간의 통상임금만 받은 근로자의 경우' 평균임금의 산정방법에 따라 산출된 금액(=3개월간의 통상임금/약91일)은 일급 통상임금(=3개월간의 통상임금/약78일)보다 언제나 작습니다.

따라서 일급 통상임금을 1일 평균임금으로 보이는 기준으로 퇴직금을 산정하면 1년분의 퇴직금(=240시간분)은 소정근로만 제공했을 때 받는 임금수준인 월통상임금(=209시간분)을 초과하는 부당한 결과를 얻게 됩니다.

이는 대부분의 사업장이 주5일제로 변경된 부분을 반영하지 못한 입법상의 문제로 보이며, 사견은 법의 목적과 취지를 고려해 근로기준법 제2조제2항에서의 통상임금은 일급 통상임금이 아니라, 3개월간의 통상임금을 3개월간의 총일수로 나눈 금액으로 해석하되 입법적으로 이를 보완해야 한다고 생각합니다.

# 46 휴업기간 중 임금계산은 어떻게 하나요?

임금은 근로의 대가이므로 근로자의 근로제공이 없으면 사용자의 임금지급의무도 발생하지 않습니다. 따라서 결근·조퇴 등 근로자가 근로를 제공하지 않은 경우에는 해당 시간만큼 임금을 지급하지 않아도 됩니다. 월급제인 경우 결근·조퇴 등에 따른 임금 공제액은 월급의 일할 계산방식에 준해봅니다.

그러나 무노동 무임금 원칙에는 중요한 예외가 있습니다.

첫 번째는 노동법에 따른 유급휴일·휴가나 취업규칙 등에 따른 유급휴직·휴가 등을 사용한 경우입니다. 이때에는 근로제공이 없음에도 불구하고 임금을 지급해야 합니다.

두 번째는 사용자의 책임 있는 사유로 근로의 수령을 거부한 경우입니다. 이때에는 그 기간 동안 평균임금의 100분의 70 이상의 수당을 지급해야 합니다. 이를 휴업수당이라 합니다. 근로자가 자기의 사정으로 근로를 제공하지 않은 경우에는 임금상실에 대한 위험부담도 근로자가 져야 합니다. 하지만 근로자의 과실 없이 근로를 제공할 수 없게 된 경우에도 그 위험을 근로자가 부담하는 것은 형평에 맞지 않습니다. 그래서 근로기준법은 휴업수당을 통해 갑작스러운 임금 상실의 위험으로부터 근로자를 보호하는 것입니다. 다만, 상시 4인 이하의 근로자를 사용하는 사업 또는 사업장에 대해서는 영세사업장의 열악한 현실을 고려해 본 규정이 적용되지 않습니다.

## (1) 휴업수당의 지급요건

사용자의 귀책사유로 휴업하는 경우 휴업수당을 지급합니다. 휴업이란 '근로의무 있는 시간'에 근로를 할 수 없게 되는 것을 말합니다. 근로자가 근로를 제공하려고 함에도 불구하고 그 의사에 반해 근로의 제공이 불가능하거나 사용자에 의해 수령이 거부된 경우입니다. 근로자가 자신의 노동력을 사용자의 처분에 맡겼으나 사용자가 이를 처분하지 않은 것은 휴업이라 볼 수 없습니다.

사용자의 귀책사유는 민법상 고의·과실보다 넓은 개념으로 해석됩니다. 사용자의 고의·과실이 없는 공장의 소실, 판매부진, 자금난, 원자재부족, 공장이전, 원도급업체의 공사중단으로 인한 하도급업체의 공사중단, 시장불황, 생산량감축, 전력회사의 전력공급중단, 갱안에서의 붕괴사고, 감독관청의 적법한 권고나 명령에 따른 조업정지 등도 사용자의 귀책사유에 해당합니다.

그러나 천재지변이나 이에 준하는 사유, 징계처분으로서의 정직, 출근정지, 질병 등에 따른 결근이나 휴직은 사용자의 귀책사유로 볼 수 없고 휴업수당 지급사유가 되지 않습니다.

## (2) 휴업수당의 지급수준

휴업수당은 평균임금의 70% 이상을 지급해야 합니다. 다만, 평균임금의 70%에 해당하는 금액이 통상임금을 초과하는 경우에는 통상임금을 휴업수당으로 지급할 수 있습니다. 평균임금의 구체적인 산정방법은 '45. 평균임금의 산정방법을 알려주세요' 부분을 참고하기 바랍니다.

휴업기간 중에 근로자가 임금의 일부를 받은 경우에는 휴업기간 중에 해당하는 평균임금에서 이미 지급된 임금을 뺀 나머지 금액에 100분의 70을 곱해 휴업수당으로 지급합니다. 통상임금을 휴업수당으로 지급하는 경우에는 통상임금과 지급받은 임금과의 차액을 지급합니다.

> **참고** **휴업수당 산정 예시**
>
> 아래 근로자의 휴업수당은 70만 원이다.
> - 1개월간 휴업
> - 임금의 일부로 100만 원을 지급
> - 평균임금 : 200만 원
> - 월 통상임금 : 150만 원
>
> **풀이**
> - 평균임금 200만 원×70% = 140만 원 < 통상임금 150만 원 → 평균임금으로 지급
> - 평균임금 200만 원 − 지급받은 임금 100만 원 = 100만 원
> - 100만 원×70% = 70만 원

8시간 미만의 부분휴업은 임금 일부를 지급받은 경우에 준해 다음과 같이 산정합니다.

• (평균임금 − 근로를 제공한 시간 분에 대한 통상임금)×70%

이 경우, 위 금액이 근로를 제공하지 않은 시간에 대한 통상임금보다 많으면 그 통상임금을 휴업수당으로 지급합니다.

1주간의 소정근로일 일부를 휴업한 경우 휴업한 날을 제외한 소정근로일 전부를 개근했다면 주휴일을 부여해야 하며, 1주간의 소정근로일 전부를 휴업한 경우에는 그 소정근로일 개근 시 부여하는 주휴일도 휴업기간에 포함해 휴업수당을 산정해야 합니다.

## (3) 휴업수당의 감액

부득이한 사유로 사업을 계속하는 것이 불가능해 노동위원회의 승인을 받은 경우에는 휴업수당을 감액해 지급할 수 있으며, 무급휴업 실시도 가능합니다. 부득이한 사유가 있더라도 승인을 받지 못하면 법정기준 휴업수당의 지급의무를 면할 수 없습니다.

부득이한 사유란 원칙적으로 경영악화 등이 당해 사업의 외부 사정에 기인한 사유로써 사용자의 지배세력 범위에 있는 경우를 말합니다. 그러나 경영악화 등을 초래한 원인이 순수하게 외부의 요인에 의해서만 발생하는 것은 아니므로 ① 내 외부 사정을 종합적으로 살펴 ② 사용자가 경영정상화를 위해 선량한 관리자로서 최선을 다하고 ③ 그것이 사회통념상 인정될 수 있는 경우에는 부득이한 사유가 있다고 볼 수 있을 것입니다.

사업계속이 불가능하다는 것은 사용자로서 노력을 다해도 조업을 일시 중지할 수밖에 없는 경우로서 기업도산이나 폐업 등에 이르는 상황을 요하는 것은 아닙니다. 따라서 구조조정이 불가피한 사업장에서 경영상 해고회피 노력의 일환으로 조업을 중단할 수밖에 없는 정도라고 봄이 상당하며, 사용자의 지배세력을 벗어나거나 불가항력적인 사유를 의미하는 것이 아닙니다. 천재지변 등 불가항력적인 사유는 사용자의 귀책사유로 볼 수 없어 노동위원회의 승인여부와 관계없이 휴업수당 지급의무가 없습니다.

## 47 출산 전후 휴가 기간 중 임금계산은 어떻게 하나요?

출산 전후 휴가 기간 중 최초 60일(한 번에 둘 이상 자녀를 임신한 경우에는 75일, 이하 동일)에 대해서는 임금을 지급해야 합니다. 다만, '남녀고용평등 및 일·가정 양립 지원에 관한 법률'에 따라 출산 전후 휴가급여 등이 지급된 경우에는 그 금액의 한도에서 지급의 책임을 면합니다. 근로기준법은 출산여성근로자의 생계유지를 위해 출산 전후 휴가기간 중 일부를 사용자에게 유급으로 보장할 것을 의무화하고 있습니다.

근로기준법은 출산 전후 휴가기간 중 최초 60일은 '유급'으로 정하고 있으나 이에 대한 구체적인 규정은 두고 있지 않습니다. 통설은 통상임금이라고 해석하며, 이때 60일에 대한 급여는 일수가 아닌 '기간'으로 산정해야 한다고 봅니다. 회사가 지급해야 하는 출산 전후 휴가기간 중의 임금은 다음과 같습니다.

- **출산 전후 휴가 기간 중 임금**=60일간의 통상임금 - 60일분의 출산 전후 휴가급여

최초 60일분의 출산 전후 휴가급여는 해당 기업이 우선지원대상기업에 해당하는지 여부에 따라 달라집니다. 우선지원대상기업인 경우 출산 전후 휴가 기간 최초 60일에 대해서도 출산 전후 휴가급여를 지급합니다. 다만, 출산 전후 휴가급여의 상한은 2019년 기준 90일 540만 원(30일 180만 원)이므로 이를 초과하는 통상임금 부분은 사업주가 부담해야 합니다.

[표] 우선지원대상기업

| 산업분류 | 분류기호 | 상시 사용하는 근로자수 |
|---|---|---|
| 1. 제조업[다만, 산업용 기계 및 장비 수리업(34)은 그 밖의 업종으로 본다] | C | 500명 이하 |
| 2. 광업 | B | 300명 이하 |
| 3. 건설업 | F | |
| 4. 운수 및 창고업 | H | |
| 5. 정보통신업 | J | |
| 6. 사업시설 관리, 사업 지원 및 임대 서비스업[다만, 부동산 이외 임대업(76)은 그 밖의 업종으로 본다] | N | |
| 7. 전문, 과학 및 기술 서비스업 | M | |
| 8. 보건업 및 사회복지 서비스업 | Q | |
| 9. 도매 및 소매업 | G | 200명 이하 |
| 10. 숙박 및 음식점업 | I | |
| 11. 금융 및 보험업 | K | |
| 12. 예술, 스포츠 및 여가관련 서비스업 | R | |

| 13. 그 밖의 업종 | | 100명 이하 |
|---|---|---|

비고 : 업종의 구분 및 분류기호는 '통계법' 제22조에 따라 통계청장이 고시한 한국표준 산업분류에 따른다.

대규모기업에 대해서는 출산 전후 휴가기간 최초 60일에 대해 출산 전후 휴가급여가 지급되지 않습니다. 따라서 사업주가 60일분의 통상 임금 전액을 지급해야 합니다. 기업별 출산 전후 휴가기간 중 임금을 정리한 내용은 다음 표와 같습니다.

[표] 출산 전후 휴가기간 중 임금정리(2019년 기준)

| 구 분 | 최초 60일(다태아 75일) | 마지막 30일 (다태아 45일) |
|---|---|---|
| 우선지원 대상기업 | 정부가 최대 월 180만 원의 지원금을 지급하고, 통상임금에서 부족한 부분은 사업주가 지급 | 정부가 통상임금 지급 (최대 180만 원까지) |
| 대규모기업 | 사업주가 통상임금을 지급 | 정부가 통상임금 지급 (최대 180만 원까지) |

출산 전후 휴가급여는 근로자가 신청하는 것이 원칙이지만, 사업주 가 출산 전후 휴가급여에 상당하는 금품을 근로자에게 미리 지급하고 근로자를 대위해 출산 전후 휴가급여를 신청하는 것도 가능합니다.

출산 전후 휴가기간 중 임금계산 시 주의할 점은 근로자가 피보험자 가 출산 전후 휴가기간 중 사업주로부터 통상임금에 해당하는 금품을 지급받은 경우로서 사업주로부터 받은 금품과 출산 전후 휴가급여를 합한 금액이 출산 전후 휴가 시작일을 기준으로 한 통상임금을 초과한 경우 그 초과하는 금액을 출산 전후 휴가급여에서 빼고 지급한다는 것 입니다. 다만, 출산 전후 휴가기간 중에 통상임금이 인상된 피보험자에게 사업주가 인상된 통상임금과 출산 전후 휴가급여의 차액을 지급했을 때에는 출산 전후 휴가급여 감액대상에 해당하지 않습니다.

**참고** 출산휴가기간 중 임금 산정 예시

아래 근로자의 출산 전후 휴가기간 중 최초 60일에 대한 임금은 733,333원이다.
- 통상임금 월 200만 원
- 우선지원대상기업의 근로자
- 출산 전후 휴가기간 : 2019년 4월 14일~2019년 7월 14일(90일)
- 출산 전후 휴가기간 중 최초 60일 : 2019년 4월 14일~2019년 6월 14일(60일)

**풀이**

| 구분 | | | 고용센터 | 회사 |
|---|---|---|---|---|
| 4월 | 16~30 | 15일 | 5400000/90×15 =900000 | 2000000/30×15-900000 =200000 |
| 5월 | 1~31 | 31일 | 5400000/90×31 =1860000 | 2000000-1860000 =346667 |
| 6월 | 1~14 | 14일 | 5400000/90×14 =840000 | 2000000/30×14-840000 =93,333 |
| 계 | | 60일 | 3,600,000 | 333,333 |

# 48 임금의 지급방법에 대해 알려주세요

근로자가 근로를 제공하면 사용자는 근로자의 실제 근로내용을 반영해 임금을 계산한 뒤, 4대 보험료 등을 공제한 후 임금을 지급해야 합니다. 그런데 임금은 근로자의 생계유지수단이기 때문에 언제, 어떻게, 누구에게 지급해야 하는지 등 그 지급방법에 대해서도 일정한 제한을 두고 있습니다. 이하에서는 임금의 지급방법에 대해 자세히 살펴보고자 합니다.

## (1) 직접지급의 원칙

임금은 근로자 본인에게 지급되어야 합니다. 근로자 명의의 요구불예금계좌에 입금하는 것은 해당 근로자에게 직접 지급하는 것과 같은 효과를 갖습니다. 직접지급의 원칙은 임금이 확실하게 근로자에게 들어가게 해서 생활을 보호하고자 하는데 그 취지가 있습니다. 근로자가 미성년자인 경우에도 근로자의 친권자 또는 기타 법정대리인에게 지급하는 것은 법위반에 해당합니다. 근로자가 제3자의 은행계좌로 이체를 요구하는 경우 사용자는 직접지급의 원칙을 이유로 거부할 수 있습니다. 다만, 법원의 판결이나 법원의 판결과 동일한 효력이 있는 공증 등이 있는 경우에는 채권자인 제3자에게 임금을 지급하는 것이 가능합니다.

## (2) 전액지급의 원칙

임금은 전액 근로자에게 지급되어야 하며 임금의 일부 공제는 법령 또는 단체협약에 특별한 규정이 있어야 가능합니다. 이는 근로자에게 임금 전액을 확실하게 지급 받게 함으로써 근로자의 경제생활을 위협하는 일이 없도록 하기 위함입니다. 본 규정은 근로자가 자기 사정으로 근로를 제공하지 않은 경우까지 임금을 지급해야 한다는 취지는 아닙니다. 소득세, 지방세, 4대 사회보험료 등과 같이 법령에 규정되어 있거나 단체협약에 조합비일괄공제제도가 규정되어 있는 경우에는 임금의 일부를 공제할 수 있습니다. 근로자에 대한 감급의 제재 역시 근로기준법상 그 근거를 두고 있으므로 전액지급원칙에 반하지 않습니다.

문제는 법령과 단체협약에 특별한 규정이 없는 경우에도 임금을 공제할 수 있는지 여부입니다. 법원은 계산의 착오 등으로 임금이 초과 지급되었을 때 그 행사의 시기가 초과 지급된 시기와 임금의 정산, 조정의 실질을 잃지 않을 만큼 합리적으로 밀접되어 있고 금액과 방법이 미리 예고되는 등 근로자의 경제생활의 안정을 해할 염려가 없다면 임금상계가 가능하다는 입장입니다. 근로자가 퇴직한 후에 그 재직 중 지급되지 아니한 임금이나 퇴직금을 청구하는 경우에는 초과 지급된 임금의 반환청구권을 자동채권으로 해 상계하는 것도 가능합니다.

또한, 사용자가 근로자에 대해 가지는 채권을 가지고 일방적으로 근로자의 임금채권을 상계하는 것은 금지되지만, 사용자가 근로자의 동의를 얻어 근로자의 임금채권에 대해 상계하는 경우에 그 동의가 근로자의 자유로운 의사에 터 잡아 이루어진 것이라고 인정할 만한 합리적인 이유가 객관적으로 존재하는 때에는 전액지급원칙에 위반하지 않는다고 봅니다.

## (3) 통화지급의 원칙

임금은 법령, 단체협약에 특별한 규정이 있는 경우를 제외하고는 국내법에 의해 강제 통용력이 있는 통화로 지급되어야 합니다. 통화지급의 원칙은 근로자가 임금을 안전하게 수령해 편리하게 처분할 수 있도록 하려는 데 그 취지가 있습니다. 따라서 법령, 단체협약에 특별한 규정이 없음에도 불구하고 임금을 현물, 상품권, 외국통화 등으로 지급하는 것은 통화지급의 원칙에 위반됩니다.

## (4) 정기지급의 원칙

임금은 매월 1회 이상 일정한 날짜를 정해 지급해야 합니다. 정기지급의 원칙은 임금지급기일의 간격이 일정하지 않음으로써 야기되는 근로자의 생활불안을 방지하려는 데 그 취지가 있습니다. 임금지급 기일에 근로자들에게 임금을 지급하지 않았다면 그 후 그 임금의 일부 또는 전부를 지급했더라도 임금체불의 죄책을 면할 수 없습니다.

한편, 사용자는 근로자가 출산, 질병, 재해, 그 밖에 대통령령으로 정하는 비상(非常)한 경우의 비용에 충당하기 위해 임금 지급을 청구하면 지급기일 전이라도 이미 제공한 근로에 대한 임금을 지급해야 합니다.

'대통령령으로써 정한 비상한 경우'라 함은 근로자 또는 그의 수입에 의해 생계를 유지하는 자가 다음에 해당하게 되는 경우를 말합니다.

① 출산하거나 질병에 걸리거나 재해를 당한 경우

② 혼인 또는 사망한 경우

③ 부득이한 사유로 1주일 이상 귀향하게 되는 경우

근로자가 퇴직한 경우에는 임금지급기일이 도래하지 않았더라도 퇴직 후 14일 이내에 임금을 지급해야 합니다. 다만, 특별한 사정이 있을 경우에는 당사자 사이의 합의에 의해 기일을 연장할 수 있습니다.

# 49 4대보험료 공제방법을 알려주세요

근로자가 근로를 제공하면 사용자는 근로자의 실제 근로내용을 반영해 임금을 계산한 뒤, 4대보험료 등을 공제한 후 임금을 지급해야 합니다. 4대보험료의 공제는 법령에 규정되어 있으므로 임금의 전액지급원칙에 반하지 않습니다.

공단은 4대보험 가입대상 근로자에게 산업재해 등 사회적 위험이 발생했을 때 보험급여를 지급하는 데 충당하기 위해 사업장에 보험료를 부과·징수합니다(이에 대한 보다 자세한 내용은 '제7장 4대보험 관리' 부분을 참고하시기 바랍니다).

그리고 사업장의 사용자는 보험료 중 근로자부담분에 해당하는 보험료를 근로자에게 매월 지급하는 보수에서 공제합니다. 4대보험료 중 근로자가 부담하는 보험료는 연금보험료, 건강보험료(장기요양포함), 고용보험료 중 실업급여보험료의 1/2에 한합니다.

[표] 4대보험료 중 근로자부담분

| 국민연금 | 건강보험 | 고용보험 | 산재보험 |
|---|---|---|---|
| 1/2 부담 | 1/2 부담 | • 실업급여 : 1/2<br>• 고용안정 : 없음 | 없음 |

사용자가 근로자의 보수에서 보험료를 공제하는 방식은 크게 2가지입니다. ① 첫째는 월별 보수에 보험료율을 직접 적용하는 방식이고, ② 둘째는 공단에서 고지한 보험료 중 근로자 부담분을 공제하는 방식입니다.

국민연금의 경우 연말정산이라는 절차가 별도로 존재하지 않으므로 두 번째 방식에 따라 공단에서 고지한 보험료 중 근로자 부담분만큼 공제합니다. 국민연금 보험료의 적용기간은 매년 7월부터 다음연도 6월이므로 매년 7월 급여지급시 국민연금 보험료도 변경합니다. 연금 보험료는 자격을 취득한 날이 속하는 달의 다음 달부터 부과됩니다. 다만, 자격취득일이 초일(매월 1일)이거나 취득월 납부를 가입자가 희망하는 경우 자격을 취득한 당월부터 납부가 가능합니다.

건강보험의 경우 퇴직정산과 연말정산이라는 절차가 존재하므로 위 2가지 방식 중 어떤 방식에 따라 보험료를 공제하더라도 무방합니다.

먼저, 첫 번째 방식에 따라 보험료율을 직접 적용하는 경우에는 매월 보험료를 신속하고 정확하게 산정할 수 있고, 퇴직정산 또는 연말정산을 할 때 근로자에게 추가보험료를 공제할 필요가 없다는 장점이 있습니다. 반면, 보험료 고지서와 맞지 않아 퇴직정산 또는 연말정산 시 계산이 복잡할 수 있으며, 보험료 고지서와 맞지 않은 금액은 사업장의 예수금으로 처리해야 한다는 단점이 있습니다.

두 번째 방식에 따라 공단에서 고지한 보험료 중 근로자 부담분을 공제하는 방법은 사업장에 예수금이 발생하지 않으며, 퇴직정산 또는 연말정산 시 고지서에 나오는 대로 반영하면 되기 때문에 별도의 계산이 필요 없다는 장점이 있습니다. 반면, 퇴직정산 또는 연말정산을 할 때 근로자에게 추가보험료를 공제하는 데 따른 불만이 있을 수 있으며, 고지서를 확인해 보험료를 반영해야 하므로 급여작업에 시간이 걸릴 수 있습니다. 상실신고를 늦게 하는 경우 퇴직정산이 제대로 되지 않을 가능성 또한 높습니다. 어느 방법에 따라 건강보험료를 공제할 것인지 사업장의 선택에 따릅니다.

고용보험의 경우 연말정산 절차는 존재하나 퇴직정산 절차가 존재하지 않으므로 첫 번째 방식에 따라 월별 보수에 보험료율 직접 적용하는 방식이 유용합니다.

보수의 개념은 보험별로 상이한 바 아래 표를 참고하시기 바랍니다. 국민연금의 소득은 전소득 기준 또는 입사 시 사용자가 신고한 소득이므로 당해연도의 소득과 일치하지 않을 수 있습니다.

| 구분 | 국민연금 | 건강보험 | 고용, 산재보험 |
|---|---|---|---|
| 산정기준 | 소득 | 보수 | 보수 |
| 보수(소득)의 범위 | 근로소득<br>−비과세소득<br>+조특법상의 비과세 | 근로소득<br>−비과세소득<br>+조특법상의 비과세<br>+국외근로소득비과<br>세금액 | 근로소득<br>−비과세소득<br>+조특법상의 비과세 |

## 50 근로소득세 및 지방세의 공제방법을 알려주세요

근로자가 근로를 제공하면 사용자는 근로자의 실제 근로내용을 반영해 임금을 계산한 뒤, 4대 보험료와 함께 소득세 및 지방세 등을 공제한 후 임금을 지급해야 합니다. 소득세 및 지방세 공제(원천징수)는 법령에 규정되어 있으므로 임금의 전액지급원칙에 반하지 않습니다.

사용자는 근로자에게 매월 급여(상여금 포함)을 지급할 때 근로소득간이세액표에 따라 소득세를 원천징수해 납부해야 합니다.

근로소득간이세액표란, 원천징수의무자인 사용자가 근로자에게 매월 급여를 지급하는 때에 원천징수해야 하는 세액을 급여수준 및 공제대상 가족수별로 정한 표로 소득세법 시행령 별표2로 규정하고 있습니다. 공제대상 가족의 수는 실제 공제대상 가족의 수(본인 포함)에 20세 이하 자녀의 수를 더해 구합니다.

- **공제대상가족의 수**=실제 공제대상가족의 수(본인포함)+20세 이하 자녀의 수

지방세는 근로소득세의 10%로 계산합니다.

**참고** 근로소득세 및 지방세의 공제 예시

아래 근로자의 원천징수세액은 소득세 33,590원, 지방소득세 3,359원이 된다.
- 월 급여액 : 3,500천원(비과세 및 자녀 학자금 지원금액 제외)
- 부양가족수 : 본인포함 4명(20세 이하 자녀 2명 포함)
  → 공제대상가족의 수 = 4명 + 2명 = 6명

〈근로소득간이세액표의 일부〉

| 월급여액(천원) | | 공제대상가족의 수 | | | | | |
|---|---|---|---|---|---|---|---|
| | | 1 | 2 | 3 | 4 | 5 | 6 |
| 3,500 | 3,520 | 142,220 | 117,220 | 72,960 | 59,840 | 46,710 | 33,590 |

**풀이**
- 공제대상가족의 수 = 4명 + 2명 = 6명
- 월 급여액 3,500천원, 공제대상가족수 6명에 해당하는 금액은 33,590원

# 51 임금대장의 작성방법을 알려주세요

사용자는 임금을 지급할 때마다 사업장별로 임금대장을 작성해야 합니다. 근로기준법은 임금대장의 작성과 보존을 의무화함으로써 임금과 관련한 분쟁에 대비하고 있습니다.

임금대장의 기재사항은 다음과 같습니다. 임금대장에는 단순히 최종 금액만 기입하는 것이 아니라, 임금의 산정근거를 기입해야 합니다.

〈임금대장의 기재사항〉
- 성명
- 주민등록번호
- 고용연월일
- 종사하는 업무
- 임금 및 가족수당의 계산기초가 되는 사항
- 근로일수
- 근로시간수
- 연장근로, 야간근로 또는 휴일근로를 시킨 경우에는 그 시간수
- 기본급, 수당, 그 밖의 임금의 내역별 금액(통화 외의 것으로 지급된 임금이 있는 경우에는 그 품명 및 수량과 평가 총액)
- 임금의 일부를 공제한 경우에는 그 금액

다만, 사용기간이 30일 미만인 일용근로자에 대해서는 주민등록번호와 임금 및 가족수당의 계산기초가 되는 사항은 적지 않을 수 있으며, 상

시 4명 이하의 근로자를 사용하는 사업이나 근로시간, 휴게, 휴일의 규정이 적용되지 않는 근로자에 대해서는 근로시간수, 연장근로, 야간근로 또는 휴일근로를 시킨 경우에는 그 시간수를 적지 않을 수 있습니다.

임금대장은 마지막으로 써 넣은 날부터 3년간 보존해야 합니다. 임금대장을 3년간 보존하게 한 것은 임금채권의 시효가 3년이기 때문인 것으로 보입니다. 더불어 임금대장의 보존은 근로자가 퇴직한 후 사용증명서의 교부를 가능하게 합니다.

근로기준법 시행규칙은 임금대장 서식을 제공하고 있으나, 반드시 해당 서식만을 사용해야 하는 것은 아닙니다. 임금대장의 필수기재사항을 포함한 사업장의 자체 양식을 사용하는 것도 가능하다 할 것입니다.

**참고** **임금대장 예시**

## 임금대장

관리번호 :

| 성명 | | 생년월일 | | 기능 및 자격 | | 고용연월일 | | 종사업무 | | 임금계산기초사항 | | | | | | 가족수당계산기초사항 | | |
|---|---|---|---|---|---|---|---|---|---|---|---|---|---|---|---|---|---|---|
| | | | | | | | | | | 기본시간급 | | 기본일급 | | 기본월급 | | 부양가족수 | 1인당 지급액 | 계산시간 |
| | | | | | | | | | | | | | | | | | | |

| 구분 월별 | 근로 일수 | 근로 시간수 | 연장 근로 시간수 | 휴일 근로 시간수 | 야간 근로 시간수 | 기본급 | 여러 가지 수당 | | | | | 그 밖의 임금 | | | 총액 | 공제액 | 영수액 | 영수인 |
|---|---|---|---|---|---|---|---|---|---|---|---|---|---|---|---|---|---|---|
| | | | | | | | 가족 수당 | 연장 근로 수당 | 휴일 근로 수당 | 야간 근로 수장 | | 현물 | | | | | | |
| | | | | | | | | | | | | 품영 | 수량 평가액 | | | | | |
| | | | | | | | | | | | | | | | | | | |
| | | | | | | | | | | | | | | | | | | |
| | | | | | | | | | | | | | | | | | | |
| | | | | | | | | | | | | | | | | | | |
| | | | | | | | | | | | | | | | | | | |
| | | | | | | | | | | | | | | | | | | |
| | | | | | | | | | | | | | | | | | | |
| | | | | | | | | | | | | | | | | | | |
| | | | | | | | | | | | | | | | | | | |

# 52 임금조정은 어떻게 하나요?

입사 후 사용자가 매년 임금을 인상해줄 법적의무는 없습니다. 다만, 임금수준의 최저는 최저임금 이상이 되어야 합니다. 따라서 기존 최저임금 수준의 임금을 받고 있는 근로자라면 다음 해 1월 1일, 최저임금 인상과 함께 해당 근로자의 임금도 자동적으로 인상됩니다.

그런데 임금수준이 최저임금이상이라는 이유로 임금을 인상하지 않는다면 물가는 지속적으로 상승하는 상황에서 실질임금은 감소하는 결과에 이르게 됩니다. 당연히 근로자는 불만족할 것이고, 이러한 임금에 대한 불만은 근로의욕의 감소와 이탈, 또는 노동조합의 결성 등으로 이어집니다. 그렇기 때문에 많은 사업장에서는 법적인 의무가 없음에도 불구하고 매년 임금인상을 실시합니다. 사전에 취업규칙 또는 단체협약 등에 임금인상에 관한 사항이 정해진 경우에는 그에 따라야 할 것입니다.

무엇을 기준으로 임금을 조정할 것인가는 당사자 간 정하기 나름이며, 사전에 합의된 구체적인 기준에 따라 임금이 변동하는 것은 설사 임금이 줄어드는 경우라 할지라도 유효합니다. 그러나 그러한 기준에 대한 합의가 없는 상태에서 사용자가 임금을 일방적으로 삭감하는 것은 효력이 없습니다. 사용자가 만약 임금을 삭감하고자 한다면 취업규칙 등에 임금수준을 정한 경우에는 취업규칙 변경 절차를, 근로계약으로 임금수준을 정하고 있는 경우에는 근로계약 갱신을 통해 진행해야 합니다. 적법한 절차 없이 이루어진 임금삭감은 임금체불에 해당합니다. 퇴직금제도 또는 DB제도 사업장의 경우 임금의 조정은 퇴직급여까지 영향을 미치므로 이 점을 고려해 임금을 조정해야 할 것입니다.

한편, 사업장이 경영악화 등을 이유로 기왕에 발생한 임금청구권을 포기 또는 반납하는 경우가 있습니다. 임금의 포기 혹은 반납에는 반드시 개별 근로자의 동의를 요합니다. 왜냐하면 이미 임금전액에 대한 처분권이 이미 근로자에게 발생했기 때문입니다. 설사 과거분 임금에 관해 포기하기로 근로자대표에 의한 합의가 있더라도 개별 근로자의 동의가 없다면 임금을 포기 또는 반납할 수 없습니다. 한번 임금을 포기하거나 반납할 경우 사용자가 근로자에게 다시 돌려줄 의무는 없습니다. 다만, 이미 임금채권이 발생했던 것이므로 임금반납액은 평균임금 산정에 포함됩니다.

# 제6장

## 퇴직급여 관리

# 53 퇴직급여제도에 대해 알려주세요

사용자는 퇴직하는 근로자에게 퇴직을 이유로 지급하는 급여를 지급해야 합니다. 단, 아래 근로자에 대해서는 퇴직급여를 지급할 의무가 없습니다.

- 계속근로기간이 1년 미만인 근로자
- 4주간을 평균해 1주간에 소정근로시간이 15시간 미만인 근로자

'근로자퇴직급여보장법'은 1년 이상 근무한 근로자가 퇴직하는 경우 사용자에게 법정기준이상의 퇴직급여를 지급하도록 의무를 부과하고 있습니다. 본래 상시 4인 이하 사업장의 경우 퇴직급여 지급의무를 부담하지 않았으나 2010년 12월 1일부터 상시 4인 이하 사업장의 경우에도 퇴직급여제도의 적용을 받습니다. 다만, 사업장의 경제적 부담을 감안해 2010년 12월 1일부터 2012년 12월 31일 기간에 대해서는 급여 및 부담금 수준의 100분의 50을, 2013년 1월 1일 이후에는 100분의 100을 적용하도록 경과규정을 두었습니다. 퇴직급여는 근로자가 상당 기간 근속하고 퇴직하는 경우 재직 중에 근로자에게 지급하지 않았던 임금을 퇴직 시에 지급하는 후불임금으로 이해합니다.

퇴직급여제도에는 크게 퇴직금제도와 퇴직연금제도가 있으며, 퇴직연금제도에는 확정급여형퇴직연금제도(이하 'DB')와 확정기여형퇴직연금제도(이하 'DC')가 있습니다. 본래에는 퇴직금제도만 있었으나 인구

고령화에 대응해 근로자의 노후 생활보장을 목적으로 2005년 퇴직금제도 외에 퇴직연금제도가 도입되었습니다. 퇴직급여제도 종류에 대한 자세한 내용은 다음과 같습니다.

## (1) 퇴직금제도

퇴직금제도를 설정하고자 하는 사용자는 계속근로기간 1년에 대해 30일분 이상의 평균임금을 퇴직금으로 퇴직하는 근로자에게 지급할 수 있는 제도를 설정해야 합니다. 퇴직금제도는 노후생활 보장에는 취약합니다.

## (2) DB제도(Defined Benefit Pension)

근로자가 지급받을 연금급여의 산정방식과 금액 등이 사전에 확정되고, 사용자가 확정된 일시금 또는 연금을 지급하기 위한 모든 부담을 지는 연금제도입니다. DB제도에서 근로자가 받을 연금급여는 일시금으로 환산했을 경우 현행의 퇴직금과 동일한 금액이거나 또는 그 이상이어야 합니다. 퇴직금을 노후에 연금형태로 받는 것과 유사한 제도라고 이해하면 될 것입니다.

## (3) DC제도(Defined Contribution Pension)

근로자에게 연금급여를 지급하기 위해 사용자가 부담해야 하는 부담금의 규모가 사전에 결정된 연금제도를 말합니다. 사용자는 결정된 금액을 일정 기간 단위로 근로자의 퇴직연금계정에 적립하고, 근로자는 적립된 적립금을 스스로 운영한 후 그 적립금을 재원으로 해 연금급여로 지급받는 것을 말합니다. 사용자는 근로자의 연간 임금총액의 12분의 1(8.3%) 이상에 해당하는 금액을 근로자 명의의 퇴직연금계정에 납입해야 하는데, 이때 사용자의 부담금은 현행 퇴직금 제도에서 부담하는 금액과 원칙적으로 동일합니다. 퇴직금을 1년마다 중간정산한 후 노후에 연금형태로 받는 것과 유사한 제도라고 이해하면 될 것입니다.

## (4) 개인형퇴직연금제도 – 10명 미만을 사용하는 사업에 대한 특례

상시 10명 미만의 근로자를 사용하는 사업의 경우 사용자가 개별 근로자의 동의를 받거나 근로자의 요구에 따라 개인형퇴직연금제도를 설정하는 경우에는 해당 근로자에게 퇴직급여제도를 설정한 것으로 봅니다. 이 경우 사용자는 매년 1회 이상 근로자별로 연간 임금총액의 12분의 1 이상에 해당하는 부담금을 현금으로 근로자의 개인형퇴직연금제도 계정에 납입해야 합니다.

[표] 퇴직급여제도의 비교

| 구분 | 퇴직금제도 | DB제도 | DC제도 |
|---|---|---|---|
| 운용주체<br>(위험부담) | 사용자 | 사용자 | 근로자 |
| 사용자의 부담수준 | 계속근로기간 1년에 평균임금 30일분 이상 | 사용자의 적립금 운용 결과에 따라 상이 | 연간 임금 총액의 1/12(8.3%) |
| 적립방식 | 적립의무 없음 | 부분 사외 적립<br>– 2019년~ : 90%<br>– 2021년~ : 100% | 전액 사외 적립 |
| 급여수준 | 계속근로기간 1년에 평균임금 30일분 이상 | 계속근로기간 1년에 평균임금 30일분 이상 | 근로자의 적립금 운용 결과에 따라 상이 |

| 관리 | 노무관리경직 | 노무관리경직<br>적립 후 관리 필요 | 노무관리유연<br>적립 후 부담 없음 |
|---|---|---|---|
| 적합한 경우 | – 현금운용 필요 | – 도산위험 없음<br>– 관리능력 있음<br>– 임금상승률 높음 | – 체불위험 있음<br>– 임금하락위험 있음<br>– 직장이동빈번 |

# 퇴직급여제도의 설정

사용자는 퇴직급여제도 중 하나 이상의 제도를 설정해야 합니다. 2012년 7월 26일 이후 새로 성립(합병·분할된 경우는 제외한다)된 사업의 사용자는 근로자대표의 의견을 들어 사업의 성립 후 1년 이내에 DB제도나 DC제도를 설정해야 합니다. 그러나 이를 위반하더라도 처벌규정은 없습니다.

퇴직급여제도를 설정하는 경우에는 하나의 사업에서 급여 및 부담금 산정방법의 적용 등에 관해 차등을 두어서는 안 됩니다. 이를 위반한 경우에는 2년 이하의 징역 또는 1,000만 원 이하의 벌금에 처합니다. 다음의 경우는 차등에 속하지 않습니다.

- 근로자별로 적용되는 퇴직급여제도가 다른 경우
- 회사의 임원 등 근로기준법이 적용되지 않는 자의 퇴직급여제도와 근로자의 퇴직급여제도가 다른 경우

사용자가 퇴직급여제도를 설정하거나 설정된 퇴직급여제도를 다른 종류의 퇴직급여제도로 변경하려는 경우에는 근로자 과반수가 가입한 노동조합이 있는 경우에는 그 노동조합, 근로자의 과반수가 가입한 노동조합이 없는 경우에는 근로자 과반수(이하 '근로자대표')의 동의를 받아야 합니다. 근로자 과반수의 동의를 얻는 방식은 사용자 측의 개입이나 간섭이 배제된 상태에서 집단적 회의방식에 의한 결정방식이어야 하며, 근로자의 찬반의사 표시에 관한 동의방식은 무기명도 가능합니다.

　사용자가 선택되거나 변경된 퇴직급여제도의 내용을 변경하려는 경우에는 근로자대표의 의견을 들어야 합니다. 다만, 근로자에게 불리하게 변경하려는 경우에는 근로자대표의 동의를 받아야 합니다.

　DB제도 또는 DC제도를 설정하려는 사용자는 근로자대표의 동의를 받았음을 증명하는 자료와 소정의 퇴직연금규약을 작성해 고용노동부장관에게 신고해야 합니다. 신고한 퇴직연금제도의 설정 내용을 변경한 경우에도 그 사실을 신고할 의무가 있습니다.

　사용자가 퇴직급여제도나 개인형퇴직연금제도를 설정하지 않은 경우에는 퇴직금제도를 설정한 것으로 봅니다.

# 55 퇴직금 중간정산에 대해 알려주세요

퇴직금은 퇴직 시 지급하는 것이 원칙입니다. 그러나 근로관계 도중 근로자가 퇴직금을 미리 정산해줄 것을 요청하는 경우가 있습니다.

퇴직금은 노후소득보장 수단이므로 근로자퇴직급여보장법은 퇴직금 중간정산을 원칙적으로 금지합니다. 그러나 생활을 하다 보면 상황에 따라 금전이 급박하게 필요한 경우가 생기는데 노후소득보장을 이유로 퇴직금 중간정산을 완전히 금지한다는 것은 현실적이지 않습니다. 따라서 근로자퇴직급여보장법은 근로자가 요구하는 경우로서 일정한 경우에 한해 퇴직금 중간정산을 허용합니다. 다만, 사용자가 반드시 퇴직금 중간정산을 해줘야 할 의무는 없습니다.

퇴직금 중간정산이 허용되는 사유와 사유별 증빙서류는 다음과 같습니다. 중간정산 신청서는 별도의 법정서식은 없고 노사가 자유롭게 정해 사용할 수 있습니다. 사용자는 중간정산 요건을 확인하기 위해 해당 사유별 구비서류를 제출받아야 하고, 제출받은 서류는 근로자가 퇴직한 후 5년이 되는 날까지 보존해야 합니다. 퇴직금이 유효하게 정산되는 경우 미리 정산해 지급한 후의 퇴직금 산정을 위한 계속근로기간은 정산 시점부터 새로 계산합니다.

(1) 무주택자인 근로자가 본인 명의로 주택을 구입하는 경우

| 구 분 | 구 비 서 류 | 비 고 |
|---|---|---|
| 신 청 서 | • 퇴직금 중간정산신청서(일자, 산정기간, 사유 명시) | |
| 무주택자 여부 확인 | • 현거주지 주민등록등본<br>• 현거주지 건물등기부등본 또는 건축물관리대장등본<br>• 재산세(미)과세증명서 | |
| 주택구입 여부 확인 | • 주택구입의 경우에는 부동산 매매계약서(분양계약서)사본, 주택 신축의 경우에는 건축 설계서 및 공사계약서 등<br>• 구입한 주택에 대한 건물등기부등본 또는 건축물관리대장등본(등기 후 1개월 이내) | 등기 후 신청 시 |

(2) 무주택자인 근로자가 주거를 목적으로 '민법' 제303조에 따른 전세금 또는 '주택임대차보호법' 제3조의2에 따른 보증금을 부담하는 경우. 이 경우 근로자가 하나의 사업에 근로하는 동안 1회로 한정합니다.

| 구 분 | 구 비 서 류 | 비 고 |
|---|---|---|
| 신청서 | • 퇴직금 중간정산신청서(일자, 산정기간, 사유 명시) | |
| 무주택자 여부 확인 | • 현거주지 주민등록등본<br>• 현거주지 건물등기부등본 또는 건축물관리대장등본<br>• 재산세(미)과세증명서 | |
| 전세금 또는 임차보증금 필요 여부 확인 | • 전세 및 임대차계약서 사본<br>• 전세금 또는 임차보증금을 지급한 경우에는 지급영수증(잔금 지급일로부터 1월 이내) | 잔금 지급 후 신청 시 |

(3) 6개월 이상 요양을 필요로 하는 근로자 본인, 근로자의 배우자, 근로자 또는 그 배우자의 부양가족의 질병이나 부상에 대한 요양비용을 근로자가 부담하는 경우

| 구 분 | 구 비 서 류 | 비 고 |
|---|---|---|
| 신청서 | • 퇴직금 중간정산신청서(일자, 산정기간, 사유 명시) | |
| 요양 필요 여부 확인 | • 의사의 진단서 또는 소견서 또는 건강보험공단의 장기 요양확인서 등 6개월 이상 요양의 필요 여부를 확인할 수 있는 서류 | 병명, 요양기간 (6개월 이상) 확인 |
| | • 요양종료일과 치료비를 부담했음을 확인할 수 있는 서류 | 요양이 종료된 경우 |
| 부양가족 확인 | • 가족관계증명서 등 배우자, 생계를 같이하는 부양가족 여부를 확인할 수 있는 서류 | |

(4) 퇴직금 중간정산을 신청하는 날부터 역산해 5년 이내에 근로자가 '채무자회생및파산에관한법률'에 따라 파산선고 또는 개인회생절차개시 결정을 받은 경우

| 구 분 | 구 비 서 류 | 비 고 |
|---|---|---|
| 신청서 | • 퇴직금 중간정산신청서(일자, 산정기간, 사유 명시) | |
| 파산여부 확인 | • 최근 5년 이내의 법원의 파산 선고문 등 파산여부를 확인할 수 있는 서류 | |
| 회생절차 개시 여부 확인 | • 최근 5년 이내의 회생절차 개시 결정문, 개인회생절차변 제인가 확정증명원 등 회생절차 개시 여부를 확인할 수 있는 서류 | |

(5) 태풍, 홍수, 호우, 강풍, 풍랑, 해일, 조수, 대설, 낙뢰, 가뭄, 지진(지진해일을 포함한다), 그 밖에 이에 준하는 자연현상으로 인해 발생하는 재해로서 근로자 또는 부양가족이 입은 피해정도가 아래에 해당하는 경우

• 물적피해 : 주거시설 등이 완전 침수·파손·유실·매몰되거나 일부 침수·파손·유실·매몰되어, 주거시설 등이 50% 이상 피해를 입어 피해 시설의 복구가 거의 불가능하거나 복구에 오랜 시간이 걸리는 피해를 입은 경우

- 인적피해 : 근로자의 배우자, 소득세법 제50조제1항제3호에 따른 근로자(그 배우자를 포함한다)와 생계를 같이하는 부양가족이 사망하거나 실종된 경우 또는 근로자, 근로자의 배우자 또는 제50조제1항에 따른 근로자(그 배우자를 포함한다)와 생계를 같이하는 부양가족이 15일 이상 입원치료가 필요한 피해를 입은 경우

| 구 분 | 구 비 서 류 | 비 고 |
|---|---|---|
| 신청서 | • 퇴직금 중간정산신청서(일자, 산정기간, 사유 명시) | |
| 천재지변으로 인한 물적 피해 여부 확인 | • 피해사실확인서* 또는 자연재난 피해신고서**에 따른 관련 행정기관의 피해조사(확인) 자료<br>* '자연재해대책법시행규칙' 제29조 별지16호 서식<br>** '재난구호및재난복구비용부담기준등에관한규정' 제9조 별지 제1호서식) | • 발급처 : 시·군·구청 또는 읍·면장<br>• 피해정도가 50% 이상이어야 함 |
| 천재지변으로 인한 인적피해 여부 확인 | • 자연재난 피해신고서에 따른 관련 행정기관의 피해조사(확인) 자료<br>• 15일 이상 입원사실 확인서<br>• 사망·실종 증명서 또는 실종·사망이 정리된 '가족관계등록에관한법률'에 따른 증명서 | |
| 배우자, 부양 가족 확인 | • 가족관계증명서 등 배우자, 부양가족 여부를 확인할 수 있는 서류 | |

(6) 사용자가 기존의 정년을 연장하거나 보장하는 조건으로 단체협약 및 취업규칙 등을 통해 일정나이, 근속시점 또는 임금액을 기준으로 임금을 줄이는 제도를 시행하는 경우

| 구 분 | 구 비 서 류 | 비 고 |
|---|---|---|
| 신청서 | • 퇴직금 중간정산신청서(일자, 산정기간, 사유 명시) | |
| 임금피크제 적용 대상 확인 | • 취업규칙, 단체협약 등 임금피크제 실시 여부를 확인할 수 있는 서류<br>• 근로계약서(연봉계약서), 급여명세서 등 임금피크제를 적용받는 근로자임을 확인할 수 있는 서류 | 사업장 내 비치된 서류를 통해 확인 |

(7) ① 사용자가 근로자와의 합의에 따라 소정근로시간을 1일 1시간 또는 1주 5시간 이상 변경해 그 변경된 소정근로시간에 따라 근로자가 3개월 이상 계속 근로하기로 한 경우 및 ② 법률 제15513호 근로기준법 일부개정법률의 시행에 따른 근로시간의 단축으로 근로자의 퇴직금이 감소되는 경우

| 구 분 | 구 비 서 류 | 비 고 |
|---|---|---|
| 신청서 | • 퇴직금 중간정산신청서(일자, 산정기간, 사유 명시) | |
| 근로시간단축<br>대상 확인 | • 근로계약서(연봉계약서), 급여명세서 등 근로시간이<br>단축된 근로자임을 확인할 수 있는 서류 | 사업장내 비치된<br>서류를 통해 확인 |

중간정산 요건을 갖추지 않은 근로자에게 퇴직금을 중간정산해 지급한 경우 퇴직 시 전체 계속근로기간에 대해 퇴직금 전액을 지급해야 합니다. 계속근로기간 전체에 대한 퇴직금을 지급하지 않는 경우 퇴직금 체불로 인한 민·형사상 책임을 지게 됩니다. 이미 지급한 금품은 근로자에게 착오로 과다 지급한 금품에 해당하므로 부당이득반환 소송 등 민법상으로 해결해야 합니다. 다만, 당사자 간 합의해 전체 계속근로기간에 대한 퇴직금과 먼저 지급한 금품의 차액만큼만 지급하기로 했다면 별도의 사법처리를 하지 않습니다.

DC제도 사업장의 경우 적립금의 중도인출이 허용되는 사유는 위 (1)~(5)에 해당하며, DB제도 사업장의 경우 어떠한 경우에도 중도인출이 허용되지 않습니다.

# 퇴직금 중간정산 신청서

☐ 신청인(근로자)

| 이름 | | 생년월일 | |
|------|------|------|------|
| 중간정산기간 | | | |

☐ 중간정산 사유(해당사유에 체크)

① 무주택자의 주택구입, ② 무주택자의 전세금 또는 임차보증금 부담, ③ 본인, 배우자, 부양가족의 6개월 이상의 요양, ④ 최근 5년 이내의 파산선고, ⑤ 최근 5년 이내의 회생절차개시결정, ⑥ 임금피크제 실시, ⑦ 1일 1시간 또는 1주 5시간 이상 소정근로시간단축, ⑧ 주52시간 시행에 따른 근로시간단축, ⑨ 천재지변 등으로 인해 피해를 입은 경우

상기 본인은 퇴직금을 중간정산해 지급받고자 동 중간정산 신청서와 관련 증빙서류 일체를 제출하오니 지급해 주시기 바랍니다.

첨부 : 중간정산사유 증빙서류 일체 1부

년 월 일

신청인        (서명)

## 56 퇴직금 산정은 어떻게 하나요?

    퇴직금은 최소한 계속근로기간 1년에 대해 30일분의 평균임금이 지급되어야 합니다. 이를 법정퇴직금이라고 합니다. 법정퇴직금을 식으로 표현하면 다음과 같습니다.

> **• 법정퇴직금** = 평균임금×30×(총재직일수/365)

    평균임금은 이를 산정해야 할 사유가 발생한 날 이전 3개월 동안에 그 근로자에게 지급된 임금의 총액을 그 기간의 총일수로 나눈 금액을 말합니다. 평균임금의 산정방법에 따라 산출된 금액이 그 근로자의 통상임금보다 적으면 그 통상임금액을 평균임금으로 합니다.

> **• 평균임금** = 3개월간의 임금총액 / 3개월간의 총일수

    3개월간의 임금총액 산정에 있어서 상여금과 연차미사용수당은 달리 취급해야 함에 주의하시기 바랍니다. 임금의 성격을 가진 상여금은 퇴직일 이전 12개월 중에 지급받은 상여금 전액을 12개월로 나누어 3개월분을 3개월간의 임금총액에 포함시킵니다.

    한편, 전전년도 출근율에 의해 전년도에 발생한 연차유급휴가 중 미사용하고 근로한 일수에 대한 연차미사용수당액의 3/12도 3개월간의

임금총액에 포함시킵니다. 전년도 출근율에 의해 당해연도에 발생한 연차유급휴가 중 퇴직으로 인해 사용하지 못한 연차미사용수당은 평균임금 산정 시 제외합니다. 평균임금 산정에 관한 더욱 자세한 내용은 '평균임금 산정' 부분을 참고하시기 바랍니다.

　퇴직금은 계속근로기간을 기준으로 산정합니다. 계속근로기간이란 근로계약기간을 말하는 것이 아니라, 사실상 중단 없이 근로한 기간을 말합니다. 원칙적으로 근로자가 입사한 날부터 퇴직일까지의 기간을 말하기 때문에 근로자가 그 적을 보유하고 근로관계를 유지하고 있다면 휴직기간도 근속연수에 포함됩니다. 다만, 일부 행정해석(임금복지과-588, 2010.02.03.)은 취업규칙 등에 별도의 규정을 두는 경우 개인적 사유에 의한 휴직기간은 퇴직금 산정을 위한 계속근로기간에서 제외할 수 있다는 입장입니다. 그러나 개인적 사유에 의한 휴직기간이라 할지라도 육아휴직기간이나 가족돌봄휴직기간은 법률에서 근속기간에 포함토록 하고 있으므로 취업규칙 등으로 근속기간에서 제외할 수 없습니다.

　계속근로기간의 마감일은 퇴직일이 됩니다. 퇴직일은 계속근로기간에 포함하지 않습니다. 예컨대, 어떤 근로자가 2018년 12월 31일까지 근로를 제공하고 퇴직하는 경우 별도의 특약이 없는 한 퇴직일은 2019년 1월 1일이 됩니다.

참고 **퇴직금 산정 예시**

아래 근로자의 퇴직금은 6,808,989원이다.

- 입사일 : 2017년 5월 1일
- 퇴사일 : 2019년 5월 1일
- 급여지급내역 : 2019년 2월 급여 300만 원

    2019년 3월 급여 300만 원

    2019년 4월 급여 300만 원

    전년도 근로에 대한 연차미사용수당 : 100만 원

    전전년도 근로에 대한 연차미사용수당 : 40만 원

    1년간 상여금 총액 : 400만 원

**풀이**

- 평균임금 = (300만 원+300만 원+300만 원+10만 원+100만 원) / 89일

    = 113,483원
- 법정퇴직금 = 113,483×30×(730/365)

# 57 퇴직 시 금품청산 의무에 대해 알려주세요

사용자는 근로자가 사망 또는 퇴직한 경우에는 그 지급사유가 발생한 때부터 14일 이내에 임금, 보상금, 그 밖의 일체의 금품을 지급해야 합니다. 근로관계가 끝난 후에도 임금 등의 금품이 빨리 지급되지 않으면 근로자는 부당하게 예속되기 쉽고 생활의 위협을 받게 될 뿐 아니라 시간이 경과됨에 따라 금품을 지급받지 못할 위험이 커집니다. 이를 방

지하기 위해 사용자의 금품청산 의무가 별도로 규정된 것입니다.

금품청산의 대상은 임금, 보상금, 그 밖에 일체의 법정퇴직금이라고 합니다. 일반적으로는 임금, 연차미사용수당, 퇴직급여가 금품청산의 대상이 됩니다. 1년 미만 근로자의 경우에도 사용하지 못한 연차휴가가 있을 경우 수당으로 지급해야 함에 주의하시기 바랍니다.

금품은 퇴직한 때로부터 14일 이내에 청산되어야 합니다. 14일의 계산은 근무할 수 있는 날과 관계없이 역일에 따라 계산합니다. 특별한 사정이 있는 경우에는 당사자 간의 합의에 의해 기일을 연장할 수 있습니다. 연장기간에 대해서는 제한이 없습니다. 다만, 기일연장의 합의는 지급사유 발생일로부터 14일 이내에 이루어져야 합니다. 기일연장의 합의를 하는 경우 지급일은 보통 퇴직일 이후 첫 번째로 도래하는 임금 지급일로 합니다.

적법하게 지급 기일을 연장하지 않았음에도 불구하고 퇴직한 날로부터 14일 이내에 금품청산을 하지 않은 경우에는 벌칙이 적용됩니다. 또 사용자가 임금 및 퇴직금에 대해서는 14일을 초과하는 날부터 지급하는 날까지 지연일수에 대해 연 20%의 지연이자를 지급해야 합니다. 당사자 간 지급기일 연장에 대한 유효한 합의가 있었을 경우 근로기준법 금품청산 위반에 따른 벌칙은 면할 수 있으나 지연이자는 면제되지 않는다는 것이 고용노동부의 해석(근로기준과-3981, 2005.07.28)입니다.

# 58 퇴직급여 감소 예방조치에 대해 알려주세요

퇴직금제도 및 확정급여형퇴직연금제도(이하 'DB제도')의 경우 퇴직 당시 평균임금을 기준으로 퇴직급여 수령액이 결정됩니다. 따라서 임금이 감소된 기간 중 근로자가 퇴사할 경우 퇴직급여 수령액이 줄어듭니다. 퇴직금 및 퇴직연금제도에 대한 자세한 내용은 '53. 퇴직급여제도에 대해 알려주세요' 부분을 참고하시기 바랍니다.

이에 근로자퇴직급여보장법은 퇴직금제도 및 DB제도 사업장에 근로자의 퇴직급여액에 영향을 미칠 수 있는 경우로서 일정한 경우에는 ① 근로자에게 퇴직급여가 감소할 수 있음을 미리 알리고, ② 근로자대표와의 협의를 통해 근로자의 퇴직급여 감소를 예방하기 위해 필요한 조치를 하도록 사용자에게 의무를 부과했습니다.

법에서 정하고 있는 퇴직급여 감소 예방조치 사유는 다음과 같습니다.

---

- (임금피크제) 사용자가 단체협약 및 취업규칙 등을 통해 일정한 연령, 근속시점 또는 임금액을 기준으로 근로자의 임금을 조정하고 근로자의 정년을 연장하거나 보장하는 제도를 시행하려는 경우
- (소정근로시간 단축) 사용자가 근로자와 합의해 소정근로시간을 1일 1시간 이상 또는 1주 5시간 이상 단축함으로써 단축된 소정근로시간에 따라 근로자가 3개월 이상 계속 근로하기로 한 경우
- (주52시간제 도입) 법률 제15513호 근로기준법 일부개정법률 시행에 따라 근

로시간이 단축되어 근로자의 임금이 감소하는 경우
- (기타) 그 밖에 임금이 감소되는 경우로서 고용노동부령으로 정하는 경우

위의 사유에 해당하는 경우에는 퇴직급여 수령액이 감소될 수 있는 근로자 개인에 대한 우편, 전자메일, 서면 등의 방법에 따른 개별 통지로 퇴직급여가 감소할 수 있음을 미리 알려야 합니다. 근로자대표를 통한 통지나 사내 게시판 등을 통한 공지만으로는 사용자의 책무를 다했다고 보기 어렵습니다.

한편, 퇴직급여 감소를 예방하기 위한 조치에는 ① 확정기여형퇴직연금제도(이하 'DC제도')로의 전환, ② 퇴직급여 산정기준의 개선, ③ 퇴직금 중간정산이 있습니다. 이에 관한 자세한 내용은 '16. 주52시간제 시행 시 주의사항이 있나요?' 부분을 참고하시기 바랍니다.

# 제7장

# 4대보험 관리

## 59 근로자가 가입을 원치 않는 경우 4대보험에 가입하지 않아도 되나요?

사회보험이란 국민에게 발생하는 사회적 위험을 보험의 방식으로 대처함으로써 국민의 건강과 소득을 보장하는 제도를 말합니다.

우리나라는 노령, 장애 또는 사망에 대해서는 국민연금으로, 질병과 부상에 대해서는 건강보험으로, 실업 등에 대해서는 고용보험으로, 업무상 재해에 대해서는 산업재해보상보험(이하 '산재보험')으로 보장하는 보험체계를 구축하고 있으며 이를 4대보험이라 합니다.

4대보험의 가입과 탈퇴는 본인의 의사와는 무관합니다. 요건을 충족하게 되면 반드시 가입해야 하며, 요건을 충족하지 못하게 되면 탈퇴해야 합니다. 따라서 근로자가 가입을 원치 않는다는 이유로 4대보험 취득신고를 하지 않는 것은 법 위반에 해당하며, 사업주에게 과태료가 부과됩니다. 보험관계에 대한 신고의무 및 보험료에 대한 원천공제 및 납부의무는 사업주에게 있기 때문입니다. 더 나아가 산재보험은 사업주가 보험관계 성립신고를 게을리한 기간 중 재해가 발생한 경우 보험급여의 50%(미가입기간의 산재보험료의 5배를 상한액으로 함)를 사업주로부터 징수할 수 있도록 하고 있습니다.

고용보험과 산재보험과 달리 국민연금과 건강보험은 보호대상을 근로자에 한정하지 않습니다. 다만, 이 책에서는 인사업무에 관한 내용만

을 다루므로 국민연금 및 건강보험에 있어서는 사업장가입자(또는 직장
가입자)에 한해 살펴보도록 하겠습니다.

[표] 4대보험의 목적과 자격관리기관

| 구분 | 국민연금 | 건강보험 | 고용보험 | 산재보험 |
|---|---|---|---|---|
| 보호목적 | 노령, 장애, 사망 | 질병, 부상 | 실업 | 산업재해 |
| 가입대상 근로자 | 60세 미만 근로자 (임원포함) | 근로자 (임원포함) | 근로자 | |
| 자격관리기관 | 국민연금공단 | 건강보험공단 | 근로복지공단 | |

# 4대보험 가입대상 사업장에 대해 알려주세요

　4대보험 가입대상 사업장은 향후 4대보험과 관련한 각종 신고와 보
험료 납부의무 등을 부담하는 주체입니다. 근로자를 사용하는 사업 또
는 사업장은 반드시 4대보험에 가입해야 합니다. 다만, 법률에 따라 근
로자의 개념이 상이하고, 근로자를 사용하는 경우에도 적용을 배제하
는 예외규정을 두고 있어 4대보험 가입대상 사업장의 범위는 보험별로
약간의 차이가 있습니다. 이하에서는 보험별 근로자 개념의 차이와 가
입의무가 없는 사업장을 통해 4대보험 가입대상 사업장을 알아보도록
하겠습니다. 가입의무가 있음에도 불구하고 신고하지 않는 것은 법위
반에 해당합니다.

| 국민연금 | • 사업주만 있는 개인사업<br>• 소재지가 일정하지 않은 사업<br>• 적용제외 근로자만 있는 사업<br>• 상시 1인 미만 근로자를 사용하는 사업 |
|---|---|
| 건강보험 | • 사업주만 있는 개인사업<br>• 소재지가 일정하지 않은 사업<br>• 적용제외 근로자만 있는 사업<br>• 상시 1인 미만 근로자를 사용하는 사업 |
| 고용보험 | • 가구 내 고용활동 및 달리 분류되지 아니한 자가소비 생산활동<br>• 농업·임업 및 어업 중 법인이 아닌 자가 상시 4명 이하의 근로자를 사용하는 사업<br>• 비건설업자가 시공하는 공사로서 총공사금액이 2,000만 원 미만인 공사<br>• 비건설업자가 시공하는 공사로서 연면적이 100㎡ 이하인 건축물의 건축 또는 연면적이 200㎡ 이하인 건축물의 대수선에 관한 공사 |
| 산재보험 | • 가구 내 고용활동<br>• 농업, 임업(벌목업은 제외한다), 어업 및 수렵업 중 법인이 아닌 자의 사업으로서 상시근로자수가 5명 미만인 사업<br>• 다른 법에 따라 재해보상이 되는 사업. 다만, '공무원재해보상법' 제60조에 따라 순직유족급여 또는 위험직무순직유족급여에 관한 규정을 적용받는 경우는 제외한다. |

## (1) 국민연금

　상시 1인 이상 근로자를 사용하는 모든 사업은 국민연금 의무가입 대상입니다. 국민연금에 있어 근로자는 노무를 제공하고 그 대가를 받는 법인의 이사와 그 밖의 임원을 포함합니다. 따라서 대표자 1인만 있는 법인사업장도 국민연금에 가입해야 합니다. 그러나 근로자가 없는 개인사업장의 사업주는 적용대상에 해당하지 않습니다. 적용사업장의 사용자는 적용사업장에 해당하게 된 날이 속하는 달의 다음 달 15일까지 사업장적용신고를 해야 합니다. 근로자를 사용함에도 국민연금에 가입할 의무가 없는 사업장은 다음과 같습니다.

---

〈국민연금에 가입의무가 없는 사업장〉
- 사업주만 있는 개인사업
- 소재지가 일정하지 않은 사업
- 적용제외 근로자만 있는 사업('4대보험 가입대상 근로자 – 취득신고' 부분 참고)
- 상시 1인 미만 근로자를 사용하는 사업

---

## (2) 건강보험

상시 1인 이상 근로자를 사용하는 모든 사업은 건강보험 의무가입 대상입니다. 건강보험에 있어 근로자는 노무를 제공하고 그 대가를 받는 법인의 이사와 그 밖의 임원을 포함합니다. 따라서 대표자 1인만 있는 법인사업장도 건강보험에 가입해야 합니다. 그러나 근로자가 없는 개인사업장의 사업주는 적용대상에 해당하지 않습니다. 적용사업장의 사용자는 적용사업장에 해당하게 된 날로부터 14일 이내에 사업장적용신고를 해야 합니다. 근로자를 사용함에도 건강보험에 가입할 의무가 없는 사업장은 다음과 같습니다.

---

〈건강보험에 가입의무가 없는 사업장〉
- 사업주만 있는 개인사업
- 소재지가 일정하지 않은 사업
- 적용제외 근로자만 있는 사업('4대보험 가입대상 근로자 – 취득신고' 부분 참고)
- 상시 1인 미만 근로자를 사용하는 사업

---

## (3) 고용보험

고용보험은 근로자를 사용하는 모든 사업에 적용합니다. 고용보험의 근로자는 근로기준법상의 근로자이기 때문에 대표자 1인만 있는 법인 사업장은 적용대상에 해당하지 않습니다. 적용사업장의 사용자는 적용 사업장에 해당하게 된 날부터 14일 이내에 보험관계 성립신고를 해야 합니다. 근로자를 사용함에도 고용보험에 가입할 의무가 없는 사업장은 다음과 같습니다.

〈고용보험에 가입의무가 없는 사업장〉
- 가구 내 고용활동 및 달리 분류되지 아니한 자가소비 생산활동
- 농업·임업 및 어업 중 법인이 아닌 자가 상시 4명 이하의 근로자를 사용하는 사업
- 비건설업자가 시공하는 공사로서 총공사금액이 2,000만 원 미만인 공사
- 비건설업자가 시공하는 공사로서 연면적이 100㎡ 이하인 건축물의 건축 또는 연면적이 200㎡ 이하인 건축물의 대수선에 관한 공사

## (4) 산재보험

산재보험은 근로자를 사용하는 모든 사업 또는 사업장에 적용합니다. 산재보험의 근로자는 근로기준법상의 근로자이기 때문에 대표자 1인만 있는 법인사업장은 적용대상에 해당하지 않습니다. 적용사업장의 사용자는 적용사업장에 해당하게 된 날부터 14일 이내에 보험관계 성립신고를 해야 합니다. 다른 보험과 달리 산재보험은 사업장(장소) 단

위로 성립신고를 합니다. 근로자를 사용함에도 산재보험에 가입할 의무가 없는 사업장은 다음과 같습니다. 2018년 7월 1일부터 산재보험의 적용 범위 확대되어 '비건설업자가 시공하는 소규모 공사' 및 '상시 1인 미만 근로자를 사용하는 사업'에도 산재보험이 적용됩니다.

---

〈산재보험에 가입의무가 없는 사업장〉
- 가구 내 고용활동
- 농업, 임업(벌목업은 제외한다), 어업 및 수렵업 중 법인이 아닌 자의 사업으로서 상시근로자수가 5명 미만인 사업
- '공무원재해보상법' 또는 '군인연금법'에 따라 재해보상이 되는 사업. 다만, '공무원재해보상법' 제60조에 따라 순직유족급여 또는 위험직무순직유족급여에 관한 규정을 적용받는 경우는 제외한다.
- '선원법', '어선원및어선재해보상보험법' 또는 '사립학교교직원연금법'에 따라 재해보상이 되는 사업

---

# 4대보험 취득신고에 대해 알려주세요

4대보험 가입대상 근로자는 4대보험의 보호대상입니다. 즉, 가입대상 근로자에게 노령, 장애, 사망, 질병, 부상, 실업, 산업재해 등 사회적 위험 발생했을 때 일정한 절차에 따라 보험급여가 지급됩니다.

사용자가 근로자를 고용하는 경우에는 4대보험 취득신고를 해야 합

니다. 다만, 법률에 따라 근로자의 개념이 상이하고, 법률에 따라 적용이 제외되는 근로자가 있어 4대보험 가입대상 근로자의 범위는 보험별로 약간의 차이가 있습니다. 이하에서는 보험별 근로자 개념의 차이와 적용제외 근로자를 통해 보험별 가입대상 근로자를 알아보도록 하겠습니다. 가입의무가 있음에도 불구하고 신고하지 않는 것은 법위반에 해당합니다.

## (1) 국민연금

국민연금 적용사업장에 고용된 60세 미만의 근로자 및 사용자는 당연히 사업장가입자가 되며, 국민연금에 있어 근로자는 노무를 제공하고 그 대가를 받는 법인의 이사와 그 밖의 임원을 포함합니다. 국민연금은 고용한 날이 속하는 달의 다음 달 15일까지 취득신고를 해야 합니다. 다만, 아래의 근로자는 사업장가입자에 해당하지 않습니다. 사실상 1개월 이상 고용된 건설일용근로자의 국민연금 가입기준은 기존 월 20일 이상 근로였으나, 2018년 8월 1일부터 월 8일 이상 근무로 변경되었음에 주의하시기 바랍니다.

〈국민연금 적용제외 근로자〉
- 18세 미만(본인이 가입을 원하지 않는 경우) 또는 60세 이상의 근로자
- 일용근로자나 1개월 미만의 기한을 정해 사용되는 근로자
  다만, 1개월 이상 사실상 계속 사용되면서 다음 각 목의 어느 하나에 해당하는 사람은 근로자에 포함된다.
  가. '건설산업기본법' 제2조제4호 각 목 외의 부분 본문에 따른 건설공사의 사업장 등 보건복지부장관이 정해 고시하는 사업장에서 사용되는

경우 : 1개월 동안의 근로일수가 8일 이상인 사람

나. 가목 외의 사업장에서 사용되는 경우 : 1개월 동안의 근로일수가 8일 이상이거나 1개월 동안의 근로시간이 60시간 이상인 사람

- 1개월 동안의 소정근로시간이 60시간 미만인 단시간근로자
  다만, 해당 단시간근로자 중 다음 각 목의 어느 하나에 해당하는 사람은 근로자에 포함된다.

  가. 생업을 목적으로 3개월 이상 계속해 근로를 제공하는 사람으로서 '고 등교육법시행령' 제7조제3호에 따른 시간강사

  나. 생업을 목적으로 3개월 이상 계속해 근로를 제공하는 사람으로서 사용자의 동의를 받아 근로자로 적용되기를 희망하는 사람

  다. 둘 이상 사업장에 근로를 제공하면서 각 사업장의 1개월 소정근로시간의 합이 60시간 이상인 사람으로서 1개월 소정근로시간이 60시간 미만인 사업장에서 근로자로 적용되기를 희망하는 사람

- 법인의 이사 중 소득세법에 따른 근로소득이 발생하지 않는 사람
- '공무원연금법', '공무원재해보상법', '사립학교교직원연금법' 또는 '별정우체국법'에 따른 퇴직연금, 장해연금 또는 퇴직연금일시금이나 '군인연금법'에 따른 퇴역연금, 상이연금, 퇴역연금일시금을 받을 권리를 얻은 자(이하 "퇴직연금등수급권자"라 한다)
  다만, 퇴직연금등수급권자가 '국민연금과직역연금의연계에관한법률' 제8조에 따라 연계 신청을 한 경우에는 그러하지 아니하다.

## (2) 건강보험

건강보험 적용사업장의 근로자, 사용자, 공무원, 교직원은 당연히 직장가입자가 되며, 건강보험에 있어 근로자는 노무를 제공하고 그 대가를 받는 법인의 이사와 그 밖의 임원을 포함합니다. 건강보험은 고용한 날로부터 14일 이내에 취득신고를 해야 합니다. 다만, 아래의 근로자는 직장가입사업장가입자에 해당하지 않습니다.

〈건강보험 적용제외 근로자〉

- 고용 기간이 1개월 미만인 일용근로자
- '병역법'에 따른 현역병(지원에 의하지 아니하고 임용된 하사를 포함한다), 전환복무된 사람 및 군간부후보생
- 선거에 당선되어 취임하는 공무원으로서 매월 보수 또는 보수에 준하는 급료를 받지 아니하는 사람
- 비상근 근로자 또는 1개월 동안의 소정(所定)근로시간이 60시간 미만인 단시간근로자
- 비상근 교직원 또는 1개월 동안의 소정근로시간이 60시간 미만인 시간제 공무원 및 교직원
- 소재지가 일정하지 아니한 사업장의 근로자 및 사용자
- 근로자가 없거나 비상근 근로자 또는 1개월 동안의 소정(所定)근로시간이 60시간 미만인 단시간근로자만을 고용하고 있는 사업장의 사업주
- '의료급여법'에 따라 의료급여를 받는 사람
- '독립유공자예우에관한법률' 및 '국가유공자등예우및지원에관한법률'에 따라 의료보호를 받는 사람

  다만, 다음 각 목의 어느 하나에 해당하는 사람은 가입자가 된다.

  가. 유공자등 의료보호대상자 중 건강보험의 적용을 보험자에게 신청한 사람

  나. 건강보험을 적용받고 있던 사람이 유공자등 의료보호대상자로 되었으나 건강보험의 적용배제신청을 보험자에게 하지 않은 사람

## (3) 고용보험

고용보험 적용사업장에 고용된 근로기준법상의 근로자는 가입자가 되며, 고용한 날이 속하는 달의 다음 달 15일까지 취득신고를 해야 합니다. 다만, 아래 어느 하나에 해당하는 자는 제외합니다. 2018년 7월

3일부터 그동안 생업목적에 해당하지 않아 고용보험 적용이 제외되었던 초단시간근로자도 고용보험 적용대상으로 확대되었음에 주의하시기 바랍니다. 시행일 이전 고용되어 시행일 이후 계속근로기간이 3개월 이상인 경우 2018년 7월 3일자로 취득하며, 시행일 이후 고용되어 계속근로기간이 3개월 이상인 경우 고용일에 취득합니다.

---

〈고용보험 적용제외 근로자〉
- 65세 이후에 고용되거나 자영업을 개시한 자(고용안정·직업능력개발 사업은 적용)
- 소정(所定)근로시간이 1개월간 소정근로시간이 60시간 미만인 자(1주간의 소정근로시간이 15시간 미만인 자를 포함한다)
  다만, 3개월 이상 계속해 근로를 제공하는 자와 법 제2조제6호에 따른 일용근로자(이하 "일용근로자"라 한다)는 제외한다.
- '국가공무원법'과 '지방공무원법'에 따른 공무원. 다만, 대통령령으로 정하는 바에 따라 별정직공무원, '국가공무원법' 제26조의5 및 '지방공무원법' 제25조의5에 따른 임기제공무원의 경우는 본인의 의사에 따라 고용보험(제4장에 한한다)에 가입할 수 있다.
- '사립학교교직원연금법'의 적용을 받는 자
- 외국인 근로자
  다만, 다음 각 목의 어느 하나에 해당하는 자는 제외한다.
  가. '출입국관리법시행령' 제12조에 따른 외국인의 체류자격 중 주재(D-7), 기업투자(D-8) 및 무역경영(D-9)의 체류자격을 가진 자(법에 따른 고용보험에 상응하는 보험료와 급여에 관해 그 외국인의 본국법이 대한민국 국민에게 적용되지 아니하는 경우는 제외한다)
  나. '출입국관리법시행령' 제23조제1항에 따른 취업활동을 할 수 있는 체류자격을 가진 자(고용노동부령으로 정하는 바에 따라 보험 가입을 신청한 자만 해당한다)
  다. '출입국관리법시행령' 제23조제2항제1호·제2호 및 제3호에 해당하는 자

라. '출입국관리법시행령' 제12조에 따른 외국인의 체류자격 중 재외동포 (F-4)의 체류자격을 가진 자(고용노동부령으로 정하는 바에 따라 보험 가입을 신청한 자만 해당한다)

마. '출입국관리법시행령' 제12조에 따른 외국인의 체류자격 중 영주 (F-5)의 체류자격을 가진 자

• '별정우체국법'에 따른 별정우체국 직원

---

## (4) 산재보험

산재보험 적용사업장에 고용된 근로기준법상의 모든 근로자는 가입자가 되며, 고용한 날이 속하는 달의 다음 달 15일까지 취득신고를 해야 합니다.

## 62  일용근로자, 초단시간근로자, 이중취득자의 4대보험 적용에 대해 알려주세요

## (1) 일용근로자의 4대보험 적용

4대보험에서 일용근로자란 1개월 미만 고용된 근로자를 말합니다. 근로계약기간을 1개월 미만으로 정한 사람으로, 근로계약기간을 1개월 이상으로 정한 경우에는 실제 1개월 미만으로 근무하고 퇴직하는 경우에도 일용근로자에 해당하지 않습니다. 소득세법상의 일용근로자는 동일 고용주에게 3개월 미만 고용된 자라고 규정한 것과 차이가 있음에

주의하시기 바랍니다.

일용근로자의 경우 고용보험과 산재보험의 적용을 받습니다. 그러나 국민연금과 건강보험 적용대상에는 해당하지 않습니다. 다만, 1개월 미만의 기간을 정해 사용했다 하더라도 사실상 1개월 이상 고용된 경우에는 국민연금 및 건강보험이 적용될 수 있습니다. 적용기준은 아래 두 번째 표와 같습니다. 사실상 1개월 이상 고용된 건설일용근로자의 국민연금 및 건강보험 가입기준은 기존 월 20일 이상 근로였으나, 2018년 8월 1일부터 월 8일 이상 근무로 변경되었음에 주의하시기 바랍니다. 다만, 2018년 8월 1일 전에 발주자가 수급인과 계약을 체결했거나 입찰공고를 시작한 공사현장에 근로하는 건설근로자는 종전 기준을 2020년 7월 31일까지 적용합니다.

[표] 일용근로자의 4대보험 적용여부

| 국민연금 | 건강보험 | 고용보험 | 산재보험 |
| --- | --- | --- | --- |
| 적용제외 | 적용제외 | 적용 | 적용 |

[표] 사실상 1개월 이상 고용된 근로자의 국민연금 및 건강보험 적용기준

| 구분 | 적용기준 |
| --- | --- |
| 국민연금 | • (건설업) 사실상 1개월 이상 고용된 경우로서 1개월 동안의 근로일수가 8일 이상인 경우<br>• (건설업 외) 사실상 1개월 이상 고용된 경우로서 1개월 동안의 근로일수가 8일 이상이거나 1개월 동안의 근로시간이 60시간 이상인 경우 |
| 건강보험 | • (건설업) 사실상 1개월 이상 고용된 경우로서 1개월 동안의 근로일수가 8일 이상인 경우<br>• (건설업 외) 사실상 1개월 이상 고용된 경우로서 1개월 동안의 근로일수가 15일 이상인 경우 |

## (2) 초단시간근로자의 4대보험 적용

4대보험에서 초단시간근로자란, 1개월 동안의 소정근로시간이 60시간 미만(1주 15시간 미만 포함)의 근로자를 말합니다. 초단시간근로자가 동시에 일용근로자(1개월 미만 고용)인 경우에는 일용근로자의 4대보험 적용에 따라 처리합니다.

초단시간근로자의 경우 산재보험의 적용을 받습니다. 고용보험은 고용기간을 기준으로 적용여부를 판단합니다. 계속근로기간이 3개월 이상인 경우에는 고용보험이 적용됩니다. 국민연금, 건강보험은 적용되지 않습니다.

[표] 초단시간근로자의 4대보험 적용여부

| 국민연금 | 건강보험 | 고용보험 | 산재보험 |
|---|---|---|---|
| 적용제외 | 적용제외 | 계속근로기간이 3개월 이상인 경우 적용 | 적용 |

## (3) 이중근무자의 4대보험 적용

이중근무자란 둘 이상의 사업장에서 근로를 제공하고 보수를 받는 자를 말합니다. 원칙적으로 보험관계가 성립한 사업장에 근로를 제공하고 임금을 받는 자는 각각의 사업장에 가입대상이 됩니다. 다만, 고용보험의 경우 이중취득을 제한합니다. 둘 이상의 사업에 동시에 고용되어 있다면 고용보험은 아래의 순서에 따라 그 중 한 사업의 피보험자격을 취득합니다.

- 일용근로자가 아닌 사업
- 월평균보수가 많은 사업
- 월 소정근로시간이 많은 사업
- 근로자가 선택한 사업

# 4대보험료의 산정 및 부과방법에 대해 알려주세요

4대보험 가입대상 근로자에게 노령, 장애, 사망, 질병, 부상, 실업, 산업재해 등 사회적 위험이 발생했을 때 보험급여를 지급하는 데 충당하기 위해서는 보험료를 부과·징수해야 합니다.

4대보험료의 부과는 사업장에서 취득, 상실, 보수변경 등 제신고를 하면, 공단에서 이를 토대로 4대보험료를 확정해 사업장에 고지하고, 사업장에서는 매월 10일까지 4대보험료를 납부하는 방식으로 이루어집니다. 단, 건설업 및 벌목업의 고용보험료과 산재보험료는 자진신고 납부방식으로 이 책에서는 다루지 않습니다.

4대보험료의 부과·징수 기준은 보수로, 보수에 일정한 보험료율을 곱해 보험료를 산정합니다. 보수란 '소득세법'에 따른 근로소득에서 비과세 근로소득을 뺀 금품으로, '조세특례제한법'에 따른 비과세는 보수에 포함합니다. 다만, 건강보험료의 경우 비과세 근로소득 중에서도 아래의 비과세근로소득(이하 '국외근로소득비과세금액')은 보수에 포함합니다.

---

〈국외근로소득비과세금액〉

- 외국정부(외국의 지방자치단체와 연방국가인 외국의 지방정부를 포함한다. 이하 같다) 또는 대통령령으로 정하는 국제기관에서 근무하는 사람으로서 대통령령으로 정하는 사람이 받는 급여. 다만, 그 외국정부가 그 나라에서 근무하는 우리나라 공무원의 급여에 대해 소득세를 과세하지 않는 경우만 해당한다.
- 작전임무를 수행하기 위해 외국에 주둔 중인 군인·군무원이 받는 급여
- 국외 또는 '남북교류협력에관한법률'에 따른 북한지역에서 근로를 제공하고 받는 대통령령으로 정하는 급여

---

이하에서는 각 보험의 보험료율, 부담주체 등에 대해 자세히 살펴보도록 하겠습니다.

[표] 4대보험의 보험료

| 구분 | | 국민연금 | 건강보험 | 고용보험 | 산재보험 |
|---|---|---|---|---|---|
| 보험료 | 산정기준 | 소득 | 보수 | 보수 | |
| | 보수(소득)의 범위 | 근로소득<br>−비과세소득<br>+조특법상의 비과세 | 근로소득<br>−비과세소득<br>+조특법상의 비과세<br>+국외근로소득<br>비과세금액 | 근로소득<br>−비과세소득<br>+조특법상의 비과세 | |
| | 매월 보험료 부과기준 | 기준소득월액<br>(천원미만절사) | 보수월액<br>(원미만절사) | 월평균보수<br>(원미만절사) | |

| | | | | | |
|---|---|---|---|---|---|
| 보<br>험<br>료 | 보험료율<br>(2018년) | 9% | • 건강 : 6.24%<br>• 장기요양 :<br> 7.38% | • 실업급여 : 1.3%<br>• 고용안정·직업<br> 능력개발사업 :<br> 0.25%~0.85% | • 사업종류별 : 매<br> 년 결정·고시<br>• 출퇴근재해 : 매<br> 년 결정·고시 |
| | 부담수준 | 근로자와<br>사용자가 각각<br>1/2씩 부담 | 근로자와<br>사용자가 각각<br>1/2씩 부담 | • 실업급여 : 근로<br> 자와 사용자가<br> 각각 1/2씩 부담<br>• 고용안정직업<br> 능력개발사<br> 업 : 사용자가<br> 각각 전액부담 | 사용자가 각각<br>전액부담 |
| | 납부방법<br>및 정산 | 매월부과 | 매월부과 후<br>사후정산 | 건설업 및 벌목업 : 자진신고납부, 개<br>산보험료 신고 및 확정보험료 신고<br>납부<br><br>상기이외의 사업 : 매월부과 후 사후<br>정산 | |

## (1) 국민연금

국민연금보험료의 부과·징수 기준은 소득(입사 시 신고한 소득 또는 전년도 소득)으로, 소득에 일정한 보험료율을 곱해 보험료를 산정합니다. 여기서 소득이란 '소득세법'에 따른 근로소득에서 비과세 근로소득을 뺀 금품으로, '조세특례제한법'에 따른 비과세는 보수에 포함합니다.

매월 부과되는 보험료는 사업장가입자의 기준소득월액에 보험료율을 곱해 산정합니다. 기준소득월액은 하한액과 상한액의 범위에서 보험료 및 급여산정을 위해 사용자가 신고한 소득월액에서 1,000원 미만을 절사한 금액입니다.

| 하한액 | 상한액 |
|---|---|
| 300천 원 | 4,680천 원 |

보험료는 자격을 취득한 날이 속하는 달의 다음 달부터 자격을 상실한 날의 전날이 속하는 달까지 보험료를 부과합니다. 다만, 자격취득일이 초일(매월 1일)이거나 취득월 납부를 가입자가 희망하는 경우 자격을 취득한 당월부터 납부가 가능합니다. 보험료 적용기간은 매년 7월부터 다음연도 6월까지입니다.

2019년 기준 국민연금 보험료율은 9%로 근로자와 사용자가 각각 1/2씩 부담합니다.

**국민연금보험료** = 기준소득월액×보험료율(9% = 근로자 4.5% + 사용자 4.5%)

## (2) 건강보험

건강보험료의 부과·징수 기준은 보수로, 보수에 일정한 보험료율을 곱해 보험료를 산정합니다. 여기서 보수란 '소득세법'에 따른 근로소득에서 비과세 근로소득을 뺀 금품으로, '조세특례제한법'에 따른 비과세는 보수에 포함합니다. 다만, 비과세 근로소득임에도 불구하고 국외근로소득비과세금액을 보수에 포함한다는 점에서 다른 4대보험과 차이가 있습니다.

〈국외근로소득비과세금액〉

- 외국정부(외국의 지방자치단체와 연방국가인 외국의 지방정부를 포함한다. 이하 같다) 또는 대통령령으로 정하는 국제기관에서 근무하는 사람으로서 대통령령으로 정하는 사람이 받는 급여. 다만, 그 외국정부가 그 나라에서 근무하는 우리나라 공무원의 급여에 대해 소득세를 과세하지 않는 경우만 해당한다.
- 작전임무를 수행하기 위해 외국에 주둔 중인 군인·군무원이 받는 급여
- 국외 또는 '남북교류협력에관한법률'에 따른 북한지역에서 근로를 제공하고 받는 대통령령으로 정하는 급여

매월 부과되는 보험료는 건강보험료와 장기요양보험료로 구분됩니다. 건강보험료는 직장가입자의 보수월액에 보험료율을 곱해 산정하며, 장기요양보험료는 건강보험료에 장기요양보험료율을 곱해 산정합니다.

자격을 취득한 날이 속하는 달의 다음 달부터 자격을 상실한 날의 전날이 속하는 달까지 보험료를 부과합니다. 다만, 자격취득일이 초일(매월 1일)이거나 취득월 납부를 가입자가 희망하는 경우 자격을 취득한 당월부터 납부가 가능합니다.

2019년 기준 건강보험료율은 6.46%로 근로자와 사용자가 각각 1/2씩 부담하며, 2019년 기준 장기요양보험료율은 8.51%입니다.

- **건강보험료** = 보수월액×보험료율(6.46% = 근로자 3.23% + 사용자 3.23%)
- **장기요양보험료** = 건강보험료×장기요양보험료율(8.51%)

직장가입자의 보수월액보험료액은 상한과 하한을 두고 있어 이를 초과하거나 미달할 수 없습니다.

[표] 직장가입자의 보수월액보험료 하한액과 상한액(2018년 7월 1일~)

| 하한액 | 상한액 |
|---|---|
| 17,460원 | 6,193,140원 |

**참고** **직장가입자에 대한 소득월액보험료**

2018년 7월 1일부터 보수월액에 포함된 보수를 제외한 소득이 연간 3400만 원을 초과하는 직장가입자에게는 보수외소득을 기준으로 위의 보수월액보험료와 별도로 소득월액보험료를 부과한다. 소득월액보험료는 직장가입자가 100% 부담하는 보험료로 다음과 같이 산정한다.
- 건강보험료 = (연소득 − 3400만 원) / 12월×보험료율(6.24%)
- 장기요양보험료 = 건강보험료×장기요양보험료율(7.38%)

## (3) 고용보험

고용보험료의 부과·징수 기준은 보수로, 보수에 일정한 보험료율을 곱해 보험료를 산정합니다. 여기서 보수란 '소득세법'에 따른 근로소득에서 비과세 근로소득을 뺀 금품으로, '조세특례제한법'에 따른 비과세는 보수에 포함합니다.

건설업과 벌목업을 제외하고 매월 부과되는 보험료는 실업급여보험료와 고용안정·직업능력개발사업의 보험료로 구분되며, 월평균보수에 각각의 보험료율을 곱해 산정합니다. 자격을 취득한 날부터 자격을 상실한 날의 전날이 속하는 달까지 보험료를 부과합니다.

2019년 기준 실업급여보험료율은 1.3%로 근로자와 사용자가 각각 1/2씩 부담합니다. 2019년 기준 고용안정·직업능력개발사업의 보험료율는 아래 표와 같습니다. 실업급여보험료와 달리 고용안정·직업능력개발사업의 보험료는 사업주가 전액 부담합니다.

- **실업급여보험료** = 월평균보수×보험료율(1.3%=근로자0.65%+사용자0.65%)
- **고용안정·직업능력개발사업의보험료** = 월평균보수×고용안정·직업능력개발사업의보험료율(사용자 0.25%~0.85%)

[표] 고용안정·직업능력개발사업의 보험료율

| 구분 | 고용안정·직업능력개발사업의 보험료율 |
| --- | --- |
| 150인 미만 기업 | 0.25% |
| 150인 이상 우선지원대상기업 | 0.45% |
| 150인 이상 1000인 미만 기업 (우선지원대상기업X) | 0.65% |
| 1000인 이상 기업(우선지원대상기업X), 국가, 지방자치단체가 직접 행하는 사업 | 0.85% |

## (4) 산재보험

산재보험료의 부과·징수 기준은 보수로, 보수에 일정한 보험료율을 곱해 보험료를 산정합니다. 여기서 보수란 '소득세법'에 따른 근로소득에서 비과세 근로소득을 뺀 금품으로, '조세특례제한법'에 따른 비과세는 보수를 포함합니다.

건설업과 벌목업을 제외하고 매월 부과되는 보험료는 월평균보수에 산재보험료율을 곱해 산정합니다. 산재보험료율은 사업종류별산재보험료율과 출퇴근재해산재보험료율(전사업공통)로 구분되며, 보험료율은 매년 고용노동부 장관이 결정해 고시합니다.

고시된 사업종류별산재보험료율은 그대로 적용되는 것이 아니라, 규모, 산재보험급여수급실적, 산재예방활동 등에 따라 할인 또는 할증됩니다(개별실적요율, 산재예방요율). 따라서 사업종류가 실제 적용되는 보험료율은 다를 수 있습니다. 산재보험료는 사업주가 전액부담합니다.

- **실업급여보험료** = 월평균보수×[사업종류별산재보험료율(증감)+출퇴근재해산재보험료율]

# 64 건강보험료 감면에 대해 알려주세요

건강보험료의 산정에 있어 예외가 있습니다. 바로 휴직기간 및 섬·벽지 경감입니다. 아래에서 자세히 살펴보도록 하겠습니다.

## (1) 휴직기간 건강보험료 경감

휴직기간에도 건강보험료는 부과됩니다. 다만, 휴직기간이 1개월 이상인 직장가입자에 대해서는 휴직일이 속하는 달의 다음 달부터 복직일이 속하는 달까지 건강보험료를 경감합니다. 다만, 휴직일이 매월 1일인 경우에는 휴직일이 속하는 달부터 적용하며, 복직일이 매월 1일인 경우에는 복직일이 속하는 전달까지 적용합니다. 건강보험료의 경감률은 최대 60%로 구체적인 내용은 아래 표와 같습니다.

[표] 건강보험료 경감률

| 구분 | 경감률 |
|------|--------|
| 육아휴직 | 휴직기간 중 지급 받은 보수와 상관없이 휴직전월 정산 전 보수월액(250만 원을 초과하는 경우에는 250만 원으로 한다)을 기준으로 산정한 보험료의 60% 경감 |
| 무보수휴직 | 휴직전월 정산 전 보수월액 기준으로 산정한 보험료의 50% 경감 |
| 유보수휴직 | ① 휴직전월 정산 전 보수월액 기준으로 산정한 보험료와 ② 휴직기간에 해당사업장에서 지급받은 보수를 기준으로 산정한 보험료 차액의 50% 경감 |

## (2) 섬·벽지 경감

① 섬·벽지에 소재한 사업장의 가입자, ② 섬·벽지에 거주하는 가입자, ③ 사업장 소재지가 섬·벽지 지역은 아니지만 섬·벽지 지역에서 근무하는 가입자에 대해서는 건강보험료의 50%를 경감합니다. 다만, 건강보험료의 경감적용을 받기 위해서는 사업장의 사용자가 경감신청을 해야 합니다. 섬·벽지지역은 '보험료 경감고시'를 통해 확인할 수 있습니다.

## (3) 기타 건강보험료 감면

해외근무, 군입대, 상근예비역 훈련 등의 아래 표에 해당하는 경우에는 건강보험료가 감면됩니다. 사용자는 사유발생일로부터 14일 이내에 건강보험공단에 직장가입자 근무처, 근무내역 변동신고서를 각 사유를 증빙할 수 있는 소정의 서류와 함께 제출해야 합니다.

[표] 기타 건강보험료 감면

| 구분 | | 경감비율 | 비고 |
|---|---|---|---|
| 국외근무자<br>(북한지역근무자포함) | 피부양자가 있는 경우 | 감면 50% | 가입자만 급여정지 |
| | 피부양자가 없는 경우 | 면제 | 가입자급여정지 |
| 현역병·재소자<br>시설수용자 | 피부양자가 있는 경우 | 면제 | 가입자만 급여정지 |
| | 피부양자가 없는 경우 | 면제 | 가입자 급여정지 |
| 상근예비역·보충역<br>(교육소집기간만 해당) | | 면제 | 교육소집기간만<br>급여정지 |
| 군인 | | 감면 20% | 급여인정 |

# 65 보험료 정산에 대해 알려주세요

매월 부과되는 보험료는 근로자가 입사 시 신고한 보수 또는 전년도 보험료정산결과에 따라 산출된 것이고, 실제 근로에 따라 증감된 보수가 반영된 것이 아닙니다. 따라서 건강보험, 고용보험, 산재보험은 연말정산 절차를 통해 확정된 보수로 보험료를 다시 산정해 기 납부한 보험료와 정산하는 절차를 두고 있습니다.

## (1) 국민연금

국민연금은 전년도 소득월액을 당해연도 보험료산정기준으로 할 뿐 별도의 정산절차를 두지 않습니다. 사업장이 소득세법에 따라 근로소득 지급명세서를 국세청에 제출한 경우 공단에 신고한 것으로 간주해, 별도의 소득총액 신고 없이 국세청 자료를 활용해 기준소득월액을 정기결정합니다. 결정된 소득월액은 당해연도 7월부터 그 다음연도 6월까지 적용됩니다. 정기 결정한 기준소득월액은 전년도 소득 기준이므로 당해연도의 소득과 일치하지 않을 수 있습니다.

## (2) 건강보험

건강보험의 경우 연말정산뿐 아니라 퇴직정산 또한 두고 있습니다.

퇴직정산은 연도 중 퇴직할 경우 보험료를 정산하는 절차로, 퇴직일로부터 14일 이내에 당해연도 보수총액과 근무월수를 신고하면 이를 기초로 산정한 보수월액으로 기 납부한 보험료와 당해연도 퇴직 시까지 납부해야할 보험료간의 정산을 실시합니다.

연말정산은 연도 중에는 보수가 확정되지 않으므로, 전년도 보수 등을 기준으로 우선 부과한 후 다음 해 사업장에서 확정된 보수에 의해 전년도 보험료를 다시 산정해 기납부한 보험료와 정산하는 절차로, 일반근로자의 경우 매년 3월 10일까지 신고해(신고 주체는 사용자) 4월 보험료에 추가징수 또는 반환합니다. 연도 중 퇴사자에 대해서는 퇴직정산을 실시했으므로, 연말정산 대상자는 매년 12월 말일 현재 직장가입자 자격유지자 입니다. 다만, 해당연도 12월 중 입사자(12월 보험료 면제) 또는 해당연도 모든 기간 동안 보험료가 부과되지 않은 자는 정산할 부험료가 없으므로 연말정산대상에서 제외합니다.

직장가입자 보수총액통보서의 보수총액은 '소득세법'에 따른 근로소득에서 비과세 근로소득을 뺀 금품으로, '조세특례제한법'에 따른 비과세는 보수에 포함합니다. 또, 비과세 근로소득임에도 불구하고 국외근로소득비과세금액은 건강보험에 한해 보수에 포함합니다. 근무월수에는 1일이라도 근무해 근로의 대가로 보수를 받은 경우를 포함하며, 휴직기간 경감된 보험료를 적용하는 기간(휴직일이 속하는 달의 다음 달부터 복직일이 속하는 달)은 근무월수에서 제외합니다.

## (3) 고용보험 / 산재보험

연말정산은 연도 중에는 보수가 확정되지 않으므로, 전년도 보수 등을 기준으로 우선 부과한 후 다음해 사업장에서 확정된 보수에 의해 전년도 보험료를 다시 산정해 기납부한 보험료와 정산하는 절차로, 매년 3월 15일까지 신고해(신고주체는 사용자) 4월 보험료에 추가징수 또는 반환합니다. 정산대상은 전년도 또는 사업장소멸일 전날까지 사업주가 고용한 모든 근로자에게 지급한 보수총액입니다.

보수총액신고서의 보수총액은 '소득세법'에 따른 근로소득에서 비과세 근로소득을 뺀 금품으로, '조세특례제한법'에 따른 비과세는 보수에 포함합니다.

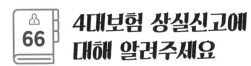

## 66 4대보험 상실신고에 대해 알려주세요

사용자는 근로자의 퇴직 등 4대보험 자격상실 사유가 발생하는 경우에는 4대보험 상실신고를 해야 합니다. 상실연월일은 해당 사유발생일의 다음 날이라는 점에 주의하시기 바랍니다.

[표] 4대보험별 자격상실사유 등

| 구분 | 국민연금 | 건강보험 | 고용/산재보험 |
|---|---|---|---|
| 자격상실사유 | • 퇴직<br>• 사망<br>• 국외이주 또는 국적상실<br>• 60세 도달<br>• 다른 공적연금에 가입<br>• 기초생활수급자 책정 등 | • 퇴직<br>• 사망<br>• 국적상실<br>• 의료급여수급권자<br>• 유공자등의료보호대상자의건강보험적용배제 신청 등 | • 퇴직<br>• 사망<br>• 적용근로자가 적용제외 근로자가 되는 경우<br>• 보험관계 소멸 등 |
| 상실연월일 | 해당사유발생일의 다음 날 | 해당사유발생일의 다음 날 | 해당사유발생일의 다음 날 |
| 신고기한 | 자격상실일이 속하는 달의 다음 달 15일까지 | 자격상실일로부터 14일 이내 | 보험관계종료일이 속하는 달의 다음 달 15일까지 |

## (1) 국민연금

근로자가 퇴직 등으로 자격상실사유가 발생한 경우 사용자는 자격상실일이 속하는 달의 다음 달 15일까지 사업장가입자격상실신고서를 작성해 신고합니다. 자격상실일은 퇴직일 등의 다음 날을 의미합니다.

## (2) 건강보험

근로자가 퇴직 등으로 자격상실사유가 발생한 경우 사용자는 자격상실일로부터 14일 이내에 직장가입자자격상실신고서를 작성해 신고합니다. 건강보험의 경우 퇴직 시 공단과 퇴직정산을 실시하므로 당해연도에 지급한 보수총액과 근무월수를 정확하게 신고해야합니다. 이에 관한 자세한 내용은 '65. 보험료 정산에 대해 알려주세요' 부분을 참고하시기 바랍니다.

## (3) 고용보험

근로자가 퇴직 등으로 자격상실사유가 발생한 경우 사용자는 사유발생일 다음 달 15일까지 피보험자격상실신고서를 작성합니다. 상실사유 및 구분코드는 실업급여수급자격제한여부를 판단하는 기초자료가 되므로 정확하게 기재합니다.

근로자가 이직으로 피보험자격을 상실한 경우에는 피보험 단위기간, 이직사유 및 이직 전에 지급한 임금, 퇴직금 등의 명세서를 증명하는 이직확인서를 작성해 제출해야 합니다. 다만, 수급자격의 인정신청을 원하지 않는 피보험자격 상실자에 대해서는 그러하지 않습니다.

## (4) 산재보험

근로자가 퇴직 등으로 자격상실사유가 발생한 경우 사용자는 사유발생일 다음 달 15일까지 근로자고용종료신고서를 작성합니다. 상실사유 및 구분코드는 실업급여수급자격제한여부를 판단하는 기초자료가 되므로 정확하게 기재합니다.

## 67 휴직자의 4대보험에 대해 알려주세요

휴직기간동안에는 특별한 규정이 없는 한 임금을 지급할 의무가 없으나 근로관계가 유지되므로 4대보험 자격이 상실되지 않습니다. 따라서 4대보험은 아래 표와 같이 휴직기간에 대한 보험료 납부예외, 감면 등의 규정을 두고 있습니다.

[표] 휴직자의 4대보험

| 구분 | 국민연금 | 건강보험 | 고용보험 | 산재보험 |
|---|---|---|---|---|
| 신고 | 납부예외 | 납부고지유예 | 없음 | 근로자 휴직 등 신고 |
| 보험료 | 면제 (휴직 중 급여가 기준소득월액의 50% 미만인 경우에 한) | 복직월에 보험료 일괄부과 (1개월 이상 휴직의 경우 보험료 최대 60%경감) | 보수총액신고 시 정산하거나, 월평균보수보수를 0원으로 변경신고해 월별보험료 조정 | 보험료 일할계산/ 면제 |
| 면제/경감기간 | 휴직월~복직월 | 휴직 다음 달~ 복직월 | – | 휴직월~복직월 |
| 신고기한 | 다음 달 15일까지 | 14일 이내 | – | 14일 이내 |
| 출산휴가 | 납부예외 가능 | 납입고지유예 불가 | – | 근로자 휴직 등 신고 가능 |

## (1) 국민연금

국민연금은 근로자가 휴직 등의 사유로 연금보험료를 납부할 수 없는 경우에 해당 기간 동안 연금보험료 납부를 면제해주는 납부예외제도를 두고 있습니다. 휴직 중인 경우란 출산 전후 휴가, 육아휴직, 산재요양 등으로 인한 휴직 등으로 휴직기간 중 급여가 휴직 직전 적용 중인 기준소득월액의 50% 미만인 경우에 한해 납부예외를 인정합니다. 납부예외기간 중 연금보험료는 납부예외사유가 발생한 날이 속하는 달부터 납부예외 사유가 없어진 달이 속하는 달까지 면제합니다. 다만, 납부예외 사유가 없어진 날이 그달의 초일인 경우와 가입자가 납부예외 사유가 없어진 날이 속하는 달의 연금보험료의 납부를 희망하는 경우에는 납부예외 사유가 없어진 날이 속하는 달의 전달까지 면제합니다. 납부예외신고는 휴직인 날이 속하는 달의 다음 달 15일까지 합니다. 복직하는 경우에는 납부재개 신고를 해야 합니다.

## (2) 건강보험

휴직 등의 기간에도 직장가입자로서의 보험혜택은 유지된다는 점에서 휴직기간에도 건강보험료는 부과됩니다. 다만, 휴직 기타의 사유로 보수의 전부 또는 일부가 지급되지 않는 경우 직장가입자의 사용자는 휴직 등 직장가입자 보험료 납입고지 유예신청을 할 수 있습니다. 납입고지 유예신청 시 휴직 등의 기간에는 보험료가 부과되지 않고, 복직해 보수가 지급되는 최초의 달에 보험료를 일괄 부과합니다. 납입이 고지 유예된 보험료가 해당 가입자의 월보험료의 3배 이상인 경우 분할 납부가 가능합니다. 휴직기간 보험료 경감은 '64. 건강보험료 감면에 대해 알려주세요' 부분을 참고하시기 바랍니다.

## (3) 고용보험

고용보험의 경우 휴직 등 신고가 없어 휴직기간에 대한 관리가 별도로 없으므로 사업주가 보수를 지급하지 않는 등의 사유로 고용보험료를 부과하지 않아야 하는 경우는 월별보험료가 부과된 후 다음연도 보수총액신고 시 보험료를 정산하거나 월평균보수변경신고서를 제출해 월별보험료를 조정합니다.

## (4) 산재보험

휴직의 경우 사업주와의 근로관계는 중단되지 않으나 근로를 제공하지 않으므로 산재보험이 적용되지 않습니다. 따라서 산재보험의 경우 휴직기간 동안에는 산재보험료를 부과하지 않기 때문에 근로자가 휴직하게 되는 경우에는 휴직신고를 해야 합니다. 휴직 등의 신고는 사유 발생일로부터 14일 이내에 합니다. 휴직 등에는 출산 전후 휴가기간을 포함합니다.

# 제8장

# 휴가 관리

# 68 경조휴가도 반드시 줘야 하나요?

흔히 본인 또는 그 가족의 경조사가 발생한 경우 회사가 휴가를 부여해야 하는 것으로 알고 있지만, 본인의 출산 또는 배우자의 출산을 제외한 나머지 경조사에 대해 사용자가 별도의 휴가를 부여할 의무는 없습니다. 그러나 실제로 대부분의 기업은 취업규칙과 단체협약 등에 경조휴가를 규정하고 있으며, 별도의 규정이 없는 경우에도 직원의 사기를 고려해 경조휴가를 부여하는 것이 보통입니다.

경조휴가는 약정휴가이기 때문에 노동법에 규정된 바가 없습니다. 취업규칙 또는 단체협약 등에서 어떻게 규정하고 있는지에 따라 휴가일수, 유·무급여부, 경조금지급 여부 등이 달라지며 경조휴가의 운영과 관련해서는 사용자의 재량이 인정됩니다. 다만, 합리적인 이유 없이 성별 또는 고용형태 등을 이유로 경조휴가를 달리 적용하는 것은 금지됩니다. 예컨대, 여성인 근로자와 남성인 근로자의 경조휴가일수를 다르게 정한다든지, 친가와 외가를 차등 대우하는 것은 남녀의 성을 이유로 한 부당한 차별이 될 수 있습니다. 또한 동종유사업무를 하는 정규직 근로자와 비정규직근로자(기간제, 단시간, 파견근로자 등, 이하동일)간 경조일수를 다르게 정하는 것 역시 차별이 될 수 있습니다. 경조휴가에 있어 차별을 당한 비정규직근로자는 노동위원회에 차별적 처우의 시정 신청이 가능합니다.

기업은 경조휴가에 관한 내용을 정함에 있어 향후 논란이 있을 수 있는 부분을 고려해 사전에 명확히 규정해놓을 필요가 있습니다. 사전에 고려해야 할 사항에는 다음과 같은 것들이 있습니다.

- 경조휴가의 발생사유와 일수
- 휴가일수에 휴일을 포함할 것인지 여부
- 휴가기간의 유·무급여부
- 휴가 청구방법
- 휴가개시일(㉑ 사유발생일로 볼 것인지, 근로자가 별도로 지정할 수 있는지)
- 휴가의 사용가능시기(㉑ 사유발생일로부터 1개월)
- 출산 전후 휴가 또는 휴직기간 중 경조사 발생 시 처리방법

만약 사용자가 경조휴가를 별도로 부여하지 않는다면, 근로자는 연차휴가 등 법정휴가를 사용해 근로제공의무를 면하면 될 것입니다. 노동법상 법정휴가는 총 6가지로 연차휴가, 생리휴가, 출산 전후 휴가(유산·사산휴가 포함), 배우자출산휴가, 난임치료휴가, 보상휴가가 있습니다. 이 중 보상휴가는 연장·야간·휴일근로에 대한 임금지급에 갈음해 주는 것이기 때문에 임금 관리 부분에서 설명했습니다. 이하에서는 보상휴가를 제외한 각각의 법정휴가에 대해 자세히 살펴보도록 하겠습니다.

[표] 법정휴가

| 2018년 5월 28일 이전 | 2018년 5월 29일 이후 |
|---|---|
| • 연차휴가<br>• 출산 전후 휴가(유산·사산휴가포함)<br>• 배우자출산휴가<br>• 생리휴가<br>• 보상휴가 | • 연차휴가 확대 보장<br>• 출산 전후 휴가(유산·사산휴가포함)<br>• 배우자출산휴가<br>• 생리휴가<br>• 보상휴가<br>• 난임치료휴가 신설 |

# 69 연차휴가의 산정방법에 대해 알려주세요

근로일이라 하더라도 근로자가 연차휴가청구권에 근거해 휴가를 청구하면 사용자는 유급의 연차휴가를 부여해야 합니다. 과거에는 연차휴가 외에 월차휴가가 존재했으나, 1주 법정근로시간을 44시간에서 40시간으로 단축하면서 월차휴가는 폐지되었습니다.

연차휴가는 1년간의 출근율을 기초로 사후에 부여하는 것이 원칙입니다. 그러나 1년 단위로 연차휴가를 산정하면 계속근로기간이 1년 미만인 근로자는 연차휴가를 전혀 사용할 수 없다는 문제가 있습니다. 그래서 근로기준법은 계속근로기간이 1년 이상인 근로자와 계속근로기간이 1년 미만인 근로자로 구분해 연차휴가 산정방법을 규정하는 한편, 최초 1년간의 근로에 대한 연차휴가 조항을 두었습니다. 이하에서 자세히 살펴보도록 하겠습니다.

## (1) 계속근로기간이 1년 이상인 근로자의 연차휴가

계속근로기간이 1년 이상인 근로자의 연차휴가는 1년간의 출근율이 80% 이상이냐, 80% 미만이냐에 따라 그 산정방법이 달라집니다.

① 출근율이 1년간 80% 이상인 근로자에 대해 사용자는 15일의 연차휴가를 줍니다. 덧붙여 최초 1년을 초과하는 계속근로연수 2년마다

1일의 휴가를 가산합니다. 다만, 가산휴가를 포함한 총 휴가일수는 25일을 초과할 수 없습니다. 이를 표로 나타내면 다음과 같습니다.

[표] 계속근로기간별 연차휴가일수

| 근속연수 | 1년 | 2년 | 3년 | 4년 | 5년 | 6년 | 7년 |
|---|---|---|---|---|---|---|---|
| 휴가일수 | 15일 | 15일 | 16일 | 16일 | 17일 | 17일 | 18일 |
| 근속연수 | 8년 | 9년 | 10년 | 11년 | 12년 | 13년 | 14년 |
| 휴가일수 | 18일 | 19일 | 19일 | 20일 | 20일 | 21일 | 21일 |
| 근속연수 | 15년 | 16년 | 17년 | 18년 | 19년 | 20년 | 21년 |
| 휴가일수 | 22일 | 22일 | 23일 | 23일 | 24일 | 24일 | 25일 |

**참고** **연차휴가 산정 예시**

아래 근로자의 퇴직금은 2016년 1월 1일에 발생하는 연차휴가일수는 16일이다.
• 입사일 : 2013년 1월 1일
• 출근율 : 2015년 1월 1일부터 2015년 12월 31일까지 80% 이상 출근

**풀이**
• 계속근로기간이 3년인 바 2016년 1월 1일에 발생하는 연차휴가는 16일

1년간 80% 이상 출근했는지 여부는 소정근로일을 기준으로 판단합니다. 소정근로일은 근로자와 사용자가 근로하기로 정한 날을 의미하며, 주휴일 등 사전에 근로하지 않기로 정한 날은 애초에 소정근로일에서 제외됩니다.

한편, 소정근로일에 출근하지 않은 경우 결근으로 처리하는 것이 원칙

이나, 출근한 것으로 보는 경우가 있음에 주의하시기 바랍니다. 출근여부 판단에 대한 자세한 내용은 '73. 휴업, 쟁의행위, 정직, 휴가 등이 있을 경우 연차휴가 산정방법은?' 부분을 참고하시기 바랍니다.

② 출근율이 1년간 80% 미만인 근로자에 대해서는 1개월 개근 시 1일의 연차휴가를 줍니다. 과거에는 출근율이 80%에 미달하는 경우 연차휴가를 전혀 부여하지 않았으나 2012년 8월 2일 이후부터 본 규정이 시행되었습니다.

본 규정에 따르면, 어떤 근로자가 2013년 1월 1일에 입사해, 2015년 1월 1일부터 2015년 5월 31일까지 개근하고, 나머지 달에는 매월 10일씩 결근해 출근율이 80% 미만인 경우 2016년 1월 1일에 발생하는 연차휴가일수는 5일이 됩니다.

## (2) 계속근로기간이 1년 미만인 근로자의 연차휴가

연차휴가는 1년간의 출근율을 기초로 사후에 부여하는 것이 원칙입니다. 그러나 1년 단위로 연차휴가를 산정하면 계속근로기간이 1년 미만인 근로자는 연차휴가를 전혀 사용할 수 없다는 문제가 있습니다. 그래서 근로기준법은 계속근로기간이 1년 미만인 근로자의 연차휴가는 1월 단위로 산정하는 예외를 두고 있습니다.

사용자는 계속해 근로한 기간이 1년 미만인 근로자에 대해서는 1개월 개근 시 1일의 연차휴가를 부여해야 합니다. 근로자가 1년 미만 기간 동안 결근하지 않는다면 최대 11일의 연차휴가가 발생합니다.

개근했는지 여부는 소정근로일을 기준으로 판단합니다. 소정근로일은 근로자와 사용자가 근로하기로 정한 날을 의미하며, 주휴일 등 사전에 근로하지 않기로 정한 날은 애초에 소정근로일에서 제외됩니다.

한편, 소정근로일에 출근하지 않은 경우 결근으로 처리하는 것이 원칙이나, 출근한 것으로 보는 경우가 있음에 주의하시기 바랍니다. 출근여부판단에 대한 자세한 내용은 '73. 휴업·쟁의행위·정직·휴가 등이 있을 경우 연차휴가 산정방법은?' 부분을 참고하시기 바랍니다.

## 70 최초 1년간의 근로에 대한 연차휴가 산정방법에 대해 알려주세요

근로기준법은 연차휴가의 산정을 계속근로기간이 1년 이상인 경우와 계속근로기간이 1년 미만 근로한 경우를 구분해 달리 규정하면서, '최초 1년간의 근로에 대한 연차휴가는 1년 미만 동안 발생한 연차휴가를 포함한다'는 취지의 규정을 두고 있었습니다. 그러나 2018년 5월 29일 본 규정이 삭제됨에 따라 최초 1년간의 근로에 대한 연차휴가 산정방식이 입사시기에 따라 달라졌습니다. 이하에서 자세히 살펴보도록 하겠습니다.

# (1) 2017년 5월 29일 이전 입사자의 연차휴가

기존 근로기준법은 최초 1년간의 근로에 대한 연차휴가는 1년 미만 동안 발생한 연차휴가를 포함한다는 취지의 규정을 두고 있었습니다. 즉, 계속근로기간이 1년 미만인 기간 동안 발생한 연차휴가는 최초 1년간의 근로에 대한 연차휴가를 미리 사용할 수 있게 한 것에 불과한 것일 뿐, 독립적인 의미를 갖지 못했습니다. 이에 따라 2017년 5월 29일 이전 입사자의 최초 1년간의 근로에 대한 연차휴가는 다음과 같습니다.

① **입사 후 1년간의 출근율이 80%이상인 경우** 최초 1년간의 근로에 대한 연차휴가는 1년 미만 기간 동안 1개월 개근 시 1일씩 발생한 연차휴가를 포함해 최대 15일이 됩니다.

② **입사 후 1년간 출근율이 80%미만인 경우** 최초 1년간의 근로에 대한 연차휴가는 1년 미만 기간 동안 1개월 개근 시 1일씩 발생한 연차휴가를 포함해 1개월 개근 시 1일의 연차휴가가가 됩니다.

기존 규정에 따르면 입사일로부터 2년 동안은 사용할 수 있는 연차휴가가 최대 15일로 연차휴가가 부족한 경우가 많았습니다. 이러한 이유로 많은 기업에서는 근로자의 신청이나 동의를 받아 2년차 근로에 대한 연차휴가가 발생하기도 전에 이를 미리 당겨쓰는 방식으로 연차휴가를 관리했습니다.

## (2) 2017년 5월 30일 이후 입사자의 연차휴가

2018년 5월 29일부터 최초 1년간의 근로에 대한 연차휴가 규정이 삭제됨에 따라 계속근로기간이 1년 이상인 경우 연차휴가와 계속근로기간이 1년 미만 동안 발생한 연차휴가는 각각 독립적인 의미를 갖게 되었습니다.

개정 근로기준법의 시행일인 2018년 5월 29일 기준 계속근로기간이 1년 미만 근로한 근로자부터 개정 근로기준법의 적용을 받으므로, 2017년 5월 30일 이후 입사자에 대해서는 다음과 같은 방식으로 최초 1년간의 근로에 대한 연차휴가를 산정합니다.

① **입사 후 1년간의 출근율이 80% 이상인 경우** 최초 1년간의 근로에 대한 연차휴가는 1년 미만 기간 동안 1개월 개근 시 1일씩 발생한 연차휴가와 별도로, 15일이 인정되어 최대 26일이 됩니다. 근로계약기간이 1년인 기간제근로자가 2017년 5월 30일부터 2018년 5월 29일까지 출근율 80% 이상을 충족한 후 계약기간 만료로 퇴직하는 경우 최대 26일분의 연차미사용수당을 지급해야 합니다.

② **입사 후 1년간 출근율이 80% 미만인 경우** 최초 1년간의 근로에 대한 연차휴가는 1년 미만 기간 동안 1개월 개근 시 1일씩 발생한 연차휴가와 별도로, 1개월 개근 시 1일의 연차휴가가 또다시 인정되어 1년차에 1개월 개근 시 1일씩 발생한 연차휴가일수의 2배가 됩니다.

아래 근로자의 2019년 1월 1일에 발생하는 연차휴가는 10일이다.

- 입사일 : 2018년 1월 1일
- 2018년 1월부터 5월까지는 개근
- 나머지 달에는 매월 10일씩 결근해 1년차 출근율이 80% 미만

### 풀이

- 1년 미만 기간 동안 발생한 연차휴가 : 5일
- 1년차 출근율 80% 미만에 따라 발생한 연차휴가 : 5일
- 2017년 5월 30일 이후 입사자이므로 위 연차휴가는 각각 독립적으로 인정

# 71 회계연도 기준 연차휴가 산정방법에 대해 알려주세요

연차휴가는 개별근로자의 입사일을 기준으로 산정하는 것이 원칙이나, 노무관리 편의상 노사가 합의할 경우 회계연도 기준으로 모든 근로자에게 일률적으로 적용하는 것도 가능합니다.

다만, 이 경우에도 근로자에게 불리하지 않아야 하므로 ① 연도 중 입사자에 대해서는 다음연도에 대해 발생하는 휴가일수는 전년도 근속기간에 비례해 산정하고(15일×출근일수/연간소정근로일수), ② 근로자 퇴직 시 입사일을 기준으로 한 연차휴가일수보다 회계연도 기준으로 한 연차휴가일수가 적으면 부족한 일수만큼 수당으로 보상해야 합니다.

근로기준법 개정(2018년 5월 29일 시행) 이후에도 기존 산정방법에 따라 연차휴가를 부여하면서, 1년 미만 기간 동안 1개월 개근 시 1일씩 발생한 연차휴가를 별도로 인정하면 됩니다.

**참고** **2017년 5월 29일 이전 입사자의 회계연도 기준 연차휴가 산정 예시**

2017년 5월 1일 입사한 근로자의 경우 회계연도 기준 연차휴가는 다음과 같다.

〈'17.5.1.에 입사한 노동자의 회계연도(1.1.~12.31.) 기준 연차휴가 산정 예시〉

| 발생시점 / 산정기준 | 17.6 | 17.7 | 17.8 | 17.9 | 17.10 | 17.11 | 17.12 | 18.1 | 18.2 | 18.3 | 18.4 | 18.5 |
|---|---|---|---|---|---|---|---|---|---|---|---|---|
| 제60조제1항 | | | | | | | | 10일 | | | | |
| 제60조제2항 | (1일 | 1일 | 1일 | 1일 | 1일 | 1일 | 1일 | 1일) | (1일 | 1일 | 1일) | |
| 누계 | | | | | | | | 10일 | | | | |

2017년 5월 1일부터 12월 31일까지 개근할 경우 매월 1일씩 발생한 연차휴가(8일)를 포함해 2018년 1월 1일에 연차휴가 10일(=15일×8월/12월)을 부여하되, 2017년 5월 1일부터 12월 31일 사이에 2일의 휴가를 사용했다면 해당 근로자는 1년간 8일의 휴가를 사용할 수 있다.

2018년 1월 1일부터 3월 31일까지 개근할 경우 매월 1일씩 발생한 연차휴가(3일)를 포함해 2019년 1월 1일에 15일의 연차휴가를 부여하되, 3일의 휴가 중 1일을 2018년도에 사용한 경우 이를 공제하고 14일의 휴가를 부여한다.

2017년 7월 1일 입사한 근로자의 경우 회계연도 기준 연차휴가는 다음과 같다.

〈'17.7.1.에 입사한 노동자의 회계연도(1.1.~12.31.) 기준 연차휴가 산정 예시〉

| 발생시점<br>산정기준 | 17.8 | 17.9 | 17.10 | 17.11 | 17.12 | 18.1 | 18.2 | 18.3 | 18.4 | 18.5 | 18.6 | 18.7 |
|---|---|---|---|---|---|---|---|---|---|---|---|---|
| 제60조제1항 | | | | | | 7.5일 | | | | | | |
| 제60조제2항 | 1일 | 1일 | 1일 | 1일 | 1일 | 1일 | 1일 | 1일 | 1일 | 1일 | 1일 | |
| 누계 | 1일 | 2일 | 3일 | 4일 | 5일 | 13.5일 | | | | | | 18.5일 |

2017년 7월 1일부터 2018년 5월 31일까지 개근할 경우 매월 1일씩 발생한 연차휴가(11일)와 별도로 2018년 1월 1일에 연차휴가 7.5일(=15일×6월/12월)을 부여한다.

# 72 육아휴직자의 연차휴가 산정방법에 대해 알려주세요

근로기준법은 소정근로일에 개근 또는 출근율을 기준으로 연차휴가를 부여합니다. 그런데 현실적으로는 출근하지 않았으나 결근으로 처리하기 곤란한 경우가 존재합니다. 이 중 하나가 육아휴직입니다. 육아휴직은 법률에 의해 보장된 근로자의 정당한 권리인데 이를 이유로 연차휴가가 전혀 부여되지 않는 것은 불합리하기 때문입니다.

## (1) 2018년 5월 28일 이전( = 2018년 5월 28일까지)

과거에는 육아휴직자의 연차휴가에 대한 법률의 명시적인 규정이 없었으나, 판례와 행정해석에 의해 육아휴직자의 연차휴가는 다음과 같이 휴직기간을 제외한 나머지 소정근로일수에 비례해 산정했습니다.

> **• 육아휴직자의 연차휴가일수 =** 연차휴가일수 / 연간 소정근로일수 ×
> (연간 소정일수 − 육아휴직기간이 차지하는 소정근로일수)

연간 소정근로일수에서 육아휴직기간이 차지하는 일수를 제외한 나머지 일수를 기준으로 근로자의 출근율을 산정해 연차휴가 취득 요건의 충족여부를 판단하고, 그 요건이 충족된 경우에는 본래 평상적인 근로관계에서 80%의 출근율을 충족할 경우 산출되었을 연차휴가일수에 대해 '연간 소정일수에서 육아휴직기간이 차지하는 소정근로일수를 제외한 나머지 소정근로일수'를 '연간 소정근로일수'로 나눈 비율을 곱해 연차휴가일수를 산정하는 것입니다.

그러나 이러한 방식은 육아휴직을 1년간 사용한 경우 복직 후 쓸 수 있는 연차휴가가 아예 없게 되는 단점이 있습니다.

## (2) 2018년 5월 29일 이후(=2018년 5월 29일부터)

이에 개정 근로기준법(2018년 5월 29일 시행)은 '남녀고용평등및일·가정양립지원에관한법률'에 따른 육아휴직으로 휴업한 기간은 연차휴가 산정에 있어 출근한 것으로 본다는 규정을 신설했습니다.

부칙은 '이 법 시행 후 육아휴직을 신청한 경우부터 적용한다'는 규정을 두었으나, 고용노동부는 육아휴직의 신청은 객관적으로 확인이 어려운 경우가 있을 수 있기 때문에 육아휴직 개시일이 2018년 5월 29일 이후라면 개정법을 적용하는 것으로 근로자에게 유리하게 해석합니다.

즉, 2018년 5월 28일 이전에 이미 육아휴직에 들어간 근로자에 대해서는 과거와 같이 연차휴가를 산정하고, 2018년 5월 29일 이후 육아휴직에 들어가는 근로자에 대해서는 육아휴직기간은 출근한 것으로 보아 연차휴가를 산정합니다.

**참고** **육아휴직자의 연차휴가 산정 예시**

아래 근로자의 2019년 1월 1일에 발생하는 연차휴가는 8일이다.
- 입사일 : 2016년 1월 1일
- 육아휴직기간 : 2017년 7월 1일~2018년 6월 30일(1년)
- 2018년 7월 1일~2018년 12월 31일까지 출근율은 80% 이상

**풀이**
- 계속근로기간이 3년인 근로자의 연차휴가 : 16일
- 육아휴직 개시시점이 2018년 5월 28일 이전에 해당하므로 비례부여
- 16일 / 12월×6월 = 8일

# 73 휴업, 쟁의행위, 정직, 휴직, 휴가 등이 있을 경우 연차휴가 산정방법은?

소정근로일에 출근하지 않으면 결근 처리하는 것이 원칙입니다. 그러나 연차휴가 산정에 있어서는 ① 실제 출근하지 않았음에도 불구하고 출근한 것으로 보거나 ② 소정근로일에 해당함에도 불구하고 소정근로일에서 제외하고 나머지 소정근로일에 비례해 연차휴가를 부여해야 하는 경우가 있습니다. 이하에서 자세히 살펴보도록 하겠습니다.

## (1) 결근

근로자는 소정근로일에 근로를 제공할 의무가 있습니다. 따라서 근로자의 귀책사유로 출근하지 않은 경우에는 결근으로 보는 것이 원칙이며 이에 해당하는 경우는 다음과 같습니다.

- 개인적 상병으로 인한 휴업기간
- 개인적 사유로 인한 휴직기간(법정휴직 제외)
- 정당한 정직처분에 따른 정직기간
- 불법 쟁의행위기간

## (2) 출근한 것으로 보는 경우

소정근로일에 출근하지 않은 경우에는 결근한 것으로 보는 것이 원칙이나, 법령에 의해 출근한 것으로 보거나, 그 성질상 결근한 것으로 처리할 수 없는 경우가 있습니다. 이에 해당하는 경우는 다음과 같습니다.

- 업무상 상병으로 인한 휴업기간
- 출산 전후 휴가 또는 유산·사산휴가기간
- 2018년 5월 29일 이후 개시된 육아휴직기간
- 예비군훈련기간
- 민방위훈련 또는 동원기간
- 공민권행사를 위한 휴무일
- 연차휴가, 생리휴가, 배우자출산휴가, 난임치료휴가기간
- 부당해고기간 및 부당정직기간
- 사용자의 귀책사유로 인한 휴업기간

고용노동부는 부당정직기간과 사용자의 귀책사유로 인한 휴업기간은 소정근로일에서 제외하고 출근기간에 비례해 연차휴가를 부여해야 한다고 해석하나, 이와 같은 견해는 판례(서울행정법원 2007. 07. 26. 선고 2006구합45852판결)와 배치되므로 수정되어야 할 것입니다.

## (3) 소정근로일에서 제외하고 나머지 소정근로일에 비례해 연차휴가를 부여하는 경우

법률에 의한 근로자의 정당한 권리행사로 인해 장기간 출근하지 못

하는 경우 이를 결근으로 처리해 연차휴가를 보장받을 수 없다면, 이는 정당한 권리행사에 따른 현실적인 불이익이 됩니다. 따라서 판례와 행정해석은 이러한 경우 소정근로일수에서 제외한 나머지 일수를 기준으로 출근율을 산정해 연차휴가 취득요건을 충족여부를 판단하고, 그 요건이 충족된 경우 연차휴가일수는 정당한 권리행사기간을 제외한 나머지 소정근로일수와 연간 총소정근로일수의 비율에 따라 산정하도록 합니다(연차휴가일수×나머지 소정근로일수/연간 소정근로일수). 이에 해당하는 경우는 다음과 같습니다.

---

- 적법한 쟁의행위기간
- 2018년 5월 28일 이전 개시된 육아휴직기간
- 가족돌봄휴직기간

---

[표] 사례별 연차휴가 산정

| | |
|---|---|
| 결근 | • 개인적 상병으로 인한 휴업기간<br>• 개인적 사유로 인한 휴직기간(법정휴직 제외)<br>• 정당한 정직처분에 따른 정직기간<br>• 불법 쟁의행위기간 |
| 출근간주 | • 업무상 상병으로 인한 휴업기간<br>• 출산 전후 휴가 또는 유산·사산휴가기간<br>• 2018년 5월 29일 이후 개시된 육아휴직기간<br>• 예비군훈련기간<br>• 민방위훈련 또는 동원기간<br>• 공민권행사를 위한 휴무일<br>• 연차휴가, 생리휴가, 배우자출산휴가, 난임치료휴가기간<br>• 부당해고기간 및 부당정직기간<br>• 사용자의 귀책사유로 인한 휴업기간 |
| 비례부여 | • 적법한 쟁의행위기간<br>• 2018년 5월 28일 이전 개시된 육아휴직기간<br>• 가족돌봄휴직기간 |

# 연차휴가의 사용에 대해 알려주세요

74

연차휴가는 근로자가 청구한 시기에 주어야 합니다. 다만 근로자가 청구한 시기에 휴가를 주는 것이 사업운영에 막대한 지장이 있는 경우에는 그 시기를 변경할 수 있습니다.

근로자는 연차휴가의 시작일과 종료일을 명확히 해 휴가 시작일 이전에 사용자에게 연차휴가를 청구해야 합니다. 연차휴가는 소정근로일에 근로의무를 면제하는 권리이므로 소정근로일을 휴가로 지정해야 하고, 휴일 또는 휴무일은 휴가일로 지정할 수 없습니다. 연차휴가는 발생일로부터 1년간 사용 가능하므로 그 기간 내에 휴가시기를 지정해야 하며, 당사자 간 합의가 있는 경우에 한해 이월해 사용하는 것이 가능합니다. 연차휴가는 일단위로 사용하는 것이 원칙이나 취업규칙 또는 당사자가 합의로 시간단위로 분할해 사용하는 것도 가능합니다. 연차휴가 전체에 대해 연속적으로 사용하는 것도 가능하고 분할 사용하는 것도 가능합니다.

원칙적으로 사용자는 근로자가 지정한 시기에 연차휴가를 주어야 하지만 사업운영에 막대한 지장이 있는 경우에는 그 시기를 변경할 수 있습니다. 사업운영에 막대한 지장이 있는지 여부는 기업의 규모, 업무의 양·성질, 업무수행의 긴박성, 대행자의 배치난이도 및 동일한 시기에 휴가를 청구하는 자의 수 등을 고려해 합리적·구체적으로 판단합니다.

인력 부족으로 인해 대체근로자의 확보가 항상 곤란한 사정이라면 연차휴가제도의 취지에 비추어 시기 변경을 할 수 없다고 보아야 할 것입니다.

한편, 사용자가 근로자가 청구한 연차휴가의 시기를 변경하려면 다른 시기에 휴가를 줄 수 있어야 하기 때문에 근로자가 퇴직 직전에 미사용 휴가일수에 대해 한꺼번에 시기를 지정하는 경우에는 시기변경권을 행사할 수 없습니다.

연차휴가를 사용한 기간에 대해서는 취업규칙 등에서 정하는 통상임금 또는 평균임금을 지급해야 합니다. 특별히 정한 바가 없다면 1일의 휴가에 대해 1일분의 통상임금을 지급하면 될 것입니다. 월급근로자의 경우 연차휴가 사용에 대해 소정의 월급을 감액하지 않고 지급하면 휴가임금을 지급한 것으로 인정되며, 일급근로자에 대해서는 별도로 임금을 지급해야 합니다.

## 75 연차휴가의 대체에 대해 알려주세요

연차휴가는 개별 근로자가 청구하는 시기에 부여하는 것이 원칙이나, 연차휴가 대체제도를 활용하면 사용자가 근로자의 서면합의에 따라 연차휴가를 사용해 근로자를 집단적으로 휴무시킬 수 있습니다.

연차휴가의 대체제도는 징검다리 휴일, 명절전후, 하기휴가 등에 근로자를 일시에 집단적으로 휴식시키도록 하거나, 주문량이 갑자기 줄어들거나 생산설비의 고장 등으로 휴업을 할 상황에 놓인 경우 또는 연차휴가 소진이 어려워 공휴일을 연차로 소진하고자 하는 경우 등에 활용합니다. 다만, 연차휴가는 소정근로일에 사용할 수 있는 것이므로 공휴일이 약정휴일인 사업장은 연차휴가로 대체할 수 없으며, 현재는 공휴일이 약정휴일이 아닌 사업장의 경우에도 공휴일이 법정휴일이 되는 시점(2020년 1월 1일부터 기업규모별로 단계적 시행)부터는 공휴일을 연차휴가로 대체할 수 없습니다.

사용자가 특정 근로일을 휴가일로 대체하려면 근로자대표와의 서면합의가 있어야 합니다. 근로기준법은 서면합의서에 포함되어야 할 내용을 정하고 있지 않으나, 고용노동부 행정해석은 사용자가 근로자대표와의 서면합의에 의해 연차유급휴가를 대체할 경우에는 원칙적으로 대체할 근로일을 특정해야 한다고 봅니다. 대체할 수 있는 연차휴가 한도도 규정되어 있지 않으므로 원칙적으로 노사 간 합의에 따라야 할 것이나 너무 많은 일수를 연차휴가로 대체하는 것은 근로자가 필요한 날에 연차휴가를 사용할 수 없게 되는 결과를 초래하므로 바람직하지 않습니다.

연차휴가의 대체는 근로자대표와의 서면합의를 요건으로 하므로, 근로계약서에 이를 규정해 실시하는 방식은 유효하지 않습니다. 다만 고용노동부 행정해석은 근로기준법에 의한 취업규칙 변경절차를 거쳤다면 취업규칙으로도 연차휴가의 대체를 할 수 있다고 봅니다(근기

68207-1585, 2000.05.24.). 그 사업장의 근로자 과반수로 조직된 노동조합과 체결한 단체협약으로 연차휴가 대체를 실시하는 것은 근로자대표와의 서면합의 요건을 충족한 것이라고 볼 수 있습니다.

근로자대표와의 서면합의서는 서면합의한 날부터 3년간 보존해야 합니다.

**참고** 연차휴가 대체 노사합의서 예시

주식회사 OOO 대표이사 OOO과 근로자대표 OOO은 연차휴가 대체에 관해 다음과 같이 합의한다.

**제1조**(목적) 이 합의서는 근로기준법에 따라 연차휴가 대체를 실시하는 데 필요한 사항을 정하는 것을 목적으로 한다.

**제2조**(적용대상자) 연차휴가의 대체는 주식회사 OOO에 근무하는 전체 근로자에 대해 적용한다.

**제3조**(연차휴가대체일) 소정근로일 중 다음 각호에 해당하는 날은 연차휴가를 사용해 휴무한다.
1. 00월 00일
2. 00월 00일
3. 00월 00일

**제4조**(유효기간) 이 합의서의 유효기간은 0000년 00월 00일부터 1년으로 한다.

0000. 00. 00.

주식회사 OOO 대표이사　　(인)　　근로자대표　　　　(인)

# 76 연차휴가의 사용촉진에 대해 알려주세요

　사용하지 못한 연차휴가는 수당으로 보상해야 합니다. 연차휴가의 사용촉진제도는 사용자의 적극적인 휴가사용권유에도 불구하고 근로자가 수당을 지급받을 목적으로 연차휴가를 1년간 사용하지 않은 경우에는 연차미사용수당 지급의무를 면제하는 제도입니다. 2003년 본 제도가 신설되었으며, 2012년부터는 사용자가 연차휴가 사용촉진 조치를 일찍 할 수 있도록 법이 개정되었습니다.

　연차휴가의 사용촉진은 의무사항이 아니므로 사용자가 반드시 실시해야 하는 것은 아닙니다. 사용자의 재량에 따라 사업장 전체뿐만 아니라 일부에 대해 사용하는 것도 가능하며, 미사용한 연차휴가 전체뿐만 아니라 일부에 대해서만 촉진하는 것도 가능합니다. 다만, 계속해 근로한 기간이 1년 미만인 근로자 또는 1년간 80% 미만 출근한 근로자에게 1개월 개근 시 1일씩 부여한 연차휴가는 촉진대상에 해당하지 않음에 주의하시기 바랍니다.

　연차미사용수당 지급의무를 면하기 위해서는 사용자는 법에서 정한 바에 따라 연차휴가 사용촉진 조치를 해야 합니다. 연차휴가 사용촉진 방법은 다음과 같습니다.

　① 먼저, 사용자는 연차휴가의 사용기간(발생 후 1년)이 끝나기 6개월

전을 기준으로 10일 이내에 근로자별로 사용하지 않은 휴가 일수를 알려주고 근로자가 그 사용 시기를 정해 사용자에게 통보하도록 서면으로 촉구해야 합니다.

② 그럼에도 불구하고 근로자가 촉구를 받은 때부터 10일 이내에 사용하지 않은 휴가의 전부 또는 일부의 사용시기를 정해 사용자에게 통보하지 않으면, 사용자는 연차휴가의 사용기간이 끝나기 2개월 전까지 사용하지 않은 휴가의 사용시기를 정해 근로자에게 서면으로 통보해야 합니다.

③ 마지막으로 근로기준법에 명시되어 있지는 않으나, 사용자가 지정한 연차휴가일에 근로자가 출근하는 경우 사용자가 명시적으로 근로수령 거부의사를 표시해야 합니다. 본 제도는 근로자가 업무상의 이유로 연차휴가를 사용할 수 없는 경우까지 사용자의 수당 지급의무를 면하도록 하는 것은 아니기 때문입니다.

회계연도 기준으로 연차휴가를 관리하는 사업장으로서 회계연도가 1월 1일부터 12월 31일인 사업장의 경우, ① 7월 1일부터 7월 10일까지는 사용자가 연차휴가 시기지정 서면촉구를 하고, ② 7월 20일까지 근로자가 연차휴가의 사용시기를 지정해 회사에 통보하지 않으면, 7월 21일부터 10월 31일까지 사용자가 사용하지 않은 휴가시기를 정해 근로자에게 서면통보합니다. 휴가시기는 7월 21일부터 12월 31일까지의 기간 중 징검다리 휴일, 주문량 감소 등을 고려해 자유롭게 지정할 수 있습니다. 다만, 연차휴가는 소정근로일에 사용할 수 있는 것이므로 휴일은 연차휴가로 지정할 수 없습니다.

회계연도(1.1.~12.31.) 기준 연차휴가 사용촉진 예시

| | 7.1.~7.10. | 7.11.~7.20. | 7.21.~10.31. |
|---|---|---|---|
| 주체 | 사용자 | 근로자 | 사용자 |
| 조치 | 시기지정촉구 | 시기지정 | 미지정 시 시기지정통보 |

> **참고** 연차휴가 사용촉진 양식 예시

# 연차휴가 사용촉진

근로자

소속 :

성명 :

1. 0000년 6월 30일 기준, 귀하의 미사용 연차휴가일수는 다음과 같습니다.

   미사용연차일수 :　　　일

2. 0000년 7월 20일까지 아래 공란에 미사용연차일수에 대한 연차휴가사용시기를
   명시해 회사에 제출해주시기 바랍니다.

   연차휴가시기지정(근로자) :

3. 동 기한 내에 귀하께서 휴가사용시기를 지정해 통보하지 않을 경우 회사가 휴가시기
   를 지정해 통보할 예정이며, 이에 대해서는 연차미사용수당을 지급하지 않습니다.

   연차휴가시기지정(회사) :

# 77 생리휴가에 대해 알려주세요

　사용자는 여성 근로자가 청구하면 근로계약의 형태, 직종, 근속기간 등과 관계없이 월 1일의 생리휴가를 주어야 합니다. 근로자는 원칙적으로 소정근로일에 근로를 제공할 의무가 있지만, 여성의 생리기간에 발생하는 정신적·육체적 이상 상태를 고려해 청구를 요건으로 근로의무를 면하도록 한 것입니다.

　생리휴가는 여성근로자가 그 대상이나, 여성근로자라 하더라도 생리가 없는 임신 중인 여성근로자나 고령인 여성 근로자는 생리휴가의 대상이 되지 않습니다. 여성근로자는 월 1일의 범위에서 생리기간 중의 특정한 근로일을 휴가일로 지정해 청구해야 하며, 사용자는 이러한 요건을 갖추어 근로자가 생리휴가를 청구하면 휴가를 거부하거나, 휴가일을 변경할 수 없습니다. 생리휴가는 무급휴가이므로 휴가일에 대해 임금을 지급하지 않아도 됩니다. 그러나 생리휴가는 법이 보장한 정당한 권리이므로 휴가 사용을 이유로 불이익한 처분을 할 수 없고, 연차휴가 산정에 있어서는 출근한 것으로 보아야 합니다.

## 78 출산 전후 휴가에 대해 알려주세요

　사업주는 임신 중인 여성근로자에게 근로계약의 형태, 직종, 근속기간 등과 관계없이 출산 전후 휴가를 부여해야 합니다. 근로자는 원칙적으로 소정근로일에 근로를 제공할 의무가 있지만, 임신 중인 여성근로자의 건강보호와 태아의 순조로운 발육을 위해 근로준법은 출산 전과 출산 후를 통해 최소한의 보호휴가를 부여토록 하고 있습니다. 출산 전후 휴가는 근로자 신청 등을 요건으로 하지 않으므로 근로자가 출산 전후 휴가를 포기했다고 주장하더라도 사업주가 출산 전후 휴가를 부여하지 않았다면 근로기준법 위반에 해당합니다. 이하에서는 출산 전후 휴가에 대해 자세히 살펴보도록 하겠습니다.

　출산 전후 휴가는 90일(다태아 120일, 이하 동일)을 부여하되 반드시 출산 후에 45일(다태아 60일, 이하 동일) 이상이 보장되어야 합니다. 근로자가 출산 후 45일이 확보되도록 90일의 출산 전후 휴가를 부여받았으나 당초 출산예정일보다 늦게 출산함으로써 출산 후의 휴가기간이 45일이 확보되지 않는 경우 사업주는 휴가를 연장해 출산 후 45일의 보호휴가를 의무적으로 주어야 합니다.

　근로자가 출산 전후 휴가를 사용하지 않은 상태에서 휴일 또는 휴무일에 출산한 경우라면 출산일 다음 날부터 출산 전후 휴가를 부여합니다. 출산 전후 휴가기간 90일은 역일상의 기간이므로, 출산 전후 휴가는 출산일로부터 90일이 지나서는 사용할 수 없습니다. 따라서 출산일 다음 날이 휴일 또는 휴무일이라고 하더라도 출산 전후 휴가기간에 포함되어야 합니다.

유산 등의 경험이 있는 경우에는 유산 사산을 예방하기 위해 출산 전 어느 때라도 출산 전후 휴가를 분할해서 사용할 수 있습니다. 출산 전후 휴가 분할 사용 사유는 다음과 같습니다.

〈출산 전후 휴가 분할 사용 사유〉
- 임신한 근로자에게 유산·사산의 경험이 있는 경우
- 임신한 근로자가 출산 전후 휴가를 청구할 당시 연령이 만 40세 이상인 경우
- 임신한 근로자가 유산·사산의 위험이 있다는 의료기관의 진단서를 제출한 경우

출산 전후 휴가를 분할해 사용하더라도 출산일(1일)과 출산 후 45일은 휴가 사용이 보장되어야 하므로 분할해 사용할 수 있는 휴가기간은 최대 44일(다태아 59일)입니다.

출산 전후 휴가의 최초 60일(다태아 75일, 이하동일)은 유급이므로, 사업주는 근로자에게 임금을 지급해야 합니다. 최초 60일을 초과한 30일(다태아 45일, 이하동일)에 대해서는 고용보험에서 출산 전후 휴가급여가 지급됩니다. 다만, 우선지원대상기업은 최초 60일에 대해서도 고용보험에서 출산 전후 휴가급여를 지원(월 최대 180만 원, 2019년 기준)하고 사업주는 그 금액의 한도에서 지급의 책임을 면합니다. 임금에 관한 자세한 내용은 '47. 출산 전 후 휴가 기간 중 임금계산은 어떻게 하나

요?' 부분을 참고하시기 바랍니다.

[표] 단태아, 다태아 출산 전후 휴가 및 급여

| 구 분 | 단 태 아 | | 다 태 아 |
|---|---|---|---|
| 전체 출산 전후 휴가기간 | 90일(출산 후 45일) | | 120일(출산 후 60일) |
| 기업의 유급 의무 기간* | 60일 | | 75일 |
| 출산 전후 휴가 급여 지원 (고용보험) 월 160만 원 한도 | 우선지원대상기업 | 90일 모두 지원 | 120일 모두 지원 |
| | 대규모 기업 | 무급 30일 지원 | 무급 45일 지원 |

육아휴직 중 다른 자녀를 출산했다면, 새로이 출산한 자녀에 대한 출산 전후 휴가를 시작해야 합니다. 출산 전후 휴가기간은 사업주에게 시기변경권이 없으므로 근로자가 신청한 기간에 대해 주어야 하되, 새로이 출산한 자녀의 출산일이 포함되며 출산 후에 45일(다태아의 경우 60일)이 확보되어야 합니다.

출산 전후 휴가기간과 그 후 30일간은 사업주가 사업을 계속할 수 없게 된 경우가 아닌 한 해고하지 못합니다. 연차휴가 산정에 있어 출산 전후 휴가를 사용한 기간은 출근한 것으로 봅니다. 출산 전후 휴가 종료 후 사업주는 해당 근로자를 휴가 전과 동일한 업무 또는 동등한 수준의 임금을 지급하는 직무에 복귀시켜야 하며, 이를 위반한 경우에는 500만 원 이하의 벌금에 처합니다.

# 79 유산·사산휴가에 대해 알려주세요

사업주는 여성 근로자가 유산 또는 사산하고, 근로자가 유산·사산휴가를 청구한 경우 근로계약의 형태, 직종, 근속기간 등과 관계없이 유산·사산휴가를 부여해야 합니다. 근로자는 원칙적으로 소정근로일에 근로를 제공할 의무가 있지만, 임신 중인 여성 근로자가 유산 또는 사산한 경우 그 근로자의 정신적·신체적 건강을 보호해 정상적으로 업무에 복귀할 수 있도록 근로기준법은 최소한의 보호휴가를 부여토록 한 것입니다. 유산·사산휴가는 출산 전후 휴가와 달리 근로자의 신청에 의해 부여되는 휴가이므로 근로자가 청구하지 않으면 이를 부여하지 않아도 법률 위반이 아닙니다. 이하에서 자세히 살펴보도록 하겠습니다.

인공임신중절 수술에 따른 유산의 경우는 유산·사산휴가 부여 대상에서 제외됩니다. 다만, 다음에 해당하면 유산·사산휴가를 부여해야 합니다.

- 본인이나 배우자가 대통령령이 정하는 우생학적 또는 유전학적 정신장애나 신체질환이 있는 경우 : 연골무형성증, 낭성섬유증 및 그 밖의 유전성 질환으로서 그 질환이 태아에 미치는 위험성이 높은 질환
- 본인이나 배우자가 대통령령이 정하는 전염성 질환이 있는 경우 : 풍진, 톡소플라즈마증 및 그 밖에 의학적으로 태아에 미치는 위험성이 높은 전염성 질환
- 강간 또는 준강간에 의해 임신된 경우
- 법률상 혼인할 수 없는 혈족 또는 인척 간에 임신한 경우

- 임신의 지속이 보건의학적 이유로 모체의 건강을 심각하게 해치고 있거나 해칠 우려가 있는 경우

---

유산·사산휴가는 유산·사산일부터 시작해야 하며, 임신기간에 따라 휴가기간은 차등부여합니다.

- 임신기간이 11주 이내 : 유산 또는 사산한 날부터 5일
- 임신기간이 12주 이상 15주 이내 : 유산 또는 사산한 날부터 10일
- 임신기간이 16주 이상 21주 이내 : 유산 또는 사산한 날부터 30일
- 임신기간이 22주 이상 27주 이내 : 유산 또는 사산한 날부터 60일
- 임신기간이 28주 이상 : 유산 또는 사산한 날부터 90일

만약 임신 20주인 8월 1일에 유산을 했다면 유산·사산휴가는 8월 30일까지 부여하면 되며, 근로자가 유산일로부터 며칠 경과한 8월 6일부터 유산·사산휴가를 시작했다면 그만큼 유산·사산휴가일수는 줄어듭니다.

여성근로자가 유산 사산휴가를 신청할 때는 휴가 청구 사유, 유산 사산 발생일 및 임신기간 등을 적은 유산 사산휴가 신청서에 의료기관의 진단서를 첨부해 사업주에게 제출해야 합니다.

문제는 임신 중인 근로자가 출산 전후 휴가 기간 중 유산·사산한 경우입니다. 고용노동부는 출산 전후 휴가를 사용한 것과 별도로 유산·사산휴가를 부여해야 한다고 해석합니다. 이미 사용한 출산 전후 휴가

기간을 유산·사산휴가로 보아 남은 기간만 유산·사산휴가로 부여하도록 할 경우 여성 근로자가 실제로 활용할 수 있는 휴가기간이 줄어들거나 없을 수도 있기 때문입니다.

사업주는 출산 전후 휴가, 유산·사산휴가를 각각 부여하고, 각각의 휴가 중 최초 60일에 대해 통상임금을 지급해야 합니다. 고용센터에서 급여 지급 시에도 각각의 휴가에 대해 별도로 급여를 지급해야 합니다.

여성근로자가 28주 이후에 유산·사산해 90일의 휴가를 부여받은 경우는 출산 전후 휴가와 동일하게 임금을 지급하며, 27주 이전에 유산·사산해 60일 이하의 휴가를 부여받은 경우에는 사업주가 휴가기간 전체에 대해 임금을 지급해야 합니다. 다만, 우선지원대상기업인 경우는 국가에서 유산·사산휴가급여(월 최대 180만 원, 2019년 기준)를 지원하고 사업주는 그 금액의 한도에서 지급의 책임을 면합니다.

유산·사산휴가기간과 그 후 30일간은 해고하지 못하며, 유산·사산휴가를 사용한 기간은 연차휴가를 산정함에 있어 출근한 것으로 봅니다.

# 80 배우자 출산휴가에 대해 알려주세요

　사업주는 남성근로자가 배우자의 출산을 이유로 휴가를 청구하는 경우 5일의 범위에서 3일 이상의 배우자 출산휴가를 주어야 합니다. 근로자는 원칙적으로 소정근로일에 근로를 제공할 의무가 있지만, 남성근로자의 육아 참여 촉진을 통해 일가정양립을 강화하고자 '남녀고용평등및일·가정양립지원에관한법률'은 휴가를 부여토록 한 것입니다. 이 경우 사용한 휴가기간 중 최초 3일은 유급으로 합니다. 배우자 출산휴가는 근로자의 신청에 의해 부여되는 휴가이므로 근로자가 청구하지 않으면 이를 부여하지 않아도 법률 위반이 아닙니다.

　배우자 출산휴가는 근로자가 신청하지 않으면 받을 수 없습니다. 휴가를 희망하는 근로자는 사업주에게 배우자의 출산일로부터 30일 이내에 휴가를 신청해야 합니다. 배우자가 출산한 날부터 30일이 지나면 청구할 수 없습니다. 출산한 날부터 30일 이내에 휴가를 시작하면 되고, 종료일은 출산한 날부터 30일을 초과할 수 있습니다.

　배우자 출산휴가 기간은 최소 3일에서 최대 5일입니다. 따라서 근로자가 3일 미만을 신청했다 하더라도 사용자는 3일 이상의 휴가를 부여해야 합니다. 휴가를 청구하는 경우 5일의 범위에서 3일 이상의 휴가를 주어야 한다고 하고 있으므로, 근로자가 5일의 휴가를 신청했으나, 사업주가 3일로 조정하는 것도 가능합니다.

배우자 출산휴가기간 중 최초 3일은 유급으로 부여해야 합니다. 그러나 근로자가 신청하지 않아 배우자 출산휴가를 사용하지 못한 경우 사업주가 수당으로 보전해야 하는 것은 아닙니다.

배우자 출산휴가는 월력상의 일수를 의미하므로 휴일도 사용일수에 포함됩니다. 원칙적으로는 연속해 사용해야 하며, 사업주의 동의가 있는 경우에 한해 분할 사용이 가능합니다. 만약 배우자 휴가기간 중 휴일이 존재한다면 휴일이전 기간은 연차휴가를 사용하고 소정근로일부터 배우자 출산휴가를 사용하는 것이 일반적입니다.

근로자의 배우자 출산휴가 신청을 거부한 사업주에게는 500만 원 이하의 과태료가 부과됩니다.

# 81 난임치료휴가에 대해 알려주세요

사업주는 근로자가 인공수정 또는 체외수정 등 난임치료를 받기 위해 휴가를 청구하는 경우 연간 3일 이내의 휴가를 부여해야 합니다. 이 중 최초 1일은 유급으로 합니다. 근로자는 원칙적으로 소정근로일에 근로를 제공할 의무가 있지만, 근로자의 난임 치료 시간을 보장해 저출산 해소에 도움을 준다는 목표로 2018년 5월 29일부터 난임치료휴가가 법정휴가로서 신설되었습니다.

난임치료는 인공수정, 체외수정 등 의학적 시술 행위 당시를 위한 기간을 의미합니다. 해당 시술 직후 안정기·휴식기도 포함됩니다. 그러나 체질개선 및 배란유도를 위한 사전 준비단계는 포함하지 않습니다.

난임치료휴가를 신청하려는 근로자는 난임치료휴가를 시작하려는 날의 3일 전까지 사업주에게 신청해야 합니다. 여성근로자뿐만 아니라 남성근로자도 난임치료휴가를 사용할 수 있습니다. 사업주는 난임치료휴가를 신청한 근로자에게 난임치료를 받을 사실을 증명할 수 있는 서류의 제출을 요청할 수 있습니다. 난임치료를 받을 사실을 증명할 수 있는 서류란 의사 또는 의료기관에서 작성하고, 난임치료 예정일이 명기된 서류면 충분합니다. 난임치료휴가를 주지 아니한 사업주는 500만 원 이하의 과태료에 처합니다.

연간 3일 이내라면 1일 단위로도 분할 사용할 수도 있습니다. 다만, 근로자가 청구한 시기에 휴가를 주는 것이 정상적인 사업 운영에 중대한 지장을 초래하는 경우에는 사업주는 근로자와 협의해 그 시기를 변경할 수 있습니다.

사업주는 난임치료휴가를 이유로 해고, 징계 등 불리한 처우를 해서는 안 됩니다.

**제9장**

# 휴직 관리

# 82 휴직의 정당성과 휴직자 관리에 대해 알려주세요

휴직이란 근로관계 도중 근로제공이 불가능하거나 부적당한 경우에도 근로관계를 종료시키지 않고 유지하면서 일정 기간 동안 근로제공을 면제하거나 금지하는 인사처분을 말합니다.

근로자는 사용자에게 근로를 제공할 의무가 있기 때문에 사용자는 법률(육아휴직, 가족돌봄휴직)이나 취업규칙 등의 규정에 반하지 않는 한 근로자의 휴직신청을 거부할 수 있습니다.

사용자 역시 근로자의 근로를 수령하고 이에 대해 임금을 지급할 의무가 있기 때문에 취업규칙상 휴직을 명할 수 있다는 포괄적 근거규정이 있거나 근로계약상 당사자 사이의 명시적 또는 묵시적 합의가 있어야 휴직을 명할 수 있는 권한을 가집니다. 다만, 휴직명령권을 가지는 경우에도 근로기준법 제23조제1항에 위반되거나 권리남용에 해당되지 않아야 합니다.

근로기준법 위반 여부 및 권리남용에 해당하는지 여부는 인사명령의 필요성과 인사명령에 따른 근로자의 생활상 불이익을 비교·교량하고 인사명령 과정에서 신의칙상 요구되는 절차를 거쳤는지 여부를 종합적으로 고려해 판단합니다. 휴직은 징벌적 제재인 징계처분에 속하지 않는다는 점에서 정직과 구별됩니다.

전염병 등 상병으로 인해 근로자가 상당한 기간에 걸쳐 근로를 제공할 수 없거나 근로를 제공하는 것이 매우 부적당하다고 인정되는 경우에는 근로기준법 제23조 제1항의 정당성이 인정되어 사용자의 일방적 명령에 따른 직권휴직도 가능합니다. 다만, 휴직명령의 정당성에 대한 입증 책임은 사용자에게 있습니다.

당사자 간 합의 또는 사용자의 정당한 휴직명령으로 휴직을 시행하고자 하는 경우, 회사는 휴직자의 대체인력을 확보하고 인수인계가 원활하게 이루어질 수 있도록 하는 한편, 휴직기간 동안 주거, 연락처, 자녀의 출산 등 신상에 변경이 있는 경우 이를 회사에 신고하도록 안내해야 할 것입니다.

휴직기간 동안에는 특별한 규정이 없는 한 임금을 지급할 의무가 없으나 근로관계가 유지되므로 4대보험 자격이 상실되지 않습니다. 따라서 4대보험은 아래 표와 같이 휴직기간에 대한 보험료 납부 예외, 감면 등의 규정을 두고 있습니다. 자세한 내용은 휴직자의 '67. 휴직자의 4대보험에 대해 알려주세요' 부분을 참고하시기 바랍니다.

[표] 휴직자의 4대보험

| 구분 | 국민연금 | 건강보험 | 고용보험 | 산재보험 |
|------|----------|----------|----------|----------|
| 신고 | 납부예외 | 납부고지유예 | 없음 | 근로자 휴직 등 신고 |
| 보험료 | 면제 (휴직 중 급여가 기준소득월액의 50% 미만인 경우에 한) | 복직월에 보험료 일괄부과 (1개월 이상 휴직의 경우 보험료 최대 60% 경감) | 보수총액신고 시 정산하거나, 월평균보수보수를 0원으로 변경신고해 월별보험료 조정 | 보험료 일할계산/면제 |

| 구분 | 국민연금 | 건강보험 | 고용보험 | 산재보험 |
|------|---------|---------|---------|---------|
| 면제/경감기간 | 휴직월~복직월 | 휴직 다음 달~복직월 | – | 휴직월~복직월 |
| 신고기한 | 다음 달 15일까지 | 14일 이내 | – | 14일 이내 |
| 출산휴가 | 납부예외 가능 | 납입고지유예 불가 | – | 근로자 휴직 등 신고 가능 |

휴직기간 연차휴가 산정방법은 아래 표와 같이 휴직사유에 따라서 달라집니다. 자세한 내용은 '73. 휴업, 쟁의행위, 정직, 휴가 등이 있을 경우 연차휴가 산정방법은?' 부분을 참고하시기 바랍니다.

[표] 휴직기간 연차휴가 산정

| 결근 | 출근간주 | 비례부여 |
|------|---------|---------|
| • 개인적 사유로 인한 휴직기간(법정휴직 제외) | • 업무상 상병으로 인한 휴직기간<br>• 2018년 5월 29일 이후 개시된 육아휴직기간 | • 2018년 5월 28일 이전 개시된 육아휴직기간<br>• 가족돌봄휴직기간 |

휴직기간은 근로는 제공하지 않으나 근로관계가 유지되므로 퇴직급여 산정을 위한 계속근로기간에는 포함됩니다. 일부 행정해석(임금복지과-588, 2010.02.03.)은 취업규칙 등에 별도의 규정을 두는 경우 개인적 사유에 의한 휴직기간은 퇴직금 산정을 위한 계속근로기간에 합산하지 않을 수 있다는 입장입니다. 다만, 육아휴직기간 및 가족돌봄휴직기간은 법률에서 근속기간에 포함토록 하고 있으므로 취업규칙 등으로 근속기간에서 제외할 수 없습니다.

마지막으로 회사는 휴직을 마치고 복귀하는 근로자가 쉽게 직장생활에 적응할 수 있도록 복귀 전 직속 상사 등과 상담을 진행하거나, 교육 과정 등을 마련하는 등 휴직자의 직장복귀 조차를 마련함이 바람직합니다. 이하에는 법정휴직인 육아휴직과 가족돌봄휴직에 대해 살펴보도록 하겠습니다.

## 83 육아휴직에 대해 알려주세요

사업주는 근로자가 만 8세 이하 또는 초등학교 2학년 이하의 자녀(입양한 자녀를 포함한다)를 양육하기 위해 휴직을 신청하는 경우 한 자녀당 최대 1년까지 이를 허용해야 합니다. 육아로 인한 퇴직을 방지하고 직장생활과 가정생활을 양립할 수 있도록 법률로써 휴직을 보장한 것입니다.

다만, ① 육아휴직을 시작하려는 날의 전날까지 계속 근로한 기간이 6개월 미만인 근로자나 ② 같은 자녀에 대해 배우자가 육아휴직을 하고 있는 근로자에 대해서는 육아휴직을 거부할 수 있습니다. 육아휴직이 대상 근로자임에도 불구하고 이를 거부하는 경우에는 500만 원 이하의 벌금에 처합니다. 육아휴직기간에 대해 임금을 지급할 의무는 없습니다.

육아휴직은 8세 이하 또는 초등학교 2학년 이하의 자녀를 양육하기 위해 휴직을 신청한 근로자에게 부여해야 합니다. 육아휴직은 여성뿐 아니라 남성근로자도 사용 가능하며, 한 자녀에 대해 부모가 각각 1년 씩 육아휴직을 사용하는 것도 가능합니다. 그러나 근로자가 다른 회사에서 이미 1년의 육아휴직을 사용했다면, 새로운 회사에서 동일 자녀의 양육을 이유로 신청한 육아휴직을 허용할 의무는 없습니다.

8세 이하는 만 9세가 되는 날(생일)의 전날까지를 의미하며, 초등학교 2학년 이하는 초등학교 3학년이 되는 날(해당 학년의 3월 1일)의 전날까지를 의미합니다. 자녀가 두 조건 중 하나만 충족하면 됩니다. 육아휴직 대상이 되는지 여부의 판단은 육아휴직 개시일을 기준으로 합니다. 따라서 육아휴직 도중 자녀 연령이 만 8세 이하 또는 초등학교 2학년을 초과한다 하더라도 예정된 육아휴직을 모두 사용할 수 있습니다.

과거 육아휴직은 1년 이상 동일 사업장에서 근속한 근로자만 허용했으나, 이에 따르면 계약기간이 짧은 기간제근로자나 신규입사자의 경우 사업주가 육아휴직을 허용하지 않을 수 있게 되는 문제가 있어 2018년 5월 29일부터 육아휴직 허용 제외 사유인 근속기간을 6개월 미만으로 완화했습니다.

근로자에게 2명 이상의 자녀가 있는 경우 각각의 자녀에 대해 육아휴직신청이 가능하며, 배우자가 같은 자녀에 대해 육아휴직을 하고 있지 않다면 부부가 동시에 육아휴직을 사용하는 것도 가능합니다.

육아휴직을 사용하는 근로자가 학업을 병행하는 등의 사정이 있더라도 그 근로자가 학업으로 인해 자녀를 양육하는 것이 도저히 불가능하다고 볼 만한 객관적인 입증이 없다면 육아휴직이 아니라고 단정할 수는 없습니다.

한편, 육아휴직을 사용하더라도 근로계약기간이 자동으로 연장되는 것은 아님에 주의하시기 바랍니다. 다만, 기간제근로자 또는 파견근로자의 육아휴직기간은 기간제법상 사용기간 또는 파견법상의 근로자 파견기간에 포함되지 않습니다. 따라서 사업주가 근로자의 육아휴직 기간만큼 계약기간 또는 파견기간을 연장하더라도 무기계약 근로자로 전환 또는 직접고용해야 하는 부담을 지지 않습니다.

육아휴직을 신청하려는 근로자는 휴직개시예정일의 30일전까지 필요한 사항을 신청서에 적어 사업주에게 제출해야 합니다. 신청서에 적어야 하는 사항은 자녀의 성명, 생년월일, 휴직개시예정일, 종료예정일, 육아휴직신청일, 신청인 등입니다. 다만, 출산 예정일 이전에 자녀가 출생한 경우나 배우자의 사망, 부상, 질병 또는 신체적·정신적 장애나 배우자와의 이혼 등으로 해당 자녀를 양육하기 곤란한 경우에는 휴직예정일 7일 전까지만 신청하면 됩니다.

사업주는 근로자가 휴직개시예정일 30일전까지 육아휴직을 신청한 경우에는 이를 허용해야 하며, 근로자가 신청한 육아휴직 개시일을 변경해 지정할 수는 없습니다. 다만, 근로자가 육아휴직 개시일을 얼마 남겨두지 않은 시기에 육아휴직을 신청한 경우에는 육아휴직 개시일을 신청일의 30일 이내로 변경할 수 있습니다.

근로자는 육아휴직개시예정일 7일 전까지 사유를 명시해 육아휴직을 철회할 수 있습니다. 육아휴직 신청 후 휴직개시 예정일 전에 근로자에게 다음에 해당하는 사유가 발생하면 그 육아휴직 신청은 없던 것으로 봅니다. 이 경우 근로자는 지체없이 그 사실을 사업주에 알려야 합니다.

---

**〈육아휴직 신청이 없었던 것으로 보는 사유〉**
- 해당 자녀의 사망
- 양자인 자녀의 파양 또는 입양의 취소
- 육아휴직을 신청한 근로자가 부상, 질병 또는 신체적·정신적 장애나 배우자와의 이혼 등으로 해당 자녀를 양육할 수 없게 된 경우

---

육아휴직 중인 근로자는 그 자녀가 사망하거나 자녀와 동거하지 않게 된 경우에는 그 사유가 발생한 날부터 7일 이내에 그 사실을 사업주에게 알려야 하며, 사업주는 사실을 통지받은 경우 통지받은 날부터 30일 이내로 근무개시일을 지정해 근로자에게 알려야 합니다. 이는 30일 이내에 통보하면 근무개시일은 어떤 날짜가 되어도 상관없다는 의미가 아니라 근무개시일이 통지받은 날부터 30일 이내여야 한다는 의미입니다. 그 밖에 근로자가 육아휴직종료예정일을 앞당겨줄 것을 요구한 경우에는 사업주가 거부할 수 있습니다.

그러나 육아휴직 허용기간의 범위 내에서 근로자가 휴직종료예정일을 연기하는 것은 1회에 한해 가능합니다. 근로자가 휴직종료예정일 30일 전에 사업주에게 휴직종료예정일을 늦춰줄 것을 요청하면 사업주는 이를 허용해야 합니다.

사업주는 육아휴직을 이유로 해고나 그 밖의 불리한 처우를 해서는 안 되며, 육아휴직기간에는 어떠한 사유로든 그 근로자를 해고하지 못합니다. 사업주는 육아휴직을 마친 후에는 휴직 전과 같은 업무 또는 같은 수준의 임금을 지급하는 직무에 육아휴직자를 복귀시켜야 하며, 육아휴직기간은 근속기간에 포함됩니다.

# 육아기 근로시간 단축에 대해 알려주세요

사업주는 육아휴직을 신청할 수 있는 근로자가 육아휴직 대신 근로시간의 단축을 신청하는 경우 특별한 사유가 없는 한 이를 허용해야 합니다. 이를 위반할 경우 500만 원 이하의 과태료에 처합니다.

육아기 근로시간 단축을 신청할 수 있는 근로자는 육아휴직을 신청할 수 있는 근로자로, 만 8세 이하 또는 초등학교 2학년 이하의 자녀(입양한 자녀를 포함한다)를 가진 근로자입니다.

사업주는 다음의 경우에는 육아기 근로시간 단축을 거부할 수 있습니다. 육아휴직의 경우 2018년 5월 29일부터 육아휴직개시예정일 전날까지 계속근로기간이 6개월 이상이면 육아휴직을 거부할 수 없으나, 육아기근로시간단축은 여전히 단축개시예정일의 전날까지 계속근로기간이 1년 미만이면 거부할 수 있음에 주의하시기 바랍니다.

〈육아기 근로시간 단축의 허용 예외〉
- 단축개시예정일의 전날까지 계속 근로한 기간이 1년 미만인 근로자가 신청한 경우
- 같은 영유아의 육아를 위해 배우자가 육아휴직(다른 법령에 따른 육아휴직을 포함한다)을 하고 있는 근로자가 신청한 경우
- 사업주가 직업안정기관에 구인신청을 하고 14일 이상 대체인력을 채용하기 위해 노력했으나 대체인력을 채용하지 못한 경우. 다만, 직업안정기관의 장의 직업소개에도 불구하고 정당한 이유 없이 2회 이상 채용을 거부한 경우는 제외한다.
- 육아기 근로시간 단축을 신청한 근로자의 업무 성격상 근로시간을 분할해 수행하기 곤란하거나 그 밖에 육아기 근로시간 단축이 정상적인 사업 운영에 중대한 지장을 초래하는 경우로서 사업주가 이를 증명하는 경우

위 사유에 따라 사업주가 육아기 근로시간 단축을 허용하지 않는 경우에는 해당 근로자에게 그 사유를 서면으로 통보하고 육아휴직을 사용하게 하거나 그 밖의 조치를 통해 지원할 수 있는지를 해당 근로자와 협의해야 합니다.

사업주가 육아기 근로시간 단축을 허용하는 경우 단축 후 근로시간은 주당 15시간 이상 30시간 이하여야 합니다. 단축기간 전의 주당 근로시간이 반드시 40시간일 필요는 없으나, 30시간 이하인 경우에는 육아기 근로시간 단축 대상이 아닌 것으로 봅니다.

사업주는 근로자가 육아기 근로시간 단축을 신청할 경우 허용해야 하지만, 근로자가 신청한 단축 시간을 사업주가 그대로 허용해야 한다는 의미는 아닙니다. 근로자가 법적 권리로서 주장할 수 있는 것은 주

30시간 이하까지의 근로시간 단축이며, 주 30시간 미만에서 주 15시간 이상까지의 근로시간 단축은 사업주의 재량범위에 해당합니다. 3일 동안만 8시간 근무해 주당 24시간 일하는 형태로도 근로시간 단축이 가능합니다.

육아기 근로시간 단축기간은 1년입니다. 다만, 육아기 근로시간 단축을 활용할 수 있는 기간은 육아휴직과 합해 계산하므로 육아휴직을 6개월 사용한 근로자라면 육아기 근로시간 단축은 6개월 동안만 할 수 있습니다.

육아기 근로시간 단축을 신청하려는 근로자는 육아기 근로시간 단축 개시예정일의 30일전까지 필요한 사항을 신청서에 적어 사업주에게 제출해야 합니다. 신청서에 적어야 하는 사항은 자녀의 성명, 생년월일, 육아기 근로시간 단축 개시예정일, 종료예정일, 육아기 근로시간 단축 신청일, 신청인 등입니다. 다만, 출산 예정일 이전에 자녀가 출생한 경우나 배우자의 사망, 부상, 질병 또는 신체적·정신적 장애나 배우자와의 이혼 등으로 해당 자녀를 양육하기 곤란한 경우에는 육아기 근로시간 단축 예정일 7일 전까지만 신청하면 됩니다.

사업주는 근로자가 육아기 근로시간 단축 개시예정일 30일 전까지 육아기 근로시간 단축을 신청한 경우에는 이를 허용해야 하며, 근로자가 신청한 육아기 근로시간 단축 개시일을 변경해 지정할 수는 없습니다.
한편, 근로자는 육아기 근로시간 단축 개시예정일 7일 전까지 사유를 명시해 육아기 근로시간 단축을 철회할 수 있습니다. 육아기 근로시간 단축 신청 후 개시 예정일 전에 근로자에게 다음에 해당하는 사유가 발생하면 그 육아기 근로시간 단축 신청은 없던 것으로 봅니다. 이 경우 근로자는 지체 없이 그 사실을 사업주에 알려야 합니다.

---

〈육아기 근로시간 단축 신청이 없었던 것으로 보는 사유〉
- 해당 자녀의 사망
- 양자인 자녀의 파양 또는 입양의 취소
- 육아기 근로시간 단축을 신청한 근로자가 부상, 질병 또는 신체적·정신적 장애나 배우자와의 이혼 등으로 해당 자녀를 양육할 수 없게 된 경우

---

육아기 근로시간 단축 중인 근로자는 그 자녀가 사망하거나 자녀와 동거하지 않게 된 경우에는 그 사유가 발생한 날부터 7일 이내에 그 사실을 사업주에게 알려야 하며, 사업주는 사실을 통지받은 경우 통지받은 날부터 30일 이내로 육아기 근로시간 단축 전 복귀일을 지정해 근로자에게 알려야 합니다. 이는 30일 이내에 통보하면 육아기 근로시간 단축 전 직무 복귀일은 어떤 날짜가 되어도 상관없다는 의미가 아니라, 육아기 근로시간 단축 전 직무 복귀일이 통지받은 날부터 30일 이내여야 한다는 의미입니다. 그 밖에 근로자가 육아기 근로시간 단축 종료예정일을 앞당겨줄 것을 요구한 경우에는 사업주가 거부할 수 있습니다.

그러나 육아기 근로시간 단축 허용기간의 범위 내에서 근로자가 육아기 근로시간 단축 종료예정일을 연기하는 것은 1회에 한해 가능합니다. 근로자가 육아기 근로시간 단축 종료예정일 30일 전에 사업주에게 육아기 근로시간 단축 종료예정일을 늦춰줄 것을 요청하면 사업주는

이를 허용해야 합니다.

육아기 근로시간 단축을 하고 있는 근로자에 대해 근로시간에 비례해 적용하는 경우 외에는 육아기 근로시간 단축을 이유로 그 조건을 불리하게 해서는 안 됩니다.

육아기 근로시간 단축 시 단축된 시간에 비례해 삭감할 수 있는 임금은 통상임금으로 한정합니다. 그러나 포괄임금 적용 시 시간외수당이 시간외근로 여부와 무관히 지급되었다면 이 수당 역시 통상임금의 성격이 강하므로 시간외수당을 포함해 근로시간에 비례한 급여를 산정해야 하며, 시간외수당 전체를 제외해서는 안됩니다.

육아기 근로시간 단축으로 인해 변경된 근로조건은 서면으로 작성해야 합니다. 단, 서면으로 작성해야 한다는 의미는 근로계약서를 반드시 새로 작성해야 한다는 의미는 아니며, 부속서 형식으로 기존 근로계약의 근로조건 일부를 변경하는 방식으로도 작성이 가능합니다.

육아기 근로시간 단축을 활용 중인 근로자에게는 초과근로를 요구할 수 없습니다. 다만, 그 근로자가 명시적으로 청구하는 주 12시간 이내에서 초과근로를 시킬 수 있으며, 이 경우 가산임금을 지급해야 합니다.

사업주는 육아기 근로시간 단축을 이유로 해고나 그 밖의 불리한 처우를 해서는 안 됩니다. 육아기 근로시간 단축을 마친 후에는 단축 전과 같은 업무 또는 같은 수준의 임금을 지급하는 직무에 복귀시켜야 합니다. 육아기 근로시간 단축 기간 동안에는 근로자가 받는 임금이 감소하므로 평균임금 산정에서 그 기간과 임금은 제외합니다.

## 85 가족돌봄휴직에 대해 알려주세요

사업주는 근로자가 부모, 배우자, 자녀 또는 배우자의 부모의 질병, 사고, 노령으로 인해 그 가족을 돌보기 위한 휴직을 신청하는 경우 특별한 사유가 없는 한 이를 허용해야 합니다. 가족돌봄으로 인한 퇴직을 방지하고 직장생활과 가정생활을 양립할 수 있도록 법률로써 휴직을 보장한 것입니다. 이를 위반할 경우 500만 원 이하의 과태료에 처합니다. 가족돌봄휴직기간에 대해 임금을 지급할 의무는 없습니다.

가족돌봄휴직을 거부할 수 있는 경우는 다음과 같습니다.

〈가족돌봄휴직을 허용하지 않을 수 있는 경우〉
- 가족돌봄휴직개시예정일의 전날까지 계속 근로한 기간이 1년 미만인 근로자가 신청한 경우
- 가족돌봄휴직을 신청한 근로자 외에 돌봄이 필요한 가족의 부모, 자녀, 배우자 등이 돌봄이 필요한 가족을 돌볼 수 있는 경우
- 사업주가 직업안정기관에 구인신청을 하고 14일 이상 대체인력을 채용하기 위해 노력했으나 대체인력을 채용하지 못한 경우. 다만, 직업안정기관의 장의 직업소개에도 불구하고 정당한 이유 없이 2회 이상 채용을 거부한

경우는 제외한다.
- 근로자의 가족돌봄휴직으로 인해 정상적인 사업 운영에 중대한 지장이 초래되는 경우로서 사업주가 이를 증명하는 경우

위 사유에 따라 사업주가 가족돌봄휴직을 허용하지 않는 경우에는 해당 근로자에게 그 사유를 서면으로 통보하고 다음 각 호의 어느 하나에 해당하는 조치를 하도록 노력해야 합니다.

〈가족돌봄휴직을 허용 거부 시 조치〉
- 업무를 시작하고 마치는 시간 조정
- 연장근로의 제한
- 근로시간의 단축, 탄력적 운영 등 근로시간의 조정
- 그 밖에 사업장 사정에 맞는 지원조치

휴직기간은 연간 최대 90일로 분할해 사용하는 것도 가능합니다. 다만 1회에 사용하는 기간은 30일 이상이 돼야 합니다. 단기적인 가족돌봄을 위해서는 연차휴가 등을 사용하면 될 것입니다. 해마다 반복해 사용하는 것도 가능합니다.

가족돌봄휴직을 신청하려는 근로자는 휴직개시예정일의 30일 전까지 필요한 사항을 신청서에 적어 사업주에게 제출해야 합니다. 신청서에 적어야 하는 사항은 돌보는 대상인 가족의 성명, 생년월일, 돌봄이 필요한 사유, 돌봄휴직개시예정일, 돌봄휴직종료예정일, 가족돌봄휴직 신청 연월일, 신청인 등에 대한 사항입니다. 사업주는 가족돌봄을 신청한 근로자에게 돌봄이 필요한 가족의 건강 상태, 신청인 외의 가족 등

의 돌봄 가능 여부 등 근로자의 가족돌봄휴직의 필요성을 확인할 수 있는 서류의 제출을 요구할 수 있습니다.

근로자가 휴직개시예정일의 30일전까지 가족돌봄휴직을 신청하고, 가족돌봄휴직을 허용하지 않을 수 있는 사유가 없다면 사업주는 이를 허용해야 하며, 근로자가 신청한 휴직개시일을 변경해 지정할 수는 없습니다.

사업주는 가족돌봄휴직을 이유로 해고나 그 밖의 불리한 처우를 해서는 안 됩니다. 가족돌봄휴직기간은 근속기간에 포함하되, 평균임금 산정기간에서는 제외합니다.

**제 10 장**

# 인사 및 징계

# 86 징계사유에는 어떤 것들이 있나요?

기업은 다수의 사람이 근무하는 공간이기 때문에 한 개인의 행동은 다른 사람에게도 영향을 미칩니다. 따라서 기업질서의 정립이 필요하며, 근로자는 근로제공의무외에도 근무규율을 지킬 의무가 있습니다. 만약 근로자가 근무규율을 위반하는 경우 사용자는 근로자에 대해 불이익한 조치를 할 수 있습니다. 이를 징계라고 합니다.

기업질서를 유지하기 위해 징계조치를 하더라도 사용자는 징계사유와 수단, 절차 등에 있어 정당성을 갖추어야 합니다. 부당한 징계에 대해 벌칙의 규정은 없으나, 부당징계는 사법상 무효로, 해당 근로자는 노동위원회에의 구제신청 또는 법원에의 제소로 구제를 받을 수 있습니다.

징계처분이 정당하려면 우선 근로자의 비위사실이 존재해야 하고, 그것이 근로계약, 취업규칙, 단체협약 등에서 정한 징계사유에 해당해야 합니다. 징계는 평등한 계약당사자인 근로자에게 사용자가 제재를 가하는 것이므로 취업규칙 등에 근거를 요합니다.

징계사유를 무엇으로 할 것인가는 사용자의 고유권한입니다. 따라서 징계규정의 내용이 강행법규나 단체협약의 내용에 반하지 않는 한 그 내용을 자유롭게 정할 수 있으며, 징계규정에서 정한 바에 따라 징계권을 행사해야 합니다. 다만, 징계규정에 징계사유가 규정되어 있더라도 실제 징계사유가 정당한지 여부는 구체적 사정을 고려해 달리 판단합니다. 근로자의 비위사실에 대한 입증책임은 사용자에게 있습니다.

### ① 무단결근, 지각, 조퇴 등

무단결근이란 소정의 절차를 밟지 않고 결근하는 것으로서, 정당한 결근사유가 있더라도 소정의 절차를 이행하지 않았다면 무단결근으로 인정됩니다. 그러나 교통사고 등 결근을 통보할 수 없는 사정이 있는 경우에는 무단결근으로 볼 수는 없습니다. 또 근로자가 연차휴가 신청을 한 경우 회사가 시기변경권을 행사했다는 사정이 없는 한 회사의 승인이 없더라도 무단결근에 해당하지 않습니다.

### ② 업무명령 위반

업무명령 위반이 징계사유가 되려면 그 명령 자체가 유효해야 합니다. 업무명령이 강행법, 근로계약 또는 공서양속 등에 반하는 경우에는 이를 이유로 징계할 수 없습니다. 또한, 업무명령 위반에 불가피한 사유가 있는 경우에도 징계할 수 없습니다.

### ③ 근무규율 위반

직장에서의 행동 규범, 사업장 시설 이용에 관한 규율 등 타인의 업무를 방해하지 않고 기업질서를 유지하기 위한 근무규율을 규정하는 것도 유효합니다. 그러나 이를 이유로 징계를 하는 경우에는 구체적으로 기업질서 문란을 발생시키거나 발생할 우려가 있어야 징계사유의 정당성이 인정됩니다.

### ④ 경력사칭

경력사칭이 징계사유가 되려면 중요한 경력의 사칭을 말하는 것으로 한정해석해야 합니다. 중요한 경력의 사칭은 인력의 적정한 배치를 방해하기 때문입니다. 종래 판례는 채용 당시 중대한 경력을 사칭한 근로자가 수년 동안 성실하고 무난하게 근무했다 하더라도 채용 당시에 있었던 흠의 치유를 쉽게 인정하지 않는 경향입니다. 그러나 최근 대법원(대법원 2012. 7. 5. 선고 2009두16763판결)은 고용 이후 해고 시점까지의 제반 사정을 보태어 보더라도 그 해고가 사회통념상 현저히 부당한 것은 아니라고 인정돼야만 경력사칭을 이유로 한 해고의 정당성이 인정될 수 있다는 경향입니다.

### ⑤ 사생활의 비행

사용자의 징계권이 근로자의 직장 외 생활에까지 미치는 것은 과도한 측면이 있습니다. 그러나 근로자의 직장 외에서는 언동이 기업활동에 직접 관련되고, 기업의 사회적 평가를 훼손하는 경우에는 정당한 징계사유로 인정됩니다. 회사의 비밀을 누설하는 행위는 근로자의 성실의무에 반하므로 정당한 징계사유로 인정됩니다.

제00조(징계) 회사는 다음 각 호에 해당하는 근로자에 대해 징계할 수 있다.

1. 부정 및 허위 등의 방법으로 채용된 자
2. 업무상 비밀 및 기밀을 누설해 회사에 피해를 입힌 자
3. 회사의 명예 또는 신용에 손상을 입힌 자
4. 회사의 영업을 방해하는 언행을 한 자
5. 회사의 규율과 상사의 정당한 지시를 어겨 질서를 문란하게 한 자
6. 정당한 이유 없이 회사의 물품 및 금품을 반출한 자
7. 직무를 이용해 부당한 이익을 취한 자
8. 회사가 정한 복무규정을 위반한 자
9. 직장 내 성희롱 행위를 한 자
10. 기타 이에 준하는 행위로 기업질서를 문란하게 한 자

## 87 징계수단에는 어떤 것들이 있나요?

기업은 다수의 사람이 근무하는 공간이기 때문에 한 개인의 행동은 다른 사람에게도 영향을 미칩니다. 따라서 기업질서의 정립이 필요하며, 근로자는 근로제공의무외에도 근무규율을 지킬 의무가 있습니다. 만약 근로자가 근무규율을 위반하는 경우 사용자는 근로자에 대해 불이익한 조치를 할 수 있습니다. 이를 징계라 합니다.

기업질서를 유지하기 위해 징계조치를 하더라도 사용자는 징계사유와

수단, 절차 등에 있어 정당성을 갖추어야 합니다. 부당한 징계에 대해 벌칙의 규정은 없으나, 부당징계는 사법상 무효로, 해당 근로자는 노동위원회에의 구제신청 또는 법원에의 제소로 구제를 받을 수 있습니다.

징계수단을 무엇으로 할 것인가는 사용자의 고유권한입니다. 따라서 징계규정의 내용이 강행법규나 단체협약의 내용에 반하지 않는 한 그 내용을 자유롭게 정할 수 있으며, 징계규정에서 정한 바에 따라 징계권을 행사해야 합니다. 다만, 징계규정에 징계수단이 규정되어 있더라도 실제 징계수단이 정당한지 여부는 구체적 사정을 고려해 달리 판단합니다.

징계수단은 징계사유에 비추어 과잉징계가 아니어야 합니다. 또 같은 비위행위에 대해 특정근로자에게만 과한 징계를 내리는 것은 형평성에 어긋납니다. 다만, 그동안의 근무성적, 반성의 정도, 피해의 보전, 비위행위의 원인 등을 고려해 징계수단을 달리 정하는 것은 가능합니다. 그동안 문제 삼지 않았던 행위에 대해 갑자기 징계처분 하는 것역시 형평성에 반해 부당한 것으로 판단될 수 있는바, 사전에 특정행위에 대해 징계를 과하겠다는 뜻을 주지시켜야 합니다.

징계의 종류는 다양하나, 크게 보면 견책, 감봉(감급), 정직, 징계해고로 구분할 수 있습니다.

견책은 징계사유 발생 자에 대해 시말서를 받고 문서로 견책하는 행위입니다. 견책 자체로 특별한 불이익은 없으나 향후 평가 또는 징계처분에 불리하게 반영될 수 있습니다.

감봉은 임금을 감액하는 처분입니다. 근로제공 미제공에 따른 임금의 미지급은 무노동 무임금의 결과이지 징계는 아닙니다. 그것을 초과해 임금을 감액하는 처분이 감봉에 해당합니다. 그런데 임금은 근로자의 생계유지 수단이기 때문에 근로기준법은 감봉에 있어서는 일정한 제한을 두고 있습니다. 1회의 금액은 평균임금 1일분의 2분의 1을, 수회에 걸친 감봉액은 1임금지급기의 임금 총액의 10분의 1을 초과하지 못한다는 것입니다. 1회의 금액과 총액 양면으로 감봉을 제한하고 있으므로 감봉을 통한 근로자의 경제적 불이익은 크지 않습니다. 감봉은 경징계에 해당합니다.

**참고** **감봉액 산정의 예시**

아래 근로자에게 3개월의 감봉처분을 하는 경우 1회 5만 원, 총 15만 원을 넘을 수 없다.
- 월급 : 300만 원
- 평균임금 : 10만 원

**풀이**
- 1회 감봉액 : 최대 5만 원(=10만 원×50%)
- 감봉총액 : 최대 30만 원(=300만 원×10%)

정직은 근로제공을 금지하는 징계수단입니다. 정직은 근로자 귀책에 따른 것이므로 휴업수당을 지급할 의무가 없습니다. 즉, 임금을 지급하지 않는 것도 가능합니다.

징계해고는 근로자의 기업질서 위반을 이유로 사용자가 근로계약을 해지하는 처분입니다. 근로기준법은 직장상실의 위험으로부터 근로자를 보호하기 위해 정당한 이유 없는 해고를 금지하는 한편, 근로자가 노동력을 상실한 기간이나 효과적인 구직활동을 할 수 없는 기간에는 해고에 정당한 이유가 있다 하더라도 해고를 금지하고 있습니다. 이에 관한 자세한 내용은 '95. 해고를 할 수 없는 기간에 대해 알려주세요' 부분을 참고하시기 바랍니다.

## 88 징계절차는 어떻게 해야 하나요?

기업은 다수의 사람이 근무하는 공간이기 때문에 한 개인의 행동은 다른 사람에게도 영향을 미칩니다. 따라서 기업질서의 정립이 필요하며, 근로자는 근로제공의무 외에도 근무규율을 지킬 의무가 있습니다. 만약 근로자가 근무규율을 위반하는 경우 사용자는 근로자에 대해 불이익한 조치를 할 수 있습니다. 이를 징계라고 합니다.

기업질서를 유지하기 위해 징계조치를 하더라도 사용자는 징계사유와 수단, 절차 등에 있어 정당성을 갖추어야 합니다. 부당한 징계에 대해 벌칙의 규정은 없으나, 부당징계는 사법상 무효로, 해당 근로자는 노동위원회에의 구제신청 또는 법원에의 제소로 구제를 받을 수 있습니다.

징계절차를 어떻게 할 것인가는 사용자의 고유권한입니다. 따라서 징계규정의 내용이 강행법규나 단체협약의 내용에 반하지 않는 한 그 내용을 자유롭게 정할 수 있습니다. 징계절차를 규정하지 않는 것도 가능합니다. 그러나 징계절차를 규정한 경우에는 그 규정된 절차에 따라 징계권을 행사해야 합니다. 이를 위반한 경우에는 부당징계에 해당합니다.

**참고** **징계절차에 관한 규정 예시**

**제00조**(징계심의) ① 징계위원회의 위원장은 징계의결을 위한 회의 7일 전까지 징계위원회의 위원들에게는 회의일시, 장소, 의제 등을, 징계대상 근로자에게는 서면으로 출석통지를 각 통보한다.

② 징계위원회는 징계사유를 조사한 서류와 입증자료 및 당사자의 진술 등 충분한 증거를 확보해 공정하게 심의한다. 이 경우, 징계대상자가 징계위원회에 출석을 원하지 아니하거나 서면진술을 했을 때는 진술권포기서 또는 서면진술서를 징구해 기록에 첨부하고 서면심사만으로 징계의결을 할 수 있다.

③ 징계위원회의 위원이 징계대상자와 친족관계에 있거나 그 징계사유와 관계가 있을 때에는 그 위원은 그 징계의결에 관여하지 못한다.

④ 징계위원회는 의결 전에 해당 근로자에게 소명할 기회를 부여한다.

⑤ 징계위원회는 징계 대상자가 2회에 걸쳐 출석요구에 불응하거나 소명을 거부하는 경우 또는 소명을 포기 하는 의사를 표시하는 경우에는 소명 없이 징계의결 할 수 있다.

⑥ 간사는 징계의결을 위한 회의에 참석해 회의록을 작성하고 이를 보관한다.

**제00조**(징계결과 통보) 징계결과통보는 해당 근로자에게 징계처분사유 설명서에 의한다.

**제00조**(재심절차) ① 징계처분을 받은 사원은 징계결정이 부당하다고 인정될 때 징계통보를 받은 날로부터 7일 이내에 서면으로 재심신청을 할 수 있다.

② 재심을 요청받은 경우 징계위원회는 10일 이내에 재심을 위한 회의를 개최해야 하며 그 절차는 제00조 및 제00조를 준용한다.

근로기준법은 해고에 있어서는 추가적인 절차를 이행하도록 의무를 부과하고 있습니다. 해고의 정당한 이유가 있는 경우에도 사용자는 근로자를 해고하려면 적어도 30일 전에 예고해야 합니다. 또 해고사유와 해고시기는 서면으로 통지해야 합니다. 이를 위반한 경우 해고는 무효가 됩니다. 이에 관한 자세한 내용은 '96. 해고예고 및 해고예고수당에 대해 알려주세요'와 '97. 해고사유 등의 서면통지에 대해 알려주세요' 부분을 참고하시기 바랍니다.

# 대기발령에 대해 알려주세요

대기발령은 근로자가 현재의 직위 또는 직무를 장래에 계속 담당하게 되면 업무상 장애 등이 예상되는 경우에 이를 예방하기 위해 일시적으로 당해 근로자에게 직위를 부여하지 않음으로써 직무에 종사하지 못하도록 하는 잠정적인 인사명령을 말합니다. 실무상 직위해제, 보직대기 등의 명칭을 사용하는 경우가 있으나 그 명칭과 관계없이 취지상 대기발령이라면 이에 포섭됩니다.

반면, 징계는 과거의 근로자의 비위행위에 대해 기업질서 유지를 목적으로 행해지는 징벌적 제재입니다. 대기발령은 징벌적 제재인 징계와 성질을 달리합니다. 따라서 인사조치로서의 대기발령 후 징계했다 해 이중징계에 해당하지 않습니다. 그러나 징계의 한 종류로 대기발령을 규정하는 경우에는 본래적 의미의 대기발령이 아닌 징계로서의 성격을 가지므로 사유·절차 등의 정당성을 판단할 때도 징계사유·징계절차의 정당성을 따져야 합니다.

대기발령은 인사명령의 일종이므로, 사용자에게 업무상 필요한 범위 안에서 상당한 재량이 인정됩니다. 그러나 근로기준법 제23조제1항 등에 위반되거나 권리남용에 해당하지 않아야 하고, 부당하게 장기간 행해져서는 안 되며, 취업규칙 등에 정해진 절차가 있다면 그에 따라야 합니다.

부당 대기발령은 사법상 무효로, 이에 대한 벌칙규정은 없으나 해당 근로자는 노동위원회에의 구제신청 또는 법원에의 제소로 구제받을 수 있습니다.

대기발령의 업무상 필요성은 취업규칙 등에 사유가 한정되어 있는 경우에는 그 이외의 사유를 대기발령의 사유로 삼을 수 없으나, 그러한 규정이 없다면 사용자에게 업무상 필요한 범위 안에서 상당한 재량이 인정됩니다. 다만, 대기발령 사유의 존재 자체의 입증책임은 사용자에게 있습니다.

[참고] 대기발령의 업무상 필요성 판단 사례

| 구분 | 사례 |
|---|---|
| 인정 사례 | • 종래 영업부문이 회사분할로 인해 신설회사로 이전됨에 따라 대기발령을 한 경우<br>• 근로자에 대한 인사고과 결과와 업무실적, 출결상황, 상급자 또는 동료 근로자들의 평가 등을 종합한 결과, 근로자의 직무수행능력이 현저히 부족하다고 판단해 대기발령을 한 경우 |

| 구분 | 사례 |
|------|------|
| 인정 사례 | • 대기발령이 정식 징계를 위한 준비로서 잠정적 조치에 불과한 경우<br>• 상급자에 대한 폭언, 명예훼손 행위, 다른 직언을 선동해 근무지 이탈 등의 행위를 한 자에게 직원으로서의 근무태도가 심히 불성실한 경우에 해당함을 이유로 대기발령한 경우<br>• 정직처분을 받았던 경비원이 정직기간 만료로 아파트에 복귀하게 되면 다시 입주민들과 다툼이 생길 가능성이 높다는 이유로 대기발령한 경우 |
| 부정 사례 | • 근로자가 새로 도입된 근무성적 평가에서 최하위를 했다고 하더라도 입사한 이후 업무수행과 관련해 문제를 일으킨 바 없고 상급자의 지시명령을 태만히 했다는 사정도 존재하지 않는데도, 막연히 '업무수행능력 부족' 및 '지시명령 위반'을 사유로 대기발령한 경우<br>• 직전 파업에 참가했던 조합원들이 이후 20여 일간 정상 근로해왔음에도 '흥분'과 '피로누적' 등으로 직무수행능력이 부족한 상태라며 새로운 파업을 앞두고 대기발령한 경우<br>• 인력구조 개편의 필요성이 있다며 대기발령했으나 구체적으로 어떠한 부서에 어느 정도의 잉여인력이 발생했는지에 관해 인정할 증거가 없어 인원감축 필요성이 부정된 경우<br>• 해고대상자로 선정된 근로자들이 권고사직에 응하지 않자 사직을 유도할 목적으로 대기발령한 경우 |

한편, 대기발령이 권리남용에 해당하지 않아 사용자의 정당한 인사권의 범위 내에 속하는지 여부는 대기발령의 업무상 필요성과 그에 따른 근로자의 생활상 불이익과의 비교교량 등에 의해 결정됩니다. 그러나 구체적인 사안에 따라서는 대기발령에 따른 근로자의 생활상 불이익과의 비교·형량 없이 대기발령 사유의 존부만으로 곧바로 대기발령의 정당성을 판단하는 경우도 있습니다.

대기발령은 사유가 인정되고 재량권 범위 내에서 행해진 대기발령이라 하더라도 그 기간은 합리적인 범위 내에서 이루어져야 합니다. 만

일 대기발령을 받은 근로자가 상당한 기간에 걸쳐 근로의 제공을 할 수 없다거나 근로제공을 함을 매우 부적당한 경우가 아닌데도 사회통념상 합리성이 없을 정도로 부당하게 장기간 동안 대기발령 조치를 유지하는 것은 특별한 사정이 없는 한 정당성이 부정됩니다.

사용자가 대기발령 처분을 함에 있어서 당해 근로자에게 변명의 기회를 부여하는 등의 절차를 반드시 거쳐야 하는 것은 아닙니다. 그러나 취업규칙 등에 정해진 대기발령의 절차가 있다면 그에 따라야 합니다.

대기발령 기간 중 임금지급에 관한 노동법의 규정은 없습니다. 다만 대기발령의 성격을 어떻게 보느냐에 따라 대기발령 기간 중 임금도 달라져야 할 것으로 생각합니다.

만약 사용자가 자신의 귀책사유에 해당하는 경영상의 필요에 따라 개별 근로자들에 대해 대기발령을 했다면 이는 근로기준법 제46조 제1항에서 정한 휴업을 실시한 것으로 휴업수당 이상의 임금을 지급해야 할 것입니다.

그러나 근로자가 현재의 직위 또는 직무를 장래에 계속 담당하게 되면 업무상 장애 등이 예상되어 대기발령을 했다면 이때의 대기발령은 휴직에 해당한다고 볼 수 있고(대법원 2013. 10. 11. 선고 2012다 12870 판결), 휴직명령으로서의 정당성이 인정된다면 특별한 규정이 없는 한 임금지급의무도 없다고 보는 것이 타당하다 할 것입니다.

한편, 사무실대기발령의 경우에는 노동력을 사용자의 관리 감독하에 두고 있기 때문에 실제 업무수행에 따른 임금을 제외한 임금을 전액 지급해야 한다고 생각합니다.

## 전직과 전보에 대해 알려주세요

전직은 인력을 사업 목적에 적합하게 배치하기 위해 근로자의 직무 내용이나 근무지를 상당한 기간에 걸쳐 변경하는 인사처분을 말합니다. 그중에서도 근무장소를 변경하는 인사명령을 일반적으로 전보(전근)라고 부릅니다.

근로계약의 내용에 명시적·묵시적으로 근로의 종류, 내용, 장소 등을 약정했다면 이에 대한 변경은 근로계약의 변경에 해당하므로 근로자의 동의가 필요합니다.

그러나 근로계약의 내용에 이를 약정하지 않았다면 근로자에 대한 전직·전보의 인사명령은 원칙적으로 인사권자인 사용자의 권한에 속하므로 업무상 필요한 범위 내에서 사용자는 상당한 재량을 가집니다.

전직·전보는 근로자가 제공해야 할 근로의 종류·내용·장소 등에 변경을 가져온다는 점에서 불이익한 처분이 될 수 있기 때문에 근로기준법 제23조제1항에 위반되거나 권리남용에 해당되지 않도록 해야 합니다. 근로기준법 위반 여부 및 권리남용에 해당하는지 여부는 인사명령의 필요성과 인사명령에 따른 근로자의 생활상 불이익을 비교·교량하고 인사명령 과정에서 신의칙상 요구되는 절차를 거쳤는지 여부를 종합적으로 고려해 판단합니다.

부당 전직·전보는 사법상 무효로, 이에 대한 벌칙규정은 없으나 해당 근로자는 노동위원회에의 구제신청 또는 법원에의 제소로 구제받을 수 있습니다.

[참고] 전직·전보의 업무상 필요성 판단 사례

| 구분 | 사례 |
|---|---|
| 인정 사례 | • 정기적으로 생활권 외 전보 등을 시행해 이례적이라고 볼 수 없는 경우<br>• 영업지점의 폐쇄 내지 조직개편으로 근무인원의 조정이 필요한 경우<br>• 신규인력 채용 제한 및 경영실적 악화 속에 인력수급 불균형의 타개 방안인 경우<br>• 근로자의 경력과 업무의 특수성을 감안해 인원 충원이 필요한 곳으로 전보한 경우<br>• 잉여인력의 고용유지를 위한 경우<br>• 경영상 해고회피노력의 일환인 경우<br>• 상사와의 업무적 마찰, 동료근로자 내지 부하직원들과의 불화 해결을 위한 경우<br>• 직무수행과정에서 근로자의 업무능력 및 태도에 문제가 있었던 경우<br>• 근로자의 부상부위 악화 등으로 인한 경영상 부담을 예방하기 위한 경우 |
| 부정 사례 | • 징계처분의 후속조치로 이루어지는 전보처분에서 징계처분이 위법한 경우<br>• 근로자가 권고를 거절하자 전보명령을 하고 전보 이후 근로자에게 업무를 부여하지 않는 경우<br>• 전직발령 직전에 신규직원을 채용한 경우 |

# 제11장

# 퇴직 관리

# 91 근로관계의 종료에 대해 알려주세요

근로관계는 해고, 사직, 합의해지, 계약기간의 만료, 정년의 도달, 당사자의 소멸 등으로 종료됩니다.

해고는 사용자 측에서 하는 근로계약의 해지를 말합니다. 회사가 어떠한 사유의 발생을 당연퇴직사유로 규정하고 그 절차를 통상의 해고나 징계해고와는 달리했더라도 근로자의 의사와 관계없이 사용자 측에서 일방적으로 근로관계를 종료시키는 것이면 이는 성질상 해고입니다. 해고는 근로자에게 직장상실을 의미하는바, 근로기준법은 해고의 사유, 시기, 절차에 대해 제한하고 있습니다. 해고는 근로자 측 사정에 따른 해고와 경영상 이유에 의한 해고(정리해고)로 구분되며, 근로자 측 사정에 따른 해고는 행동상의 사유를 이유로 한 징계해고와 일신상의 사유를 이유로 한 통상해고로 구분됩니다. 해고에 관한 자세한 내용은 이후 항을 달리해 살펴보도록 하겠습니다.

사직은 근로자 측에서 하는 근로계약의 해지를 말합니다. 사직은 노동법의 제한을 받지 않으며, 사용자가 사직서를 수리하지 않는 때에도 민법 660조에 따라 근로계약은 해지됩니다. 계약기간의 약정이 없는 때에는 근로자는 언제든지 계약해지의 통고를 할 수 있으며, 이 경우 사용자가 해지의 통고를 받은 날로부터 1월이 경과하면 해지의 효력이 생깁니다. 월, 주 등 기간으로 보수를 정한 때에는 사용자가 해지의 통고를 받은 당기 후의 일기를 경과함으로써 해지의 효력이 생깁니다. 예컨대 임금산정기간이 매월 1일부터 말일까지인 경우 근로자가 2월 12일에 사직서를 제출했다면 사직의 효력은 4월 1일에 발생합니다(3월 31일이 마지막 근로일이 됨). 다만, 취업규칙 등에 "퇴직하고자 하는 자는 희망퇴직일 30일 전에 사직서를 제출해야 한다"와 같은 계약 종료에 따른 특약이 있는 경우에는 특약의 내용이 관계법규에 저촉되지 않는 범위에서 특약에서 정한 시기에 사직의 효력이 발생합니다.

합의해지는 당사자 쌍방이 합의로써 근로계약을 종료시키는 것을 말합니다. 흔히 근로자가 사직하는 날을 특정해 사직서를 제출하고 사용자가 이를 수리하는 형태로 이루어지나, 사용자가 사직을 권고하고 근로자 이를 수락하는 형태로 이루어질 수도 있습니다. 합의해지는 노동법의 제한을 받지 않으므로 사용자가 해고 제한을 피하기 위해 사직서의 제출을 권유하거나 압박하는 경우가 있습니다. 근로자의 사직의 의사표시가 비진의로서 사용자가 이를 알았거나 알 수 있었던 경우, 통정의 허위표시인 경우 무효가 되며, 착오나 사기, 강박에 따른 경우 취소할 수 있습니다. 그러나 근로자가 향후 예상되는 인사상 불이익과 명예퇴직 위로금 등을 고려해 사직의 의사표시를 한 것은 비진의 의사표시에 해당하지 않습니다. 사직의 의사표시는 사용자가 사직서를 수리하기 전까지 철회할 수 있으며, 철회했음에도 사직처리하는 것은 해고에 해당합니다.

계약기간의 만료로 근로관계는 당연히 종료하며, 사용자가 계약의 갱신을 거절하는 것은 해고에 해당하지 않습니다. 그러나 기간제법에 따라 사용기간이 2년을 초과하면 기간의 정함이 없는 근로자로 전환되어 계약기간 만료를 이유로 근로관계를 종료하는 것은 부당해고가 됩니다.

정년의 도달은 일정 연령에 도달하면 근로계약이 당연히 종료한다는 취지를 정한 것을 말합니다. 정년에 도달한 자에 대한 퇴직의 통고는 해고가 아니라 계약종료의 확인에 불과합니다. '고용상연령차별금지및고령자고용촉진에관한법률'은 사업주는 근로자의 정년을 60세 이상으로 정해야 한다고 규정하고 있습니다. 정년을 60세 미만으로 정한 경우에는 정년을 60세로 정한 것으로 봅니다.

당사자의 소멸은 근로자의 사망, 사업의 폐지를 말합니다. 사업주가 법인인 경우에는 그 법인이 해산하면 근로관계는 종료합니다. 그러나 개인사업의 경우 사업주 본인이 사망하더라도 사업이 상속인에게 상속되어 계속 운영되는 경우에는 상속인에게 근로관계가 이전된다고 보아야 할 것입니다.

## 92 징계해고에 대해 알려주세요

근로계약기간 도중 사용자는 마음대로 근로자를 해고할 수 없습니다. 근로기준법은 직장상실의 위험으로부터 근로자를 보호하기 위해 정당한 이유 없는 해고를 금지하고 있습니다. 정당한 이유란 사회통념상 근로계약을 계속시킬 수 없을 정도로 근로자에게 책임 있는 사유를 말합니다. 정당한 이유 없는 해고는 사법상 무효로, 부당해고에 대한 벌칙규정은 없으나, 해당 근로자는 노동위원회에의 구제신청 또는 법원에의 제소를 통해 구제받을 수 있습니다.

해고 가운데 징계해고는 근로자의 직장질서 위반 행위를 이유로 근로계약을 해지하는 처분으로, 징계해고가 정당하기 위해서는 우선 취업규칙 등에 정한 해고사유에 해당해야 하며, 해당 사유가 법에 위배되거나 권리남용에 해당하지 않아야 합니다. 나아가 근로자의 기업질서 위반행위가 사회통념상 근로관계를 더 이상 유지할 수 없을 정도에 이르러야 합니다. 법원이 징계해고의 정당성을 인정한 사례와 부정한 사례는 다음과 같습니다.

[참고] 징계해고의 정당성 판단 사례

| 구분 | 사례 |
| --- | --- |
| 인정 사례 | • 종전과 다른 업무라는 이유로 정당한 복직명령을 거부하면서 계속 결근한 것을 이유로 해고한 경우<br>• 단체협약 유효기간 만료로 효력을 상실했음에도 사용자의 원직복귀명령에 따르지 않은 것을 이유로 해고한 경우<br>• 3개월간 59회의 무단 외출과 7일간의 지각을 하고도 반성하는 태도를 보이지 않아 해고한 경우<br>• 근로자의 업무실적이 동료 및 후임자의 1/22~1/11 수준으로 매우 저조해 해고한 경우<br>• 사립학교 교사가 대학 진학 상담 등의 중요한 자료인 학력평가 자료를 불성실하게 잘못입력하고, 수업시간에 학생들의 성취 및 인격 향상에 악영향을 미칠 수 있는 발언을 해 해고한 경우<br>• 1년이 되지 않은 기간 동안 5차례에 걸쳐 시말서 제출을 요구받은 경우<br>• 다른 종업원이 지켜보는 가운데 회사 대표이사와 상무에게 욕설, 폭행함으로써 회사의 경영질서 및 위계질서를 크게 해친 경우 |

| 구분 | 사례 |
|---|---|
| 인정 사례 | • 자기보다 16세나 연상이고 회사 근무경력이 10년이나 많은 노조위원장을 탁자 위에 뛰어 올라 발로 턱을 차 쓰러뜨리고 주먹으로 얼굴을 때려 전치 3주의 상해를 입혀 형사처벌까지 받은 경우<br>• 시내버스 운전기사가 시내버스 운행 도중 요금 5,000원을 횡령한 경우<br>• 우유판매대금 일부를 상당 기간, 수차례 고의로 횡령한 경우<br>• 시내버스 운전기사가 교차로에서 교통사고를 내어 사람을 사망하게 한 경우<br>• 화약류 취급 공간에서 1미터 떨어진 금연구역에서 흡연한 경우<br>• 도시개발공사 직원이 부동산 투기행위를 한 경우<br>• 대기발령처분을 받은 기자가 퇴직가들과 함께 경쟁업체인 언론사 설립에 적극적으로 가담하고 경쟁매체를 발간한 경우<br>• 개인적으로 꽃집을 운영하면서 사용자의 이름, 거래처, 명함 도안 등을 꽃집 운영에 활용하고 근무 시간 중 회사 자산을 이용해 영리행위를 한 경우<br>• 카드회사 지점장이 여직원 8명에 대해 14회에 걸쳐 성희롱을 한 경우 |
| 부정 사례 | • 초등학교 5학년 중퇴 학력임에도 고등학교 2학년을 중퇴했다고 해서 회사에 입사했는데 주로 납땜 업무에 종사해 학력이 업무능력에 미치는 영향이 거의 없었고, 입사 후 2년 9개월 동안 성실하게 직무를 수행해 학력 미달로 인한 능력 부족이나 그 밖의 결함이 없었던 경우<br>• 상사·동료의 폭행, 협박으로 직장 생활을 감당할 수 없어 휴직 신청을 했으나 회사가 이를 승인하지 아니하자 계속 승인을 요구하면서 결근한 경우<br>• 상사의 직무 명령에 대해 그 어려움을 호소하기 위해 단순히 항의의 의사표시를 한 경우<br>• 상사 폭행을 이유로 징계해고를 했지만 상사가 먼저 근로자를 폭행해 싸움이 유발되었고 근로자는 4주, 상사는 10일의 치료가 필요한 상해를 입었으며 그 후 수습과정에서 참작할 만한 사정이 있었던 경우<br>• 단합대회를 하다가 술기운에 상사의 멱살을 잡아당기다 옷이 찢어지는 폭행이 있었던 경우<br>• 근로자가 노동조합 업무와 관련해 횡령한 경우<br>• 업무와 관련 없이 동료 교사들이 마련해준 전근 축하회에서 우연히 도박에 가담했다가 술기운에 액수가 커지면서 도박을 하게 된 경우<br>• 근로자가 대통령후보 중앙선거대책위원회 특별보좌관 활동을 했으나, 근로자가 근무 시간에 구체적으로 어떠한 활동을 했는지, 그로 인해 회사에 손해 발생 또는 손해 발생 개연성이 있었다고 인정되지 않은 경우<br>• 지방공사 의료원 직원이 의료원의 비정상적인 약품 구입 절차를 조사해 시정해 달라는 내용으로 도지사에게 진정하고, 진정서 사본을 도의회 의원에게 제공한 행위를 한 경우 |

## 93 통상해고에 대해 알려주세요

근로계약기간 도중 사용자는 마음대로 근로자를 해고할 수 없습니다. 근로기준법은 직장상실의 위험으로부터 근로자를 보호하기 위해 정당한 이유 없는 해고를 금지하고 있습니다. 정당한 이유란 사회통념상 근로계약을 계속시킬 수 없을 정도로 근로자에게 책임있는 사유를 말합니다. 정당한 이유 없는 해고는 사법상 무효로, 부당해고에 대한 벌칙규정은 없으나, 해당 근로자는 노동위원회에의 구제신청 또는 법원에의 제소를 통해 구제받을 수 있습니다.

해고 가운데 통상해고는 근로자의 일신상의 사유를 이유로 근로계약을 해지하는 처분입니다. 근로계약은 근로의 제공과 임금의 지급을 목적으로 하는 계약이므로 노동능력의 상실은 정당한 해고 사유가 됩니다.

그러나 질병·부상·신체장애가 생겼다는 것만으로 곧바로 해고의 정당성이 인정되는 것은 아닙니다. 정당한 해고사유가 되는지 여부는 근로자가 질병·부상·신체장애를 얻게 된 경위 및 그 사고가 사용자의 귀책사유 또는 업무상 사유로 인한 것인지 여부, 근로자의 치료기간 및 치료 종결 후 노동능력 상실의 정도, 근로자가 담당하고 있던 업무의 성격과 내용, 근로자가 그 잔존노동능력으로 감당할 수 있는 업무의 존부 및 내용, 사용자로서 근로자의 순조로운 직장 복귀를 위해 담당 업무를 조정하는 등의 배려를 했는지 여부, 사용자의 배려에 의해 새로운 업무를 담당하게 된 근로자의 적응능력 등 제반사정을 고려해 판단합니다.

예컨대, 근로자가 업무상의 재해를 당해 종전에 담당해 오던 생산부 업무를 더 이상 감당할 능력이 없고 현재 신체조건에 맞는 경미한 직종을 찾기가 힘들어 퇴직처분을 한 경우, 사용자가 업무상 재해를 당한 근로자를 현재의 잔존노동능력으로 감당할 수 있는 업무로 전환해주기 위해 노력했으나 근로자가 급여수준 등을 이유로 거부하는 등 기존의 급여 수준에 맞는 담당업무를 찾기 어려운 경우에는 해고의 정당성이 인정됩니다.

한편, 특정 자격소지를 이유로 채용한 경우 자격취소는 해고사유로 정당합니다. 예컨대, 직장예비군 업무 수행을 위해 직장예비군 중대장 자격을 가진 자를 채용했는데 중대장 자격이 해임된 경우, 시내버스 운전기사의 운전면허가 취소된 경우 등이 그러합니다. 그러나 자격상실이 간단한 절차로 단기간에 회복될 수 있는 경우에는 해고할 수 없습니다.

## 94 정리해고에 대해 알려주세요

근로계약기간 도중 사용자는 마음대로 근로자를 해고할 수 없습니다. 근로기준법은 직장상실의 위험으로부터 근로자를 보호하기 위해 정당한 이유 없는 해고를 금지하고 있습니다. 정리해고에 있어 정당한 이유란 사회통념상 근로계약을 계속시킬 수 없을 정도의 부득이한 경영상의 필요를 말합니다. 정당한 이유 없는 해고는 사법상 무효로, 부당해고에 대한 벌칙규정은 없으나, 해당 근로자는 노동위원회에의 구제신청 또는 법원에의 제소를 통해 구제받을 수 있습니다.

해고 가운데 정리해고는 경영상 이유로 근로계약을 해지하는 처분입니다. 정리해고는 오로지 사용자 측의 사정으로 인해 근로관계가 종료된다는 점과 일반적으로 다수의 근로자가 해고되는 경우가 많아 사회적 영향이 크다는 점 등을 고려해 별도로 근로기준법 제24조에 엄격한 요건이 규정되어 있습니다.

사용자가 경영상의 이유에 의해 근로자를 해고하려면,
① 긴박한 경영상의 필요가 있어야 하고,
② 해고를 피하기 위한 노력을 다해야 하며,
③ 합리적이고 공정한 기준에 따라 그 대상자를 선정해야 하고,
④ 해고를 피하기 위한 방법과 해고의 기준 등을 근로자대표에게 해고실시일 50일 전까지 통보하고 성실하게 협의해야 합니다.

이상의 4가지 요건을 갖추어 해고한 경우에는 정당한 이유가 있는 해고를 한 것으로 보며, 4가지 요건을 갖추지 못하면 정당한 이유가 없는 해고로서 사법상 무효가 됩니다. 판례는 위 각 요건의 구체적인 내용은 확정적·고정적인 것이 아니라 구체적인 사건에서 다른 요건의 충족 정도와 관련해 유동적으로 정해지는 것이므로 구체적 사건에서 정리해고가 위 각 요건을 모두 갖추어 정당한지 여부는 위 각 요건을 구성하는

개별 사정들을 전체적·종합적으로 고려해 판단해야 한다고 봅니다.

## (1) 긴박한 경영상의 필요

사용자가 근로자를 정리해고하려면 긴박한 경영상의 필요가 있어야 합니다. 이 경우 경영 악화를 방지하기 위한 사업의 양도·인수·합병은 긴박한 경영상의 필요가 있는 것으로 봅니다.

긴박한 경영상의 필요는 반드시 기업의 도산이 초래될 수밖에 없는 고도의 경영상 위기상태에 있어야 하는 것은 아니고, 장래에 올 수도 있는 위기에 대처하기 위해 인원삭감이 객관적으로 보아 합리성이 있다고 인정되는 경우도 포함됩니다. 판례는 영업성적의 악화에 따른 경영 위기상태에 있는지 여부를 기준으로 판단하는 경우가 많으며, 긴박한 경영상의 필요가 있었는지 여부는 정리해고 당시의 사정을 기준으로 판단합니다.

긴박한 경영상의 필요성 판단범위는 원칙적으로는 회사 전체 또는 하나의 법인별로 보아야 하지만, 한 법인의 사업 부문이 다른 사업 부문과 인적·물적·장소적으로 분리·독립되어 있고 재무 및 회계도 분리되어 있는 등 경영여건을 달리하고 있다면 그 사업 부문만을 따로 떼어 긴박한 경영상의 필요성을 판단할 수 있습니다. 각 사업부를 별개의 독립된 사업체로 볼 수 없다고 해도 특정 사업부문의 경영악화가 기업 전체의 경영악화를 초래할 우려가 있는 등 장래 위기에 대처할 필요가 있다고 인정되는 경우에도 긴박한 경영상의 필요가 인정될 수 있습니다.

## [참고] 긴박한 경영상의 필요 판단 사례

| 구분 | 사례 |
|---|---|
| 인정 사례 | • 정리해고 시점에서 부채비율 증가, 당기순손실 누적, 매출액 감소 등의 사정이 있는 경우<br>• 당기순손실이 지속 될 뿐만 아니라 비용 중 인건비의 비율이 높고 유휴인력이 상당수 존재하는 사정 등이 있는 경우<br>• 손익계산서상 결손이 발생하지 않았으나 전년도 대비 순이익의 대폭 감소, 비효율적 영업구조, 시장점유율의 하락 등의 사정을 종합적으로 고려해 장래 도래할 수 있는 위기에 대처하기 위한 경우<br>• 사업체의 일부 영업 부문 적자로 총 영업이익이 감소되어 향후 계속해 경상손실이 가중될 것으로 보이는 경우<br>• 리무진운영의 수급업체가 도급업체의 감차방침 및 수송인원 감소 등으로 적자발생이 예상되자 정리해고를 실시한 경우<br>• 누적적자로 인해 경영이 악화된 상황에서 인력감축을 통한 생산성 향상이 필요한 경우<br>• 지속적인 적자가 누적되어 구조조정을 실시한 결과 일시적인 흑자로 돌아서거나 기업 전체의 경영실적이 흑자를 기록하고 있더라도 일부 사업부문이 경영악화를 겪고 있어 향후 계속적인 구조조정이 필요한 경우<br>• 기술집약적인 산업으로서 상당 기간 신규 설비 및 기술 개발에 투자하지 못해 경영위기가 온 경우(계속적·구조적 위기에 해당) |
| 부정 사례 | • 정리해고 실시 전년도에 당기순손실이 발생한 것은 인정되나, 유동비율·부채비율·시장점유율 등 다른 지표들이 안정적인 경우<br>• 수년간 매출액 감소로 인한 누적적자가 발생했던 점은 인정되나, 유동비율·부채비율·이익잉여금 등이 안정적인 상황이고 인원삭감에 앞서 임금삭감 여지가 있는 경우<br>• 일부 사업 부문은 영업손실을 기록했으나 법인 전체로는 영업이익이 발생했고, 성과급 지급 및 신규인력을 채용한 경우<br>• 적자 원인이 설비 투자의 증가로 인한 감가상각비 및 이자비용의 증가 등에 기인한 경우<br>• 재무제표상 적자가 누적되는 상황이라 하더라도 적자발생의 주된 원인이 인건비가 아닌 관리비 등 기타 비용이며, 일부 업무의 외주용역 전환 후에도 특별한 개선이 없는 경우<br>• 재무제표상 자본이 잠식된 상황이라 하더라도, 사업확장, 자금대여, 계속된 신규 사원 채용 등의 사정이 존재하는 경우 |

## (2) 해고회피노력

사용자가 근로자를 정리해고하려면 해고를 피하기 위한 노력을 다해야 합니다. 해고회피노력에는 사용자가 근로자의 해고범위를 최소화하기 위한 경영방침이나 작업방식의 합리화, 신규채용의 중지, 조업단축, 일시휴직, 희망퇴직의 활용, 전근, 임금삭감·동결, 복지 중단, 부동산 매각추진 등이 있습니다. 해고회피노력으로 인해 해고의 필요성이 없어졌음에도 정리해고를 실시하는 것은 부당해고에 해당합니다. 해고회피노력에 대한 판례의 일반적 판단기준은 해고범위를 최소화하기 위한 비용절감의 모든 조치를 다 했는지 여부라고 할 수 있습니다. 그러나 해고회피노력의 방법과 정도의 판단기준은 획일적·고정적인 것이 아니라 당해 사용자의 경영위기의 정도, 정리해고를 실시해야 하는 경영상의 이유, 사업의 내용과 규모 등에 따라 달라집니다.

## (3) 해고대상자 선정의 합리성·공정성

사용자가 근로자를 정리해고하려면 합리적이고 공정한 해고의 기준을 정하고 이에 따라 그 대상자를 선정해야 합니다. 이 경우 남녀의 성을 이유로 차별해서는 안됩니다. 해고대상자 선정의 공정성을 확보하기 위해서는 사용자 측의 입장과 근로자 측의 입장이 동시에 고려돼야 합니다. 즉, 사용자 측 입장에서는 평소의 근무성적, 상벌관계, 경력, 업무능력 등 회사에 대한 공헌도가 고려되어야 하고, 근로자 측 입장에서는 연령, 근속기간, 부양의무의 유무, 재산, 건강상태 등 해고로 인한 생활 불안의 정도가 고려되어야 합니다. 따라서 이러한 요소들을 항목별로 점수화해 공정하게 순서를 정하고 그 점수화된 순서에 의해 해고 대상자를 선별하는 것은 합리적이라고 판단됩니다. 그러나 합리적이고 공정한 해고기준 역시 획일적·고정적인 것이 아니라 당해 사용자가 직면한 경영위기의 강도와 정리해고를 실시해야 하는 경영상의 이유 등에 따라 달라집니다. 사용자가 해고기준에 관해 노동조합 또는 근로자대표와 성실하게 협의한 사정도 공정한 해고기준 판단에 참작합니다.

## (4) 근로자대표에 대한 사전통보 및 성실한 협의

사용자가 근로자를 정리해고하려면 해고를 피하기 위한 방법과 해고의 기준 등에 관해 근로자대표에 해고를 하려는 날의 50일 전까지 통보하고 성실하게 협의해야 합니다. 비록 불가피한 정리해고라 하더라도 협의과정을 통한 쌍방의 이해 속에서 실시되는 것이 바람직하므로 근로자대표에 대한 사전통보 및 성실한 협의를 법으로 규정한 것입니다. 사전협의의 상대방은 근로자 과반수로 조직된 노동조합이 있는 경우에는 그 노동조합, 그 노동조합이 없는 경우에는 근로자의 과반수를 대표하는 자라고 규정하고 있으나, 판례는 실질적으로 정리해고 대상자의 의견을 민주적으로 대변할 수 있다면 근로자 대표성을 폭넓게 인정합니다. 과반수 미달의 노동조합이라도 실질적으로 근로자의 의사를 대표할 수 있다면 근로자 대표로 인정하고 있으며, 노사협의회 근로자위원을 근로자대표로 인정한 경우도 다수 존재합니다.

사용자가 정리해고 계획 통보 전에 근로자대표와 수차례 협의했고, 통보 후에도 근로자대표가 있으나 사용자의 계속되는 협의요청에도 불구하고 협의를 기피하는 경우에는 근로자 스스로 권리를 포기한 것이므로 협의의무 불이행의 책임을 사용자에게 물을 수 없습니다.

사전통보기간은 50일로 정하고 있으나 판례를 이를 단속규정으로 보아 기타 요건이 충족되었다면 통보기간을 정확히 지키지 않았더라도 정리해고가 유효하다는 입장입니다.

## (5) 그 밖의 사용자의 조치

사용자는 1개월 동안에 아래 해당하는 인원을 해고하려면 최초로 해고하려는 날의 30일 전까지 해고사유, 해고 예정 인원, 근로자대표와 협의한 내용, 해고일정 등을 포함해 고용노동부 장관에게 신고해야 합니다. 이는 대량해고에 대한 행정적 감독과 고용안정 지원을 위한 것으로 신고하지 않았다 해서 해고가 부당한 것으로 되는 것은 아닙니다.

- 상시 근로자수가 99명 이하인 사업 또는 사업장：10명 이상
- 상시 근로자수가 100명 이상 999명 이하인 사업 또는 사업장：상시 근로자수의 10% 이상
- 상시 근로자수가 1,000명 이상 사업 또는 사업장：100명 이상

나아가, 근로자를 정리해고한 사용자는 근로자를 해고한 날부터 3년 이내에 해고된 근로자가 해고 당시 담당했던 업무와 같은 업무를 채용하려고 할 경우 정리해고된 근로자가 원하면 그 근로자를 우선적으로 고용해야 합니다.

# 95 해고를 할 수 없는 기간에 대해 알려주세요

해고의 정당한 이유가 있는 경우에도 해고 금지 기간에 근로자를 해고하면 사용자에게 벌칙이 적용되며, 그 해고처분은 사법상 무효가 됩니다. 근로기준법은 직장상실의 위험으로부터 근로자를 보호하기 위해 정당한 이유 없는 해고를 금지하는 한편, 근로자가 노동력을 상실한 기간이나 효과적인 구직활동을 할 수 없는 기간에는 해고를 금지하고 있습니다.

## (1) 해고금지기간

업무상 부상 또는 질병의 요양을 위해 휴업한 기간과 그 후 30일, 산전(産前)·산후(産後)의 여성이 근로기준법에 따라 휴업한 기간과 그 후 30일, 육아휴직 기간은 해고가 금지됩니다. 업무상 부상 또는 질병의 요양을 위해 휴업한 기간은 부분휴업을 포함한다고 생각합니다. 산전(産前)·산후(産後)의 여성이 근로기준법에 따라 휴업한 기간은 유산·사산휴가를 사용한 기간을 포함합니다.

## (2) 해고시기제한의 예외

사용자가 업무상의 부상 또는 질병에 대해 일시보상을 지급한 경우 또는 사업을 계속할 수 없게 된 경우에는 예외적으로 해고 시기 제한을 받지 않습니다. 한편, 산재보험법에 따라 요양급여를 받는 근로자가 요양을 시작한 후 3년이 지난날 이후에 상병보상연금을 지급받고 있으면 사용자는 그 3년이 지난날 이후에는 일시보상을 지급한 것으로 봅니다. 사업을 계속할 수 없게 된 경우란 반드시 해당 사업이 폐업하게 되는 것을 요하는 것은 아니고, 해당 근로자가 소속한 사업장 또는 부서의 사업을 상당한 기간 동안 중지할 수밖에 없게 된 경우를 말합니다.

## 96 해고예고 및 해고예고수당에 대해 알려주세요

해고의 정당한 이유가 있는 경우에도 근로자를 해고하려면 적어도 30일 전에 예고해야 합니다. 직장상실의 위험으로부터 근로자를 보호하기 위해 정당한 이유가 있는 해고인 경우에도 근로자에게 새 직장을 구할 수 있는 시간적 여유를 주려는 것입니다. 해고예고의무를 이행하지 않으려면 해고예고수당을 지급해야 합니다. 이를 위반하면 벌칙이 적용됩니다. 그러나 해고예고의무의 불이행이 해고의 적법여부나 효력에 영향을 미치는 것은 아닙니다.

사용자는 근로자를 해고하려면 적어도 30일 전에 반드시 해당 근로자에게 해고될 날을 명시해 예고해야 합니다. 예고의 방법은 반드시 서면으로 할 필요는 없고 구두 등의 방법으로 하더라도 그 효력이 인정됩니다. 30일은 역일에 의한 30일로, 예고 당일은 기간 계산에 포함되지 않습니다. 즉, 해고예고기간은 통지가 상대방에게 도달한 다음 날부터 계산합니다.

30일 전에 예고하지 않았을 때는 30일분 이상의 통상임금을 지급해야 합니다. 30일 전에 예고하지 않았을 때란, 30일에서 일부라도 부족하게 되는 경우를 포함합니다(근기 68207-1627, 2003.12.17). 따라서 해고예고기간이 30일 중 하루만 부족하더라도 30일분 이상의 통상임금을 지급해야 합니다.

한편, 30일분의 통상임금은 일급 통상임금의 30일분이라고 해석하는 견해가 있습니다. 그러나 이와 같은 해석은 무급휴무일도 유급으로 처리됨에 따라 해고예고기간 동안 근로를 제공하는 근로자보다 해고예고수당을 지급받는 근로자가 더 유리하게 된다는 측면에서 불합리하다고 생각합니다. 사견은 사용자는 30일 전의 해고예고와 해고예고수당의 지급 중 하나를 임의로 선택할 수 있고, 해고예고수당의 지급은 30일 전의 해고 예고를 갈음하는 효과를 가진다는 측면에서 30일분의 통상임금은 30일의 기간 동안 소정근로를 제공했다면 받게 되는 통상임금으로 해석하는 것이 바람직하다고 생각합니다.

해고예고의무는 상시 4인 이하 근로자를 사용하는 사업에도 적용되나, 아래의 사유 또는 근로자에 대해서는 적용하지 않습니다.

- 근로자가 계속 근로한 기간이 3개월 미만인 경우
- 천재·사변, 그 밖의 부득이한 사유로 사업을 계속하는 것이 불가능한 경우
- 근로자가 고의로 사업에 막대한 지장을 초래하거나 재산상 손해를 끼친 경우로서 아래 사유에 해당하는 경우

1. 납품업체로부터 금품이나 향응을 제공받고 불량품을 납품받아 생산에 차질을 가져온 경우
2. 영업용 차량을 임의로 타인에게 대리운전하게 해서 교통사고를 일으킨 경우
3. 사업의 기밀이나 그 밖의 정보를 경쟁관계에 있는 다른 사업자 등에게 제공해 사업에 지장을 가져온 경우
4. 허위 사실을 날조해 유포하거나 불법 집단행동을 주도해 사업에 막대한 지장을 가져온 경우
5. 영업용 차량 운송 수입금을 부당하게 착복하는 등 직책을 이용해 공금을 착복, 장기유용, 횡령 또는 배임한 경우
6. 제품 또는 원료 등을 몰래 훔치거나 불법 반출한 경우
7. 인사·경리·회계담당 직원이 근로자의 근무상황 실적을 조작하거나 허위 서류 등을 작성해 사업에 손해를 끼친 경우
8. 사업장의 기물을 고의로 파손해 생산에 막대한 지장을 가져온 경우
9. 그 밖에 사회통념상 고의로 사업에 막대한 지장을 가져오거나 재산상 손해를 끼쳤다고 인정되는 경우

---

## 97 해고사유 등의 서면통지에 대해 알려주세요

해고의 정당한 이유가 있는 경우에도 근로자를 해고하려면 해고하려면 해고사유와 해고시기를 서면으로 통지해야 합니다. 이는 해고사유 등의 서면통지를 통해 사용자로 하여금 근로자를 해고하는 데 신중을 기하게 함과 아울러, 해고의 존부 및 시기와 그 사유를 명확하게 해 사후에 이를 둘러싼 분쟁이 적정하고 용이하게 해결될 수 있도록 하고, 근로자에게도 해고에 적절히 대응할 수 있게 하기 위한 취지입니다. 서

면통지에 의하지 않은 해고는 무효입니다. 따라서 해당 근로자는 노동위원회에의 구제신청 또는 법원에의 제소로 구제받을 수 있습니다.

해고사유는 해고의 동기 또는 원인을 말합니다. 사용자가 해고사유 등을 서면으로 통지할 때는 근로자의 처지에서 해고사유가 무엇인지를 구체적으로 알 수 있어야 하고, 특히 징계해고의 경우에는 해고의 실질적 사유가 되는 구체적 사실 또는 비위내용을 기재해야 합니다. 징계대상자가 위반한 단체협약이나 취업규칙의 조문만 나열하는 것으로는 충분하다고 볼 수 없습니다.

해고시기는 해고의 효력을 발생시키고자 하는 시기를 말합니다. 적어도 연월일을 적어야 할 것입니다.

서면이란 종이로 된 문서를 의미하고, 전자문서는 사용자가 전자결재체계를 완비해 전자문서로 모든 업무의 기안, 결재, 시행 과정을 관리하는 등 특별한 사정이 있는 경우 이외에는 서면에 해당된다고 볼 수 없습니다. 예컨대, 휴대폰 문자메시지로 해고를 통보한 것은 서면에 의한 해고 통지로 볼 수 없어 효력이 없습니다.

해고는 반드시 해고사유와 시기를 정확히 명시한 서면의 통지에 의해 이루어져야 하고, 먼저 그러한 절차를 취하지 않고 해고를 했다가 그 후에 해고사유와 소급된 해고시기를 기재한 서면을 통지해 그 절차를 보완하는 것은 허용되지 않습니다.

# 98 채용내정자에 대한 채용내정 취소가 가능한가요?

채용내정이란 본채용 상당 기간 전에 채용할 자를 미리 결정해두는 것을 말합니다. 채용내정은 주로 대기업 많이 이루어집니다. 우수한 근로자를 미리 확보하기 위해 학교졸업예정자를 대상으로 채용절차를 거쳐 채용내정을 통지하고 예정된 입사일에 일괄해 본채용하는 방식입니다.

문제는 채용내정 이후 사용자가 채용내정을 취소할 필요성이 생겼을 때, 채용내정을 취소하는 것이 법률적으로 가능한가입니다. 만약 채용내정의 취소를 무제한 허용한다면 채용내정된 사실로 인해 다른 기업체의 채용절차에 응시하지 않았던 채용내정자로서는 뜻하지 않게 취업기회를 상실하는 불이익을 받게 됩니다. 그렇다고 현실적인 근로제공이 없었던 채용내정자를 이미 근로를 제공하고 있는 근로자와 동일하게 보호한다면 사용자에게 너무 과도한 책임을 부과하는 것이 아니냐는 비판이 제기될 수 있습니다.

이에 대해 통설과 판례의 입장은 채용내정은 근로계약이 체결된 것으로 보아, 사용자가 일방적으로 채용내정을 취소해 본채용을 하지 않기로 하는 것은 해고에 해당하며, 근로기준법 제23조 제1항의 정당한 이유가 있어야 한다고 합니다. 다만, 채용내정은 해약권이 유보된 특수한 계약관계라는 점에서 채용내정자가 졸업실패, 건강악화, 직무수행 능력 감퇴 등의 사유가 있는 경우 채용내정을 취소할 수 있다고 판시하고 있습니다.

만약 이러한 사유로 사용자가 채용내정을 취소하는 경우에는 해고예고에 관한 규정이 적용되지 않습니다. 수습사용 중인 근로자에 대해서는 해고예고가 적용되지 않는데 채용내정자를 이보다 두텁게 보호하는 것은 형평성에 어긋나기 때문입니다.

한편, 내정자에게는 특별한 채용내정 취소사유가 없지만 채용내정 이후 회사의 긴박한 경영상의 필요로 채용 내정을 취소하는 경우가 있을 수 있습니다. 이때에는 근로기준법 제24조의 요건을 구비해 채용내정을 취소했다면 정당하다고 판단합니다. 채용내정자는 현실적인 노무제공이 없다는 점에서 근로관계의 밀접도가 기존 근로자에 비해 떨어지므로 우선적으로 정리해고 대상자에 속할 수 있습니다.

채용내정으로 근로계약이 체결된 것이므로, 본채용 예정일이 지났음에도 사용자가 본채용을 계속 지연하거나 본채용을 하지 않기로 통보한 경우에는 내정자가 임금을 청구할 수 있습니다.

한편, 사용자의 채용내정 취소에 대해서는 법률적으로 많은 제약이 있지만, 채용내정자는 특별한 사유가 없더라도 1개월 전에 사용자에게 통고만 하면 언제든지 계약을 취소할 수 있습니다.

# 99 시용기간 종료 후 본채용 거부가 가능한가요?

시용이란 정식채용 전에 일정 기간 동안 정식 근로자로서의 적격성이 있는지를 판단하기 위한 기간으로, 본채용을 할지 여부를 판정하기 위한 시험적인 사용을 말합니다. 많은 조직에서는 실제 그 사람을 사용해보지 않고서는 업무를 수행할 능력이 있는지 여부를 판단할 수 없기 때문에 일정 기간 시용기간을 두고 있습니다.

시용기간은 수습과 다릅니다. 수습은 근로자의 직업능력에 대한 양성·교육을 목적으로 설정된 기간으로 이미 정식으로 채용된 상태를 말합니다. 수습은 본채용 여부를 결정하는 적정성 평가가 별도로 예정되어 있지 않다는 점에서 시용과 구별됩니다. 만약 우리 회사에서 본채용 여부를 추후에 결정하겠다는 취지로 수습이라는 용어를 사용한다면 이는 그 용어의 사용에도 불구하고 시용에 해당합니다.

시용은 반드시 근로계약서, 취업규칙 또는 단체협약에 근거가 있어야 합니다. 만약 취업규칙에 시용기간 적용이 선택적으로 규정되어 있고, 근로계약서에 시용기간 적용이 명시되지 않았다면 그 근로자는 정식채용된 것으로 봅니다.

시용관계가 인정되는 경우에는 시용기간 도중이나 종료 후 본채용을 거부할 수 있는지가 쟁점이 됩니다. 이는 시용계약을 어떻게 보느냐에 따라 달라집니다. 판례와 통설은 시용계약을 근로자의 업무부적격을 이유로 사용자가 시용관계 해지 권리를 유보하고 있는 해약권유보부 근로계약으로 보고 있습니다. 즉, 해약을 유보하고 있다 하더라도 근로계약 자체는 일단 성립된 것이기 때문에 시용기간 도중이나 종료 후에 본채용을 거부하는 것은 해고에 해당합니다. 다만, 시용제도라는 것이 업무적격성을 판단하려는 목적을 가지고 있기 때문에 일반 근로자를 해고하는 것보다는 해고의 정당성이 넓게 인정됩니다.

해고의 정당성 판단에 있어 중요한 것은 시용근로자의 능력과 자질에 관한 합리적이고 객관적인 평가 자료가 있는지 여부입니다. 법원은 평가가 추상적이고 주관적이거나, 시용근로자 개인의 능력과 무관하게 미리 본채용 탈락자의 수를 사전에 할당하는 경우에는 이를 객관적이고 합리적인 평가방법으로 인정하지 않습니다.

시용기간의 종료 시 본채용 거부는 해고이므로 당연히 해고서면 통지 의무도 준수해야 합니다. 일반적인 징계해고가 아니라 시용근로자에 대한 사용자의 유보된 해약권의 행사로서의 본채용거부라면 징계해고에 필요한 절차를 거칠 필요는 없습니다. 그러나 시용근로자에 대한 사용자의 유보된 해약권의 행사로서의 본채용거부가 아닌, 해고사유에 해당해 징계해고 하는 경우에는 당연히 징계절차규정이 적용됩니다. 본채용을 거절하지 않은 채 시용기간이 경과했다면 통상의 근로관계로 전환됩니다.

## [참고] 시용근로자에 대한 본채용 거부의 정당성 판단 사례

| 구분 | 사례 |
|------|------|
| 정당성 인정 | • 업무와 관련된 이력서 허위기재 및 경력사칭이 있는 경우<br>• 객관적 평정기준에 따라 평가한 결과 시용근로자의 업무실적 및 동료직원이나 상급자의 평가가 매우 낮으며 이전 직장에서도 제대로 적응하지 못했던 사정이 존재하는 경우<br>• 시용기간(28일) 동안 병가로 인해 실제 근무한 날이 5일 정도에 불과하고 병가 중에도 특별한 치료를 받은 사실이 없으며 근로자가 담당업무 전환을 계속해 요구한 경우<br>• 시용기간 중 보고 요구사항에 대한 보고서를 이행하지 않고 사용자가 중요하다고 강조한 업무에 대해서도 노력을 기울이지 않은 사정이 있는 경우<br>• 인성평가 및 위계질서 문란으로 형사상 처벌을 받은 경우<br>• 사업장내에서 장시간에 걸쳐 욕설로 소란을 피운 경우<br>• 상사의 비위행위에 대해 수차례 허위제보를 하고, 홈페이지에 허위 사실을 게시한 경우 |
| 정당성 부정 | • 이력서 허위기재 및 경력 사칭이 업무적격성과 무관하거나 기업문화 적응에 지장을 초래하지 않는 경우<br>• 10개의 평가요소 중 9개 항목에서 양호를 받고 1개의 항목에서만 보통을 받았음에도 채용기준점수에 미달하고, 근무평가 결과만으로는 업무수행능력이 어떻게 부족했는지 알 수 없다고 판단한 경우<br>• 근무성적에 대한 최고점과 최저점의 차이가 매우 커서 평가의 객관성에 의심이 들고 인사규정에 정식채용기준점수가 존재하지 않으며 사용자가 정식채용기준점수를 근로자에게 통보한 사실도 없는 경우<br>• 시용기간 중 업무수행능력을 인정받아 승진 발령된 사실이 있고 평소 근무태도에도 문제가 없었는데 노조 가입 후 사용자가 합리적 이유 없이 낮은 근무평가점수를 부여해 본채용을 거부한 경우<br>• 사용자가 신규채용 당시 조경관리사 자격증을 요구한 바 없고 근로자가 3개월 동안 조경관리업무를 수행한 경력이 있음에도 객관적인 평가자료 없이 업무상 기술이 부족하다는 이유로 해고한 경우<br>• 퇴근 후 개인적인 술자리에서 불미스러운 일이 있었으나 형사처벌로 이어지지 않고 업무상 피해를 주지 않은 경우 |

**제12장**

# 산업안전 및 산업재해

# 100 산업안전보건법상의 주요 의무에 대해 알고 싶습니다

사업주는 근로자에게 임금을 지급할 의무뿐만 아니라 근로자의 신체와 생명에 생길 수 있는 위험으로부터 근로자를 보호할 의무가 있습니다. 이에 산업안전보건법령은 산업재해예방을 위해 사업주가 지켜야 할 내용을 정하고 있습니다. 산업안전보건법령은 1개의 법률, 1개의 시행령, 3개의 시행규칙으로 구성되어 있습니다.

- 산업안전보건법
- 산업안전보건법 시행령
- 산업안전보건법 시행규칙
- 산업안전보건기준에 관한 규칙
- 유해·위험작업의 취업제한에 관한 규칙

산업안전보건법은 모든 사업에 적용함을 원칙으로 하지만, 유해·위험의 정도, 사업의 종류·규모·소재지 등을 고려해 대통령령으로 정하는 사업에는 이 법의 일부를 적용하지 않습니다. 산업안전보건법의 적용 범위는 산업안전보건법 시행령 별표1을 참고하시기 바랍니다.

산업안전보건법상 사업주의 주요의무는 다음과 같습니다. 산업안전보건법 위반 시에는 시정 기회 없이 즉시 과태료가 부과됨에 주의하시기 바랍니다.

## (1) 법령 요지 등의 게시

사업주는 이 법과 이 법에 따른 명령의 요지, 안전보건관리규정, 물질안전보건자료 등을 상시 각 작업장 내에 근로자가 쉽게 볼 수 있는 장소에 게시하거나 갖춰두어 근로자로 하여금 알게 해야 합니다.

## (2) 안전·보건표지의 부착

사업주는 사업장의 유해하거나 위험한 시설 및 장소에 대한 경고, 비상시 조치에 대한 안내, 그 밖에 안전의식의 고취를 위해 안전·보건표지를 설치하거나 부착해야 합니다. 안전·보건표지의 종류·형태·용도·사용장소·설치방법 등은 산업안전보건법 시행규칙에 규정되어 있습니다. 외국인근로자를 채용한 사업주는 외국어로 된 안전·보건표지와 작업안전수칙을 부착하도록 노력해야 합니다.

## (3) 안전보건관리담당자 등의 선임

일정한 규모·종류에 해당하는 사업주는 안전·보건에 관한 업무를 수행하도록 안전보건관리책임자, 안전관리자, 보건관리자, 안전보건총괄책임자, 안전보건조정자, 산업안전보건위원회 등을 두어야 합니다. 중·소규모 사업장의 경우에는 안전보건관리담당자를 두어 안전·보건에 관해 사업주를 보좌하고 관리감독자에게 조언·지도하는 업무를 수행하게 해야 합니다. 안전보건관리담당자를 1명 이상 선임해야 하는 사업장은 표와 같습니다.

| 구분 | 내용 |
|---|---|
| 선임대상 | 아래 어느 하나에 해당하는 사업 중 상시 근로자수가 20명 이상 50명 미만인 사업<br>• 제조업<br>• 임업<br>• 하수, 폐수 및 분뇨 처리업<br>• 폐기물 수집, 운반, 처리 및 원료 재생업<br>• 환경 정화 및 복원업 |
| 시행일 | • 30명 이상 50명 미만 : 2018년 9월 1일<br>• 20명 이상 30명 미만 : 2019년 9월 1일 |

## (4) 안전·보건교육 등 유해·위험 예방조치

사업주는 위험의 발생 및 근로자의 건강장해 예방을 위해 필요한 조치를 해야 합니다. 유해·위험 예방조치에는 안전·보건교육, 보호구 지급, 유해·위험 기계·기구 등에 대한 방호조치, 유해·위험 기계·기구 안전검사, 안전인증제품 구입·사용, 물질안전보건자료 작성·비치·교육 등이 있습니다. 2018년 10월 18일부터는 고객응대근로자에 대한 건강장해 예방조치가 추가되었습니다. 사업주는 고객응대근로자에 대해 고객의 폭언등으로 인한 건강장해를 예방하기 위한 조치를 마련해야 하고, 고객응대업무에 종사하는 근로자에게 건강장해가 발생하거나 발생할 현저한 우려가 있는 경우에는 업무의 일시적 중단 또는 전환 등의 조치를 취해야 합니다.

## (4) 건강진단 등 근로자의 보건관리

사업주는 유해인자로부터 근로자의 건강을 보호하고 쾌적한 작업환경을 조성하기 위해 건강진단, 작업환경측정, 질병자의 근로금지·제한, 자격 등에 의한 취업제한 등을 실시해야 합니다.

## (5) 산업재해 발생 보고

사업주는 산업재해가 발생했을 때는 그 발생 사실을 고용노동부장관에게 보고하고 재해발생원인 등을 기록·보존해야 합니다. 산업재해 발생 보고에 관한 내용은 항을 달리해 살펴보도록 하겠습니다.

> **참고** **산업안전보건법 전부개정**(2020년 1월 16일~)
>
> 2020년 1월 16일부터 산업안전보건법 전부개정법률이 시행됩니다. 전부개정법률의 주요내용은 다음과 같습니다.
>
> **1. 법의 보호대상 확대**
> ① 최근 변화된 노동력 사용실태에 맞게 법의 보호대상을 넓히려는 입법취지를 명확히 하기 위해 이 법의 목적을 노무를 제공하는 자의 안전 및 보건을 유지·증진하는 것으로 확대했습니다.
> ② 특수형태근로종사자의 산업재해 예방을 위해 그로부터 노무를 제공받는 자는 특수형태근로종사자에 대해 필요한 안전조치 및 보건조치를 하도록 하고, 이동통신단말장치로 물건의 수거·배달 등을 중개하는 자는 물건을 수거·배달 등의 노무를 제공하는 자의 산업재해 예방을 위하여 필요한 안전조치 및 보건조치를 하도록 했습니다.

③ 가맹본부는 가맹점사업자에게 가맹점의 설비나 기계, 원자재 또는 상품 등을 공급하는 경우에 가맹점사업자와 그 소속 근로자의 산업재해 예방을 위해 가맹점의 안전 및 보건에 관한 프로그램을 마련·시행하도록 하는 등 일정한 조치를 하도록 했습니다.

## 2. 근로자에게 작업중지권 부여와 실효성 확보수단 마련

산업재해가 발생할 급박한 위험이 있는 경우에는 근로자가 작업을 중지하고 대피할 수 있음을 명확히 규정하고, 산업재해가 발생할 급박한 위험이 있다고 근로자가 믿을 만한 합리적인 이유가 있을 때는 작업을 중지하고 대피한 근로자에 대하여 해고나 그 밖의 불리한 처우를 금지하도록 했습니다.

## 3. 도금작업 등 유해·위험한 작업의 도급금지

유해성·위험성이 매우 높은 작업의 사내도급 등 외주화로 인해 대부분의 산업재해가 수급인의 근로자에게 발생되고 있는 문제점을 개선하기 위해, 지금까지 사업주 자신의 사업장에서 도금작업 등 유해·위험성이 매우 높은 작업을 고용노동부장관의 인가를 받으면 도급할 수 있던 것을, 앞으로는 사업주 자신의 사업장에서 그 작업에 대한 도급을 원칙적으로 금지하되, 일시·간헐적으로 작업을 하는 등의 경우에만 도급할 수 있도록 했습니다.

## 4. 도급인의 산업재해 예방 책임 강화

① 관계수급인 근로자에 대해 도급인이 안전조치 및 보건조치를 해야 하는 장소를 도급인의 사업장뿐만 아니라 도급인이 제공하거나 지정한 장소로 확대하여 도급인의 관계수급인에 대한 산업재해 예방 책임을 강화했습니다.

② 도급인이 폭발성·발화성·인화성·독성 등의 유해성·위험성이 있는 화학물질을 제조·사용·운반·저장하는 저장탱크 등으로서 고용노동부령으로 정하는 설비를 개조·분해·해체 또는 철거하는 작업 등을 수행하는 수급인에게 관련 안전 및 보건에 관한 정보를 제공하지 않는 경우에는 수급인은 해당 도급 작업을 하지 않을 수 있고, 계약의 이행 지체에 따른 책임을 지지 않도록 했습니다.

### 5. 물질안전보건자료의 작성 · 제출 등

① 현재 화학물질 및 이를 함유한 혼합물을 양도하거나 제공하는 자가 이를 양도받거나 제공받는 자에게 물질안전보건자료를 작성해서 제공하도록 했으나, 앞으로는 해당 화학물질 등을 제조하거나 수입하는 자가 물질안전보건자료를 해당 물질을 양도받거나 제공받는 자에게 제공하도록 하는 외에 고용노동부장관에게도 제출하도록 함으로써 국가가 근로자의 건강장해를 유발하는 화학물질에 대한 관리를 강화해 산업재해를 예방하고 건강장해를 유발하는 사고에 대하여 신속히 대응하도록 했습니다.

② 현재 화학물질 등을 양도하거나 제공하는 자는 영업비밀로서 보호할 가치가 있다고 인정되는 화학물질 등에 대해 물질안전보건자료에 스스로 판단하여 적지 않을 수 있었으나, 앞으로는 영업비밀과 관련되어 화학물질의 명칭 및 함유량을 적지 않으려는 자는 고용노동부장관의 승인을 받아 그 화학물질의 명칭 및 함유량을 대체할 수 있는 자료를 적도록 했습니다.

### 6. 법 위반에 대한 제재 강화

안전조치 또는 보건조치 의무를 위반해 근로자를 사망하게 한 자에 대해 7년 이하의 징역 또는 1억 원 이하의 벌금에 처하도록 하던 것을, 앞으로는 제167조제1항의 죄로 형을 선고받고 그 형이 확정된 후 5년 이내에 다시 같은 죄를 범한 자는 그 형의 2분의 1까지 가중처벌을 할 수 있도록 했습니다.

# 안전 · 보건교육에 대해 알려주세요

사업주는 해당 사업장의 근로자에 대해 안전 · 보건에 관한 교육을 해야 합니다. 근로자가 작업장의 유해 · 위험요인 등 안전보건에 관한 지식을 습득하고 이에 적절히 대응할 수 있는 능력을 배양해 산업재해를 예방하기 위함입니다. 안전·보건교육 적용 대상 사업인지 여부는 산업안전보건법 시행령 별표1을 참고하시기 바랍니다.

안전·보건교육의 종류에는 사업주가 해당 사업장의 근로자에 대해 정기적으로 실시하는 정기교육, 근로자를 신규 채용할 때(건설 일용근로자 제외), 작업내용을 변경할 때, 유해·위험작업에 근로자를 종사하게 할 때 업무와 관계되는 내용으로 실시하는 채용시 교육, 작업내용 변경교육 및 특별교육이 있으며, 관리책임자 등에 대한 직무교육이 있습니다. 상시 근로자 50인 미만의 도매업과 숙박 및 음식점업은 아래 표의 가목부터 라목까지의 규정에도 불구하고 해당 교육과정별 교육시간의 2분의 1 이상을 실시하면 됩니다. 교육대상별 교육내용은 산업안전보건법 시행규칙 별표8의2에 규정되어 있습니다.

[표] 안전·보건교육 교육과정별 교육시간

| 교육과정 | 교육대상 | 교육시간 |
|---|---|---|
| 가. 정기교육 | 사무직 및 판매업무 종사 근로자 | 매분기 3시간 이상 |
| | 사무직 및 판매업무 종사 외의 근로자 | 매분기 6시간 이상 |
| | 관리감독자의 지위에 있는 사람 | 연간 16시간 이상 |
| 나. 채용 시의 교육 | 일용근로자 | 1시간 이상 |
| | 일용근로자를 제외한 근로자 | 8시간 이상 |
| 다. 작업내용 변경 시의 교육 | 일용근로자 | 1시간 이상 |
| | 일용근로자를 제외한 근로자 | 2시간 이상 |
| 라. 특별교육 | 별표 8의2 제1호라목 각 호(제40호는 제외한다)의 어느 하나에 해당하는 작업에 종사하는 일용근로자 | 2시간 이상 |
| | 별표 8의2 제1호라목 제40호의 타워크레인 신호작업에 종사하는 일용근로자 | 8시간 이상 |

| 교육과정 | 교육대상 | 교육시간 |
|---|---|---|
| 라. 특별교육 | 별표 8의2 제1호라목 각 호의 어느 하나에 해당하는 작업에 종사하는 일용근로자를 제외한 근로자 | - 16시간 이상(최초 작업에 종사하기 전 4시간 이상 실시하고 12시간은 3개월 이내에서 분할해 실시 가능)<br>- 단기간 작업 또는 간헐적 작업인 경우에는 2시간 이상 |
| 마. 건설업 기초안전·보건교육 | 건설 일용근로자 | 4시간 |
| 바. 직무교육 | 안전보건관리책임자 | 신규 : 6시간 이상<br>보수 : 6시간 이상 |
| | 안전관리자, 안전관리전문기관의 종사자 | 신규 : 34시간 이상<br>보수 : 24시간 이상 |
| | 보건관리자, 보건관리전문기관의 종사자 | 신규 : 34시간 이상<br>보수 : 24시간 이상 |
| | 재해예방 전문지도기관의 종사자 | 신규 : 34시간 이상<br>보수 : 24시간 이상 |
| | 석면조사기관의 종사자 | 신규 : 34시간 이상<br>보수 : 24시간 이상 |
| | 안전보건관리담당자 | 보수 : 8시간 이상 |

사업주가 위 표의 가목부터 라목까지의 근로자에 대한 교육을 자체적으로 실시하는 경우에 교육을 실시할 수 있는 사람은 안전보건관리책임자, 관리감독자, 안전관리자, 보건관리자, 안전보건관리담당자, 산업보건의, 공단에서 실시하는 해당 분야의 강사요원 교육과정을 이수한 사람, 산업안전지도사, 산업보건지도사 등입니다. 안전보건교육위탁기관에 위탁해 실시하는 것도 가능합니다. 안전보건교육위탁기관은 고용노동부홈페이지-정보공개-사전정보공표목록-근로자안전보건교육 위탁기관 명단에서 확인할 수 있습니다.

# 102 건강진단에 대해 알고 싶습니다

사업주는 근로자의 건강을 보호·유지하기 위해 근로자에 대한 건강진단을 해야 합니다. 건강진단 결과 근로자의 건강을 유지하기 위해 필요하다고 인정할 때에는 작업장소 변경, 작업 전환, 근로시간 단축, 야간근로(오후 10시부터 오전 6시까지 사이의 근로를 말한다)의 제한, 작업환경측정 또는 시설·설비의 설치·개선 등 적절한 조치를 해야 합니다. 건강진단의 종류는 다음과 같습니다.

## (1) 일반건강진단

일반건강진단은 상시 사용하는 근로자의 건강관리를 위해 사업주가 주기적으로 실시하는 건강진단을 말합니다. 사무직 근로자는 2년에 1회 이상, 그 밖의 근로자는 1년에 1회 이상 건강진단을 주기적으로 받아야 합니다. 사무직 근로자는 공장 또는 공사현장과 같은 구역에 있지 않은 사무실에서 서무·인사·경리·판매·설계 등의 사무업무에 종사하는 근로자를 말하며, 판매업무 등에 직접 종사하는 근로자는 제외합니다. 현장에 종사하는 근로자 및 사무실에서 단순 반복 업무를 하면서 업무 중에 자유롭게 움직이기 곤란한 업무(교대하지 않는 한 자리를 비울 수 없는 업무) 등을 하는 근로자는 기타직 근로자에 해당합니다.

**[참고] 사무직과 기타직 구분 예시**

| 사무직 | 그 밖의 근로자(기타직) |
|---|---|
| • 사무실에서 서무, 인사, 경리, 판매, 설계 등 사무업무 종사자<br>• 임원, 관리자(관리팀장, 인사팀장 등) | • 공장 또는 공사현장과 같은 구역에 있는 사무실 종사자<br>• 제조, 건설작업 종사자, 단순노무 종사자<br>• 장치, 기계조작 및 조립 종사자<br>• 현장을 수시 출입하는 생산팀장, 공무팀장 등의 현장 관리자<br>• 안전관리자, 방화관리자 등 |
| • 총무, 서무, 인사, 기획, 노무, 홍보, 경리, 회계, 판매, 설계, 영업 등 사무업무 종사자<br>　– 고객 서비스 사무 종사자(방문·전화·인 터넷 민원 일반 상담업무 종사자, 호텔·음 식점 접수원 등)<br>　– 병원, 행정, 원무, 보험 사무원<br>　– 일반 사무 보조원, 비서 등 | • 영업 등 직접 종사자<br>　– 직접 판매에 종사하는 자<br>　– 방문주문 및 수금업무 등을 주 업무로 하는 영업직 근로자<br>　– 114안내업무, 전화고장 접수 등 TM전 담 상담원<br>　– 항공기승무원, 선원, 자동차 운전원<br>　– 이미용사, 조리사<br>　– 의사, 간호사, 약사, 의료기사 등 |
| • 내근기자 | • 외근기자 |
| • 교육기간 종사자 중<br>　– 학원강사, 유치원교사, 보조교사, 일반교 사 등 | • 교육기간 종사자 중<br>　– 기능강사, 실습강사, 이공계 학교 실습 교사, 어린이집 보육교사 등 |
| • 문화예술, 방송, 공연 관련 종사자 중<br>　– 방송작가, 아나운서, 디자이너 | • 문화예술, 방송, 공연관련 종사자 중<br>　– 프로듀서, 연기자, 안무가, 촬영·녹음 등 방송관련 기자 |
| • 금융, 증권, 보험업종사자<br>　– 은행원, 증권중개인, 손해사정인 등 | • 보험업종사자 중<br>　– 보험모집인 등 현장 종사자 |
| • 건축설계사, 제도사 | |
| • 건물관리업 중<br>　– 소장, 경리 등 일반 행정업무 종사자 | • 건물관리업 중<br>　– 경비, 청소, 시설관리 등 현장업무종사자 |

## (2) 특수건강진단

특수건강진단은 유해물질, 분진, 소음, 야간작업 등 유해인자가 노출되는 공정에 종사하는 근로자를 대상으로 실시하는 건강진단을 말합니다. 특수건강진단을 받아야 하는 근로자는 특수건강진단 대상 유해인자에 노출되는 업무 종사자, 직업병 유소견 판정의 원인이 된 유해인자에 대한 건강진단이 필요하다는 의사의 소견이 있는 근로자입니다. 특수건강진단 대상 유해인자는 산업안전보건법 시행규칙 별표12의2에 규정되어 있습니다. 특수건강진단의 시기 및 주기는 대상 유해인자에 따라 다릅니다. 아래 표를 참조하시기 바랍니다.

[표] 특수건강진단의 시기 및 주기

| 구분 | 대상 유해인자 | 시기<br>배치 후 첫 번째 특수 건강진단 | 주기 |
|---|---|---|---|
| 1 | N,N-디메틸아세트아미드<br>N,N-디메틸포름아미드 | 1개월 이내 | 6개월 |
| 2 | 벤젠 | 2개월 이내 | 6개월 |
| 3 | 1,1,2,2-테트라클로로에탄<br>사염화탄소<br>아크릴로니트릴<br>염화비닐 | 3개월 이내 | 6개월 |
| 4 | 석면, 면 분진 | 12개월 이내 | 12개월 |
| 5 | 광물성 분진<br>나무 분진<br>소음 및 충격소음 | 12개월 이내 | 24개월 |
| 6 | 제1호부터 제5호까지의 규정의<br>대상 유해인자를 제외한 별표<br>12의2의 모든 대상 유해인자 | 6개월 이내 | 12개월 |

## (3) 배치 전 건강진단

배치 전 건강진단은 특수건강진단 대상업무에 종사할 근로자에 대해 배치예정업무에 대한 적합성 평가를 위해 사업주가 실시하는 건강진단을 말합니다.

## (4) 수시건강진단

수시건강진단은 특수건강진단 대상업무로 인해 해당 유해인자에 의한 직업성 천식, 직업성 피부염 등 건강장해를 의심하게 하는 증상을 보이거나 의학적 소견이 있는 근로자에 대해 실시하는 건강진단을 말합니다.

## (5) 임시건강진단

임시건강진단은 특수건강진단대상 유해인자 등의 중독 여부, 질병에 걸렸는지 여부 또는 질병의 발생 원인 등을 확인하기 위해 지방고용노동관서장의 명령에 의해 실시되는 건강진단을 말합니다.

# 산업재해발생 시 어떻게 조치해야 하나요?

**103**

산업재해가 발생했을 때 가장 먼저 해야 할 일은 재해자를 안전하고 신속하게 구출하는 일입니다. 이후 산업재해가 재발되지 않도록 산업안전보건법은 재해발생원인과 재발방지계획 등을 사업주가 기록하고 보존하도록 의무화하고 있으며, 3일 이상의 휴업재해에 대해서는 산업재해가 발생한 날부터 1개월 이내에 관할 지방고용노동관서에 산업재해조사표를 제출하도록 하고 있습니다. 다만, 중대재해가 발생했을 때는 지체없이 관할 지방고용노동관서에 보고해야 합니다.

## (1) 재해자 발견 시 조치

산업재해가 발생했을 때는 즉시 작업을 중지시키고 재해자를 구출하는 등 필요한 안전·보건상의 조치를 해야 합니다. 재해자에 대한 응급처치와 동시에 119구급대, 병원 등에 연락해 긴급 후송하는 한편, 재해발생사실을 책임자에게 알리고 사고원인 등 조사가 끝날 때까지 현장을 보존해야 합니다.

## (2) 산업재해 발생 기록·보존

사업주는 산업재해가 발생했을 때는 ① 사업장의 개요 및 근로자의 인적사항, ② 재해 발생의 일시 및 장소, ③ 재해 발생의 원인 및 과정,

④ 재해 재발방지 계획을 기록·보존해야 합니다. 다만, 산업재해조사표 사본을 보존하거나 요양신청서의 사본에 재해 재발방지 계획을 첨부해 보존한 경우에는 그러하지 않습니다.

## (3) 산업재해 발생보고

사업주는 산업재해로 사망자가 발생하거나 3일 이상의 휴업이 필요한 부상을 입거나 질병에 걸린 사람이 발생한 경우에는 해당 산업재해가 발생한 날부터 1개월 이내에 산업안전보건법 시행규칙 별지 제1호의2서식의 산업재해조사표를 작성해 관할 지방고용노동관서의 장에게 제출(전자문서에 의한 제출을 포함한다)해야 합니다. 산업재해조사표에 근로자대표의 확인을 받아야 하며, 그 기재 내용에 대해 근로자대표의 이견이 있는 경우에는 그 내용을 첨부해야 합니다. 다만, 건설업의 경우에는 근로자대표의 확인을 생략할 수 있습니다. 보고대상 산업재해는 연속적으로 3일 이상 휴업한 재해이며, 휴업일수에 재해발생일은 포함하지 않습니다. 산업재해 발생보고를 하지 않거나 거짓으로 보고한 자에 대해서는 1,500만 원 이하의 과태료를 부과합니다.

다만, 중대재해가 발생했을 때는 ① 발생 개요 및 피해 상황, ② 조치 및 전망, ③ 그 밖의 중요한 사항을 지체 없이(24시간 이내) 관할 지방고용노동관서의 장에게 보고해야 합니다. 중대재해란 ① 사망자가 1명 이상 발생한 재해, ② 3개월 이상의 요양이 필요한 부상자가 동시에 2명 이상 발생한 재해, ③ 부상자 또는 직업성질병자가 동시에 10명 이상 발생한 재해를 말합니다. 중대재해 발생 보고를 하지 않거나 거짓으로 보고한 자에게는 3,000만 원 이하의 과태료를 부과합니다. 중대재해 발생 보고서는 고용노동부홈페이지에서 검색해 다운로드 받을 수 있습니다.

산업재해인 경우에도 사업장 외 교통사고 등 사업주의 법 위반을 직접적인 원인으로 발생한 산업재해가 아닌 것이 명백한 경우에는 산업재해 발생 미보고에 따른 과태료 부과 처분 대상에서 제외됩니다.

## (4) 재해방지 계획에 따른 개선활동 실시

산업재해는 반복해서 발생하는 속성이 있기 때문에 발생한 산업재해를 분석·검토해, 동종재해 또는 유사재해의 재발방지에 노력해야 합니다. 재해방지 계획은 구체적이고 실시 가능한 내용으로 수립하며, 수립한 내용에 대해서는 사업장 근로자에게 전달해 전체적으로 공유합니다.

〈제조업 작성예시〉

# 산업재해 조사표

※ 뒤쪽의 작성 요령을 읽고, 아래의 각 항목에 적거나 해당항목의 '[  ]'란에 '[✓]'표시를 합니다.　　　　(앞쪽)

<table>
<tr><td rowspan="6">I.<br>사업장<br>정보</td><td colspan="2">① 산재관리번호<br>(사업개시번호)</td><td colspan="2">12345678901<br>(00000000000)</td><td>사업자등록<br>번호</td><td colspan="3">1234567890</td></tr>
<tr><td colspan="2">② 사업장명</td><td colspan="2">㈜ㄱㄴㅇ</td><td>③ 근로자수</td><td colspan="3">00명</td></tr>
<tr><td colspan="2">④ 업종</td><td colspan="2">자동차 부분품 제조업</td><td>소재지</td><td colspan="3">(우편번호)○○도 ○○군 ○○면 ○○리 567-1</td></tr>
<tr><td colspan="2">⑤ 재해자가 사내<br>수급인 소속인 경우<br>(건설업 제외)</td><td colspan="2">원도급인 사업장명</td><td rowspan="2">⑥ 재해자가<br>파견근로자인<br>경우</td><td colspan="3">파견사업주 사업장명</td></tr>
<tr><td colspan="2"></td><td colspan="2">사업장 산재관리번호<br>(사업개시번호)</td><td colspan="3">사업장 산재관리번호<br>(사업개시번호)</td></tr>
<tr><td rowspan="3">건설업만<br>기재</td><td>⑦ 원수급 사업장명</td><td colspan="3"></td><td colspan="3" rowspan="2"></td></tr>
</table>

위 표는 복잡하여 재구성합니다:

<table>
<tr><td rowspan="8">I.<br>사업장<br>정보</td><td colspan="2">① 산재관리번호<br>(사업개시번호)</td><td colspan="2">12345678901<br>(00000000000)</td><td>사업자등록<br>번호</td><td colspan="2">1234567890</td></tr>
<tr><td colspan="2">② 사업장명</td><td colspan="2">㈜ㄱㄴㅇ</td><td>③ 근로자수</td><td colspan="2">00명</td></tr>
<tr><td colspan="2">④ 업종</td><td colspan="2">자동차 부분품 제조업</td><td>소재지</td><td colspan="2">(우편번호)○○도 ○○군 ○○면 ○○리 567-1</td></tr>
<tr><td colspan="2" rowspan="2">⑤ 재해자가 사내<br>수급인 소속인 경우<br>(건설업 제외)</td><td colspan="2">원도급인 사업장명</td><td rowspan="2">⑥ 재해자가<br>파견근로자인<br>경우</td><td colspan="2">파견사업주 사업장명</td></tr>
<tr><td colspan="2">사업장 산재관리번호<br>(사업개시번호)</td><td colspan="2">사업장 산재관리번호<br>(사업개시번호)</td></tr>
<tr><td colspan="2" rowspan="3">건설업만<br>기재</td><td>⑦ 원수급 사업장명</td><td colspan="2"></td><td rowspan="2"></td><td colspan="2" rowspan="2"></td></tr>
<tr><td>⑧ 원수급 사업장<br>산재관리번호<br>(사업개시번호)</td><td colspan="2"></td><td>공사현장 명</td></tr>
<tr><td>⑨ 공사종류</td><td colspan="2"></td><td>공정률</td><td>%</td><td>공사금액 100만 원</td></tr>
</table>

※ 아래 항목은 재해자별로 각각 작성하되, 같은 재해로 재해자가 여러 명이 발생된 경우 별도 서식에 추가로 적습니다.

<table>
<tr><td rowspan="8">II.<br>재해<br>정보</td><td colspan="2">성 명</td><td>박○○</td><td>주민등록번호<br>(외국인 등록번호)</td><td colspan="2">000000-<br>0000000</td><td>성별</td><td colspan="2">[✓]남 [  ]여</td></tr>
<tr><td colspan="2">국 적</td><td colspan="3">[✓]내국인 [  ]외국인 [국적:　　]</td><td>⑩ 체류자격:　　]</td><td colspan="3">⑪ 직업  프레스 및 절단기 조작원</td></tr>
<tr><td colspan="2">입사일</td><td colspan="3">20△△ 년 3 월 10 일</td><td>⑫ 같은 종류업무<br>근속기간</td><td colspan="3">1 년 3 월</td></tr>
<tr><td colspan="2">⑬ 고용형태</td><td colspan="7">[✓]상용 [  ]임시 [  ]일용 [  ]무급가족종사자 [  ]자영업자 [  ]그 밖의 사항 [  ]</td></tr>
<tr><td colspan="2">⑭ 근무형태</td><td colspan="7">[✓]정상 [  ]2교대 [  ]3교대 [  ]4교대 [  ]시간제 [  ]그 밖의 사항 [　　]</td></tr>
<tr><td colspan="2" rowspan="2">⑮ 상해종류<br>(질병명)</td><td rowspan="2">골절</td><td>상해부위<br>(질병부위)</td><td colspan="2" rowspan="2">손</td><td>휴업예상일수</td><td colspan="2">휴업 [ 90 ]일</td></tr>
<tr><td>사망 여부</td><td colspan="2">[  ]사망</td></tr>
</table>

<table>
<tr><td rowspan="7">III.<br>재해<br>발생<br>개요 및<br>원인</td><td rowspan="6">재해<br>발생<br>개요</td><td>발생일시</td><td>[ 20△△ ]년 [ 6 ]월 [ 10 ]일 [ 수 ]요일 [ 17 ]시 [ 00 ]분</td></tr>
<tr><td>어디서</td><td>○○도 ○○군 ○○면 ○○리 소재 자동차 부품 공장에서</td></tr>
<tr><td>누가</td><td>재해자(박○○)가 동료작업자 1명과 함께 부품생산을 위한 프레스 금형을 교체</td></tr>
<tr><td>무엇을</td><td>프레스(1,000톤 Die높이 1200mm) 금형을 교체 후 금형 조정작업을 마무리하던 중이었음</td></tr>
<tr><td>어떻게</td><td>프레스 금형 조정작업 중 동료 근로자가 양수조작 버튼을 실수로 조작해 금형 사이에 손이 끼이는 재해가 발생했음</td></tr>
<tr><td>왜</td><td>광전자식 방호장치가 설치되어 정상 작동 중이었으나, 재해자는 광축센서 안쪽에 위치해 감지되지 않았고, 본체 외면의 안전가드를 설치하고 슬라이드와 연동하도록 되어 있었으나 사고당시는 연동장치를 인위적으로 해지하고 작업함</td></tr>
<tr><td>재해발생<br>원인</td><td>• 정비 등의 작업 시 전원의 차단 등 운전정지를 실시해야 했으나 미실시<br>• 방호장치인 안전가드의 연동장치를 인위적으로 해지한 후 작업 실시<br>• 프레스의 금형조정 작업을 하면서 안전블록 등의 위험 방지조치 미실시</td></tr>
</table>

<table>
<tr><td>IV.<br>재발방<br>지 계획</td><td>• 정비 등 금형조정 작업을 위해 프레스의 끼임 위험점 내에서 작업 시 오작동, 오조작 및 다른 작업자의 실수로 인한 가동으로 재해발생 우려 시 프레스 전원을 차단한 후 작업 실시<br>• 작업자의 신체가 프레스의 끼임 위험점내 위치할 수 있는 금형교체 작업시 프레스의 슬라이드가 갑자기 작동함으로써 근로자에게 재해가 발생할 우려가 있는 경우 안전블록을 사용하는 등 필요한 안전조치 후 작업 실시</td></tr>
</table>

작성일 20△△년 6월 15일  작성자 성명 김○○  작성자 전화번호 000-0000-0000

사업주 이○○(서명 또는 인)

근로자대표(재해자) 박○○(서명 또는 인)

**고용노동부 　(지)청장** 귀하

# 104 업무상 재해와 산업재해보상보험법상 보험급여에 대해 알고 싶습니다

업무상 재해로서 3일 이상의 요양을 요하는 경우에는 산업재해보상 보험법(이하 '산재보험법')상의 보험급여를 받을 수 있습니다. 보험급여 는 수급권자(재해근로자 등)가 청구해야 지급합니다.

## (1) 업무상 재해

업무상의 재해란 업무상의 사유에 따른 근로자의 부상·질병·장해 또는 사망을 말합니다. 업무상 재해의 인정기준은 아래 표와 같습니다. 다만, 업무와 재해 사이에 상당인과관계가 없는 경우에는 업무상 재해 에 해당하지 않습니다. 2018년 1월 1일부터 통상적인 경로와 방법으 로 출퇴근하는 중 발생한 사고도 업무상 재해로 인정됩니다. 그러나 이 에 대해서는 산업재해 발생보고를 하지 않아도 과태료가 부과되지 않 습니다. 또한 2019년 7월 16일부터는 직장 내 괴롭힘으로 인한 질병 등도 업무상 질병의 한 종류로 추가됩니다.

[표] 업무상 재해 인정기준

| 구분 | 인정기준 |
|------|----------|
| 업무상 사고 | • 근로자가 근로계약에 따른 업무나 그에 따르는 행위를 하던 중 발생한 사고<br>• 사업주가 제공한 시설물 등을 이용하던 중 그 시설물 등의 결함이나 관리소홀로 발생한 사고<br>• 사업주가 주관하거나 사업주의 지시에 따라 참여한 행사나 행사준비 중에 발생한 사고 |

| 구분 | 인정기준 |
|---|---|
| 업무상 사고 | • 휴게시간 중 사업주의 지배관리하에 있다고 볼 수 있는 행위로 발생한 사고<br>• 그 밖에 업무와 관련해 발생한 사고 |
| 업무상 질병 | • 업무수행 과정에서 물리적 인자(因子), 화학물질, 분진, 병원체, 신체에 부담을 주는 업무 등 근로자의 건강에 장해를 일으킬 수 있는 요인을 취급하거나 그에 노출되어 발생한 질병<br>• 근로기준법 제76조의2에 따른 직장내 괴롭힘, 고객의 폭언 등으로 인한 업무상 정신적 스트레스가 원인이 되어 발생한 질병<br>• 업무상 부상이 원인이 되어 발생한 질병<br>• 그 밖에 업무와 관련해 발생한 질병 |
| 출퇴근 재해 | • 사업주가 제공한 교통수단이나 그에 준하는 교통수단을 이용하는 등 사업주의 지배관리하에서 출퇴근하는 중 발생한 사고<br>• 그 밖에 통상적인 경로와 방법으로 출퇴근하는 중 발생한 사고 |
| 업무상 재해로 보지 않는 경우 | • 근로자의 고의·자해행위나 범죄행위 또는 그것이 원인이 되어 발생한 부상·질병·장해 또는 사망은 업무상의 재해로 보지 아니한다. 다만, 그 부상·질병·장해 또는 사망이 정상적인 인식능력 등이 뚜렷하게 저하된 상태에서 한 행위로 발생한 경우로서 대통령령으로 정하는 사유가 있으면 업무상의 재해로 본다.<br>• 출퇴근 경로 일탈 또는 중단이 있는 경우에는 해당 일탈 또는 중단 중의 사고 및 그 후의 이동 중의 사고에 대해서는 출퇴근 재해로 보지 않는다. 다만, 일탈 또는 중단이 일상생활에 필요한 행위로서 대통령령으로 정하는 사유가 있는 경우에는 출퇴근 재해로 본다.<br>• 출퇴근 경로와 방법이 일정하지 아니한 직종으로 대통령령으로 정하는 경우에는 통상적 출퇴근 재해를 적용하지 않는다. |

## (2) 보험급여

보험급여의 종류는 아래 표와 같습니다. 다만, 진폐에 따른 보험급여의 종류는 요양급여, 간병급여, 장의비, 직업재활급여, 진폐보상연금 및 진폐유족연금으로 합니다. 보험급여는 보험급여를 받을 수 있는 자(재해근로자 등)의 청구에 따라 지급합니다.

## [표] 업무상 재해 인정기준

| 구분 | 인정기준 |
|---|---|
| 요양급여 | 요양급여는 근로자가 업무상의 사유로 부상을 당하거나 질병에 걸린 경우에 그 근로자에게 지급한다. 다만, 부상 또는 질병이 3일 이내의 요양으로 치유될 수 있으면 요양급여를 지급하지 않는다. |
| 휴업급여 | 휴업급여는 업무상 사유로 부상을 당하거나 질병에 걸린 근로자에게 요양으로 취업하지 못한 기간에 대해 지급하되, 1일당 지급액은 평균임금의 100분의 70에 상당하는 금액으로 한다. 다만, 취업하지 못한 기간이 3일 이내이면 지급하지 않는다. |
| 장해급여 | 장해급여는 근로자가 업무상의 사유로 부상을 당하거나 질병에 걸려 치유된 후 신체 등에 장해가 있는 경우에 그 근로자에게 지급한다. |
| 간병급여 | 간병급여는 요양급여를 받은 자 중 치유 후 의학적으로 상시 또는 수시로 간병이 필요해 실제로 간병을 받는 자에게 지급한다. |
| 유족급여 | 유족급여는 근로자가 업무상의 사유로 사망한 경우에 유족에게 지급한다. |
| 상병보상연금 | 요양급여를 받는 근로자가 요양을 시작한 지 2년이 지난날 이후에 다음 각 호의 요건 모두에 해당하는 상태가 계속되면 휴업급여 대신 상병보상연금을 그 근로자에게 지급한다. |
| 장의비 | 장의비는 근로자가 업무상의 사유로 사망한 경우에 지급하되, 평균임금의 120일분에 상당하는 금액을 그 장제(葬祭)를 지낸 유족에게 지급한다. 다만, 장제를 지낼 유족이 없거나 그 밖에 부득이한 사유로 유족이 아닌 자가 장제를 지낸 경우에는 평균임금의 120일분에 상당하는 금액의 범위에서 실제 드는 비용을 그 장제를 지낸 자에게 지급한다. |
| 직업재활급여 | 1. 장해급여 또는 진폐보상연금을 받은 자나 장해급여를 받을 것이 명백한 자로서 대통령령으로 정하는 자(이하 "장해급여자"라 한다) 중 취업을 위해 직업훈련이 필요한 자(이하 "훈련대상자"라 한다)에 대해 실시하는 직업훈련에 드는 비용 및 직업훈련수당<br>2. 업무상의 재해가 발생할 당시의 사업에 복귀한 장해급여자에 대해 사업주가 고용을 유지하거나 직장적응훈련 또는 재활운동을 실시하는 경우(직장적응훈련의 경우에는 직장 복귀 전에 실시한 경우도 포함한다)에 각각 지급하는 직장복귀지원금, 직장적응훈련비 및 재활운동비 |

# 105 산업재해발생에 따른 영향에 대해 알고 싶습니다

산업재해발생으로 인한 인력손실 외에 산업재해발생이 회사에 미치는 영향은 다음과 같습니다.

## (1) 민법상 손해배상책임

민법상 손해배상은 사용자의 고의·과실이 존재해야 하고, 근로자의 과실이 있는 경우 이를 상계하며, 위자료가 포함됩니다. 반면, 산재보험법에 따른 재해보상은 근로자의 업무상 재해를 신속하게 보상하고자 근로자의 과실여부를 묻지 않고, 근로자의 임금을 기준으로 보상하며, 위자료를 포함하지 않습니다.

산재보험법상 재해보상과 민법상 손해배상의 중복보상이 허용되지 않습니다. 따라서 ① 민법상 손해배상액이 산재보험법상 재해보상보다 크거나, ②민법상 손해배상액이 산재보험법상 재해보상보다 크지 않더라도 위자료를 받고자 하는 경우에는 피해자가 회사에 대해 추가로 민법상 손해배상청구를 할 가능성이 있습니다.

## (2) 가입 및 납부 태만기간 중 발생한 재해에 대한 보험급여액의 징수

사업주가 보험관계 성립신고를 게을리한 기간 중에 재해가 발생한 경우 공단은 보험급여 금액의 100분의 50에 해당하는 금액(사업주가 가입신고를 게을리한 기간 중에 납부해야 했던 산재보험료의 5배를 초과할 수 없다)을 징수합니다. 다만, 요양을 시작한 날(재해 발생과 동시에 사망한 경우에는 그 재해발생일)부터 1년이 되는 날이 속하는 달의 말일까지의 기간 중에 급여청구사유가 발생한 보험급여로 한정합니다.

사업주가 산재보험료의 납부를 게을리한 기간 중에 재해가 발생한 경우 공단은 보험급여 금액의 100분의 10에 해당하는 금액(사업주가 산재보험료의 납부를 게을리한 기간 중에 납부해야 했던 산재보험료의 5배를 초과할 수 없다)을 징수합니다. 다만, ① 재해가 발생한 날까지 내야 할 해당 연도의 월별보험료에 대한 보험료 납부액의 비율이 100분의 50 이상인 경우 또는 ② 해당 연도에 내야 할 개산보험료에 대한 보험료 납부액의 비율(분할 납부의 경우에는 재해가 발생한 분기까지 내야 할 개산보험료에 대한 보험료 납부액의 비율)이 100분의 50 이상인 경우에는 보험급여액을 징수하지 않습니다.

## (3) 개별실적요율의 적용

개별실적요율은 산재보험료율을 인상 또는 인하하는 제도입니다. 매년 6월 30일 현재 산재보험의 보험관계가 성립한 후 3년이 지난 사업에 있어서 그해 6월 30일 이전 3년 동안의 산재보험료에 대한 산재보험급여 금액의 비율이 80%를 넘거나 75%이하인 경우 최대 20%까지 보험료율이 인상 또는 인하됩니다.

다만 개별실적요율은 건설업 및 벌목업을 제외한 사업의 경우 상시 근로자수가 30명 이상인 사업이 적용대상이기 때문에 상시 근로자수가 30명 미만인 사업은 산업재해 발생에도 불구하고 개별실적요율의 영향을 받지 않습니다. 한편 건설업 중 일괄적용을 받는 사업은 매년 해당 보험 연도의 2년 전 보험연도의 총공사금액이 60억 원 이상인 사업이 개별실적요율 적용대상이므로 이에 미달하는 경우 산업재해 발생에도 불구하고 개별실적요율의 영향을 받지 않습니다. 출퇴근 재해는 개별실적요율에 영향을 미치지 않습니다.

## (4) 산업안전보건 관련 사업장 감독

중대재해 발생사업장, 재해다발 사업장에 대해서는 정기감독 또는 특별감독이 실시될 수 있습니다. 사업장 감독 결과 산업안전보건법 위반사항이 발견되는 경우 사법처리 또는 즉시 과태료가 부과됩니다.

# 106 재해자 관리방법에 대해 알려주세요

　사용자는 해고의 정당한 이유가 있는 경우에도 근로자가 업무상 부상 또는 질병의 요양을 위해 휴업한 기간과 그 후 30일 동안은 해고하지 못합니다. 그러나 기간제 근로계약은 업무상 재해 중인 경우에도 기간의 만료로 당연히 종료합니다.

　업무상 재해로 인해 휴직하는 경우에는 임금을 지급하지 않으므로 보험료 납부예외, 납입고지유예 등의 신청을 해야 할 것입니다. 업무상 상병으로 인한 휴직기간은 연차휴가 산정 시 출근한 것으로 보며, 퇴직급여 산정을 위한 계속근로기간에 포함됩니다.

| 구분 | 국민연금 | 건강보험 | 고용보험 | 산재보험 |
| --- | --- | --- | --- | --- |
| 신고 | 납부예외 | 납부고지유예 | 없음 | 근로자 휴직 등 신고 |
| 보험료 | 면제 (휴직 중 급여가 기준소득월액의 50% 미만인 경우에 한) | 복직월에 보험료 일괄부과 (50%경감) | 보수총액신고 시 정산하거나, 월평균보수보수를 0원으로 변경신고해 월별보험료 조정 | 보험료 일할계산/ 면제 |
| 면제/경감기간 | 휴직월~복직월 | 휴직 다음 달~ 복직월 | – | 휴직월~복직월 |
| 신고기한 | 다음 달 15일까지 | 14일 이내 | – | 14일 이내 |

　근로복지공단은 산재근로자의 업무상 재해일 이후 대체인력을 고용하고 그 산재근로자를 원직장 복귀시킨 소규모사업장 사업주에게 대체

인력 임금의 일부를 지원합니다. 지원대상은 재해일 당시 상시 근로자 수 20인 미만의 사업주로, 산재근로자의 업무상 재해일 이후 대체인력을 30일 이상 고용하고 그 산재근로자를 원직장에 복귀시켜 30일 이상 고용해야 합니다. 대체인력지원금은 최대 6개월의 범위에서 대체인력 임금의 50%(월 60만 원 한도)로 사업주가 청구해야 받을 수 있습니다.

근로복지공단은 산재근로자를 원직장에 복귀시켜 고용을 유지한 사업주에게 직장복귀지원금을 지원합니다. 지원대상은 요양을 종결한 산재장해인(장해 제1급~제12급)을 원직장에 복귀시켜 6개월 이상 고용을 유지하고 그에 따른 임금을 지급하는 자로, 최대 12개월의 범위 내에서 월 최대 60만 원을 지원받을 수 있습니다. 직장복귀지원금을 받으려면 사업주가 지원금을 청구해야 합니다.

마지막으로 근로복지공단은 산재근로자를 원직장에 복귀시켜 자체시설 또는 외부 시설에서 실시한 직무관련 적응훈련 또는 재활운동을 시킨 사업주에게 각각 직장적응훈련비, 재활운동비를 지급합니다. 지급대상은 요양종결한 산재장해인(장해 제1급~제12급)을 원직장에 복귀시켜 고용을 유지시키고 있는 사업주로, 요양종결일부터 6개월 이내 시작, 직장적응훈련 또는 재활운동이 끝난 다음 날부터 6개월 이상 고용유지하고 그에 따른 임금을 지급해야 합니다. 직장적응훈련비 및 재활운동비는 최대 3개월의 범위에서 실제소요비용(직장적응훈련비 월 45만 원, 재활운동비 월 15만 원 상한)을 지급합니다. 직장적응훈련비 및 재활운동비를 받으려면 사업주가 지원금을 청구해야 합니다.

# 제13장

# 취업규칙과
# 노사협의회

# 107 취업규칙 작성방법에 대해 알려주세요

상시 10명 이상의 근로자를 사용하는 사용자는 사업의 통일적 운영을 위해 취업규칙을 작성해 신고해야 합니다. 취업규칙은 사용자가 사업장에서의 근로자의 복무규율 및 근로조건에 관해 정한 준칙으로 적용대상 근로자를 구속하며, 취업규칙의 내용이 근로계약보다 유리한 경우에는 취업규칙이 적용됩니다. 근로기준법은 근로자보호를 위해 취업규칙의 내용, 작성·변경 절차, 신고의무, 게시 의무 등을 정하고 있습니다.

취업규칙에 기재해야 할 사항은 다음과 같습니다. 2019년 7월 16일부터는 직장 내 괴롭힘의 예방 및 발생 시 조치 등에 관한 사항도 취업규칙 기재사항에 포함됩니다.

① 업무의 시작과 종료 시각, 휴게시간, 휴일, 휴가 및 교대 근로에 관한 사항
② 임금의 결정·계산·지급 방법, 임금의 산정기간·지급시기 및 승급(昇給)에 관한 사항
③ 가족수당의 계산·지급 방법에 관한 사항
④ 퇴직에 관한 사항
⑤ '근로자퇴직급여 보장법' 제4조에 따라 설정된 퇴직급여, 상여 및 최저임금에 관한 사항
⑥ 근로자의 식비, 작업 용품 등의 부담에 관한 사항

⑦ 근로자를 위한 교육시설에 관한 사항

⑧ 출산 전후 휴가·육아휴직 등 근로자의 모성 보호 및 일·가정 양립 지원에 관한 사항

⑨ 안전과 보건에 관한 사항

⑩ 근로자의 성별·연령 또는 신체적 조건 등의 특성에 따른 사업장 환경의 개선에 관한 사항

⑪ 업무상과 업무 외의 재해부조(災害扶助)에 관한 사항

⑫ 표창과 제재에 관한 사항

⑬ 직장 내 괴롭힘의 예방 및 발생 시 조치 등에 관한 사항

⑭ 그 밖에 해당 사업 또는 사업장의 근로자 전체에 적용될 사항

이 중 임금, 근로시간, 휴게시간, 휴일 등 법정 근로조건에 관한 사항은 취업규칙에 기재해야 하지만, 교대근로, 가족수당, 식비 등 임의적 근로조건은 해당 사업 또는 사업장에서 이를 시행하는 경우에만 기재하면 됩니다.

사용자는 취업규칙을 작성하거나 근로자에게 유리하게 변경하는 경우에는 해당 사업 또는 사업장에 근로자의 과반수로 조직된 노동조합이 있는 경우에는 그 노동조합, 근로자의 과반수로 조직된 노동조합이 없는 경우에는 근로자의 과반수(이하 '근로자 과반수')의 의견을 들어야 합니다. 사용자가 의견청취 의무를 위반했을 경우 500만 원 이하의 벌금에 처해지나, 변경된 취업규칙의 효력은 인정됩니다.

취업규칙을 근로자에게 불리하게 변경하는 경우에는 근로자 과반수

의 동의를 받아야 합니다. 과반수 노동조합의 동의는 노동조합 대표자가 동의하면 되는 것이지 노동조합 소속 근로자의 과반수의 동의를 받아야 하는 것은 아닙니다. 과반수 노동조합이 없을 경우 근로자의 회의 방식에 의한 과반수의 동의를 요하는데, 반드시 노동조합의 모든 조합원이나 한 사업 또는 사업장의 모든 근로자가 일시에 한 자리에 집합해 회의를 개최해야 하는 것은 아니고, 사업 또는 사업장의 기구별 또는 단위 부서별로 사용자 측의 개입이나 간섭이 배제된 상태에서 조합원 또는 근로자 간에 의견을 교환해 찬반의견을 집약한 후 이를 전체적으로 취합하는 방식이나, 노동조합의 총회나 대의원대회 또는 근로자들로부터 취업규칙의 변경에 대한 동의권한을 위임받은 자들이 동의여부를 결정하는 방식도 허용됩니다. 사용자가 동의의무를 위반했을 경우 500만 원 이하의 벌금에 처해지며, 변경된 취업규칙은 무효가 됩니다.

다만, 판례는 취업규칙의 불이익변경에 해당하더라도 그 변경에 '사회통념상 합리성'이 인정되는 경우에는 근로자 과반수의 동의가 없다고 하더라도 취업규칙 변경의 효력이 인정된다고 하면서 사회통념상 합리성의 유무는 ① 취업규칙의 변경에 의해 근로자가 입게 되는 불이익의 정도, ② 사용자측의 변경 필요성의 내용과 정도, ③ 변경 후의 취업규칙 내용의 상당성, ④ 대상조치 등을 포함한 다른 근로조건의 개선상황, ⑤ 노동조합 등과의 교섭 경위 및 노동조합이나 다른 근로자의 대응, ⑥ 동종 사항에 관한 국내의 일반적인 상황 등을 종합적으로 고려해 판단해야 할 것이라고 판시하고 있습니다.

취업규칙은 근로자가 자유롭게 열람할 수 있는 장소에 항상 게시하거나 갖추어두어 근로자에게 널리 알려야 합니다.

# 노사협의회에 대해 알려주세요

상시(常時) 30명 미만의 근로자를 사용하는 사업은 노사협의회를 설치·운영해야 합니다. 노사협의회는 근로자와 사용자가 참여와 협력을 통해 근로자의 복지증진과 기업의 건전한 발전을 도모하기 위해 구성하는 협의기구로서, 3개월마다 정기적으로 회의를 개최해야 합니다.

협의회의 구성은 근로자와 사용자를 대표하는 같은 수의 위원으로 구성하되, 각 3명 이상 10명 이하로 합니다. 근로자를 대표하는 위원(이하 '근로자위원')은 근로자의 과반수로 조직된 노동조합이 있는 경우에는 노동조합의 대표자와 그 노동조합이 위촉하는 자로 합니다. 근로자의 과반수로 조직된 노동조합이 없는 경우에는 근로자가 직접·비밀·무기명 투표로 선출합니다. 근로자위원 선출에 입후보하려는 자는 해당 사업이나 사업장의 근로자여야 하며, 해당 사업 또는 사업장의 근로자 10명 이상의 추천을 받아야 합니다. 사용자는 근로자위원의 선출에 개입하거나 방해해서는 안됩니다. 사용자를 대표하는 위원(이하 '사용자위원')은 해당 사업이나 사업장의 대표자와 그 대표자가 위촉하는 자로 합니다. 위원은 비상임·무보수로 하며, 임기는 3년으로 하되 연임할 수 있습니다. 보궐위원의 임기는 전임자 임기의 남은 기간으로 합니다.

협의회에는 의장을 두며, 의장은 협의회를 대표하며 회의 업무를 총괄합니다. 의장은 위원 중에서 호선하되, 근로자위원과 사용자위원 중

각 1명을 공동의장으로 할 수 있습니다. 노사 쌍방은 회의 결과의 기록 등 사무를 담당하는 간사 1명을 각각 둡니다.

협의회는 그 조직과 운영에 관한 규정(이하 '협의회규정')을 제정하고 협의회를 설치한 날부터 15일 이내에 고용노동부장관에게 제출해야 합니다. 이를 변경한 경우에도 또한 같습니다. 협의회 규정에는 다음 사항이 포함되어야 합니다.

- 협의회의 위원의 수
- 근로자위원의 선출 절차와 후보 등록에 관한 사항
- 사용자위원의 자격에 관한 사항
- 협의회 위원이 근로한 것으로 보는 시간에 관한 사항
- 협의회의 회의 소집, 회기(會期), 그 밖에 협의회의 운영에 관한 사항
- 임의 중재의 방법·절차 등에 관한 사항
- 고충처리위원의 수 및 고충처리에 관한 사항

협의회는 3개월마다 정기적으로 회의를 개최해야 하며, 필요에 따라 임시회의를 개최할 수 있습니다. 회의는 근로자위원과 사용자위원 각 과반수의 출석으로 개최하고 출석위원 3분의 2 이상의 찬성으로 의결합니다.

정기회의에서 사용자가 보고해야 할 사항 및 협의회가 협의하고 의결해야 할 사항은 다음 표와 같습니다. 협의회는 의결된 사항을 신속히 근로자에게 널리 알리고, 근로자와 사용자는 협의회에서 의결된 사항을 성실하게 이행해야 합니다.

## [표] 노사협의회 보고 · 협의 · 의결사항

| 구분 | 내용 |
|---|---|
| 보고사항 | 1. 경영계획 전반 및 실적에 관한 사항<br>2. 분기별 생산계획과 실적에 관한 사항<br>3. 인력계획에 관한 사항<br>4. 기업의 경제적·재정적 상황 |
| 협의사항 | 1. 생산성 향상과 성과 배분<br>2. 근로자의 채용·배치 및 교육훈련<br>3. 근로자의 고충처리<br>4. 안전, 보건, 그 밖의 작업환경 개선과 근로자의 건강증진<br>5. 인사·노무관리의 제도 개선<br>6. 경영상 또는 기술상의 사정으로 인한 인력의 배치전환·재훈련·해고 등 고용조정의 일반원칙<br>7. 작업과 휴게 시간의 운용<br>8. 임금의 지불방법·체계·구조 등의 제도 개선<br>9. 신기계·기술의 도입 또는 작업 공정의 개선<br>10. 작업 수칙의 제정 또는 개정<br>11. 종업원지주제(從業員持株制)와 그 밖에 근로자의 재산형성에 관한 지원<br>12. 직무 발명 등과 관련해 해당 근로자에 대한 보상에 관한 사항<br>13. 근로자의 복지증진<br>14. 사업장 내 근로자 감시 설비의 설치<br>15. 여성근로자의 모성보호 및 일과 가정생활의 양립을 지원하기 위한 사항<br>16. 그 밖의 노사협조에 관한 사항 |
| 의결사항 | 1. 근로자의 교육훈련 및 능력개발 기본계획의 수립<br>2. 복지시설의 설치와 관리<br>3. 사내근로복지기금의 설치<br>4. 고충처리위원회에서 의결되지 아니한 사항<br>5. 각종 노사공동위원회의 설치<br>6. 협의회규정의 제정, 변경 |

## 20XX년 00주식회사 1차 노사협의회

➡ **회의일시 및 장소** : 20XX년 2월 둘째 주 목요일 오전 10시, 공장 회의실
➡ **참석자** : 노사협의회 사용자위원 4명, 근로자위원 4명 전원참석

● **인사총무팀장△△△(사측간사)** : 지금부터 00주식회사 20XX년 제1차 정기노사협의회를 개
　　　　최하겠습니다.
● **의장 △△△(대표이사)** : 협의회 위원 8명 전원이 참석하였으므로 성원이 되었음을 선포합
　　　　니다.

〈보고사항〉

－－－－－－－－－－－－－－－－－－－－－－－－－－－－－－－－－－－－－－－－－－－－

● **의장 △△△(대표이사)** : 먼저 안건에 대해 협의하기 전에 보고사항에 대하여 노사가 각각
　　　　말씀하여 주시기 바랍니다.
● **관리상무 △△△(사용자위원)** : 미리 제출된 자료에서 보듯이 지난 해 10월부터 불어온 금
　　　　융위기로 인하여 우리 사업장도 큰 타격을 받아 전년도 4/4분기 매출실적이
　　　　종전대비 60%로 저하되었습니다. 직원 여러분들이 열심히 업무에 임해 주었
　　　　지만 외부요인으로 인해 원가는 상승하였고, 매출은 크게 저하된 실정입니다.
　　　　당분간 이러한 상황은 개선될 여지가 별로 없어 사실 회사차원에서 특단의 조
　　　　치까지 취하여야 한다는 말이 나오기도 합니다. 직원 여러분들이 회사의 이러
　　　　한 어려운 상황을 이해하고 고통에 동참해 주실 것을 부탁드립니다.
● **부위원장 △△△(근로자위원)** : 작년 10월 이후 회사 경영상황이 크게 악화되고 있다는 것
　　　　은 우리 직원들도 알고 있는 상황입니다. 그러나 회사 분위기가 이러한 경영위
　　　　기를 극복하기 위해 직원들의 희생을 감수하라고 몰고 가는 듯한 분위기라는
　　　　점을 지적하고 싶습니다. 때문에 직원들이 매우 불안해 하고…

# 109 고충처리에 대해 알려주세요

상시(常時) 30명 미만의 근로자를 사용하는 사업은 근로자의 고충을 청취하고 이를 처리하기 위해 고충처리위원을 두어야 합니다. 고충처리제도는 근로자가 직무에 전념할 수 있는 여건을 마련하기 위한 제도입니다.

고충처리위원은 노사를 대표하는 3명 이내의 위원으로 구성하되, 협의회가 설치되어 있는 사업이나 사업장의 경우에는 협의회가 그 위원 중에서 선임하고, 협의회가 설치되어 있지 않은 사업이나 사업장의 경우에는 사용자가 위촉합니다. 고충처리위원은 비상임·무보수로 합니다. 임기는 3년으로 하되, 연임할 수 있습니다. 보궐위원의 임기는 전임자 임기의 남은 기간으로 합니다.

근로자는 고충사항이 있는 경우에는 고충처리위원에게 구두 또는 서면으로 신고할 수 있습니다. 고충처리위원은 근로자로부터 고충사항을 청취해야 하며, 고충사항을 청취한 경우에는 10일 이내에 조치 사항과 그 밖의 처리결과를 해당 근로자에게 통보해야 합니다. 고충처리위원이 처리하기 곤란한 사항은 협의회의 회의에 부쳐 협의 처리합니다. 고충처리위원은 고충사항의 접수 및 그 처리에 관한 대장을 작성해 갖추어두고 1년간 보존해야 합니다. 고충처리위원은 고충처리과정에서 근로자의 사생활 관련 사항이 외부에 노출되지 않도록 유의해야 하며, 고충처리대장을 아무나 열람하지 못하도록 관리해야 합니다.

# 제14장

# 법정의무교육

# 110 직장 내 성희롱 예방교육 실시방법에 대해 알려주세요

모든 사업주는 사업주 및 근로자에 대해 직장 내 성희롱 예방 교육을 연 1회 이상 실시해야 합니다. 직장 내 성희롱 예방 교육을 하지 않은 경우에는 500만 원 이하의 과태료를 부과합니다.

직장 내 성희롱 예방 교육에는 아래의 내용이 포함되어야 합니다.

- 직장 내 성희롱에 관한 법령
- 해당 사업장의 직장 내 성희롱 발생 시의 처리 절차와 조치 기준
- 해당 사업장의 직장 내 성희롱 피해 근로자의 고충상담 및 구제 절차
- 그 밖에 직장 내 성희롱 예방에 필요한 사항

교육방법은 상시 근로자수 및 성별 구성에 따라 달라집니다.

① 상시 10명 미만의 근로자를 고용하는 사업과 ② 사업주 및 근로자 모두가 남성 또는 여성 중 어느 한 성(性)으로 구성된 사업은 성희롱 예방 교육 내용을 근로자가 알 수 있도록 교육자료 또는 홍보물을 게시하거나 배포하는 방법으로 직장 내 성희롱 예방 교육을 할 수 있습니다.

그 외의 사업은 연수·조회·회의, 인터넷 등 정보통신망을 이용한 사이버 교육 등을 통해 직장 내 성희롱 예방 교육을 실시해야 합니다. 단순히 교육자료 등을 배포·게시하거나 전자우편을 보내거나 게시판에

공지하는 데 그치는 등 근로자에게 교육 내용이 제대로 전달되었는지 확인하기 곤란한 경우에는 예방 교육을 한 것으로 보지 않습니다.

덧붙여 사업주는 직장 내 성희롱 예방 교육의 내용을 근로자가 자유롭게 열람할 수 있는 장소에 항상 게시하거나 갖춰두어 근로자에게 널리 알려야 합니다. 이를 위반한 경우에는 500만 원 이하의 과태료를 부과합니다.

사업주는 직장 내 성희롱 예방 교육을 고용노동부장관이 지정하는 성희롱 예방 교육기관에 위탁해 실시할 수 있습니다. 직장 내 성희롱 예방 교육기관은 고용노동부홈페이지-정보공개-사전정보공표목록-직장 내 성희롱 예방 교육기관 지정 현황에서 확인할 수 있으며, 위탁 교육을 실시하려는 경우에는 해당 사업장의 직장 내 성희롱 발생 시의 처리 절차와 조치 기준, 직장 내 성희롱 피해 근로자의 고충상담 및 구제절차, 그 밖에 직장 내 성희롱 예방에 필요한 사항 등을 성희롱 예방 교육기관에 미리 알려 그 사항이 포함되도록 해야 합니다.

# 111 장애인인식개선교육 실시방법에 대해 알려주세요

2018년 5월 29일부터 모든 사업주는 사업주 및 근로자에 대해 장애인 인식개선 교육을 연 1회, 1시간 이상 실시해야 합니다. 장애인 인식개선

교육을 하지 않은 경우에는 300만 원 이하의 과태료를 부과합니다.

장애인 인식개선 교육에는 아래의 내용이 포함되어야 합니다.

- 장애의 정의 및 장애유형에 대한 이해
- 직장 내 장애인의 인권, 장애인에 대한 차별금지 및 정당한 편의 제공
- 장애인고용촉진 및 직업재활과 관련된 법과 제도
- 그 밖에 직장 내 장애인 인식개선에 필요한 사항

교육방법은 장애인 고용의무 유무에 따라 달라집니다. 장애인 고용의무가 없는 상시 50인 미만의 근로자를 고용하는 사업주는 고용노동부장관이 보급한 교육자료 등을 배포·게시하거나 전자우편을 보내는 등의 방법으로 장애인 인식개선 교육을 실시할 수 있습니다.

장애인 고용의무가 있는 상시 50인 이상의 근로자를 고용하는 사업주는 규모나 특성을 고려해 직원연수·조회·회의 등의 집합교육, 인터넷 등 정보통신망을 이용한 원격교육 또는 체험교육 등을 통해 장애인 인식개선 교육을 실시할 수 있습니다. 장애인 인식개선 교육기관에 위탁해 실시하는 것도 가능합니다. 장애인 인식개선 교육기관은 한국장애인고용공단 홈페이지-직장 내 장애인 인식개선 교육-교육기관 및 강사찾기에서 확인할 수 있습니다.

# 퇴직연금교육 실시방법에 대해 알려주세요

퇴직연금제도를 설정한 사용자는 매년 1회 이상 가입자에게 퇴직연금교육을 실시해야 합니다. 퇴직연금교육을 하지 않은 경우에는 1,000만 원 이하의 과태료를 부과합니다.

퇴직연금교육의 내용 및 방법은 DB제도일 때와 DC제도일 때 각각 달라집니다. 그러나 제도 일반에 관한 내용은 공통적으로 적용됩니다.

## (1) 제도 일반에 관한 내용

제도 일반에 관한 내용은 가입자가 수시로 열람할 수 있도록 사내 정보통신망 또는 해당 사업장 등에 상시 게시합니다. 다만, 제도 도입 후 최초 교육은 교육자료를 우편으로 발송하거나 직원연수·조회·회의·강의 등 대면해 전달하는 방식으로 실시해야 합니다.

- 급여 종류에 관한 사항, 수급요건, 급여액 등 제도별 특징 및 차이점
- 담보대출, 중도인출, 지연이자 등 해당 사업의 퇴직연금제도 운영에 관한 사항
- 급여 또는 부담금 산정의 기준이 되는 임금 등에 관한 사항
- 퇴직 시 급여 지급절차 및 개인형퇴직연금제도로의 적립금 이전에 관한 사항
- 연금소득세, 퇴직소득세 등 과세 체계에 관한 사항
- 해당 사업의 퇴직연금제도를 중단하거나 폐지하는 경우 그 처리방법

- 가입자의 소득, 자산, 부채, 나이 및 근속연수 등을 고려한 자산·부채관리의 일반적 원칙과 노후 설계의 중요성에 관한 사항

## (2) DB제도 가입자에 대한 교육사항

DB제도의 교육사항은 ① 서면 또는 전자우편 등을 통한 정기적인 교육자료의 발송, ② 직원연수·조회·회의·강의 등의 대면 교육의 실시, ③ 정보통신망을 통한 온라인 교육의 실시, ④ 해당 사업장 등에 상시 게시 중 하나 이상의 방법으로 실시합니다.

- 최근 3년간의 부담금 납입 현황
- 급여종류별 표준적인 급여액 수준
- 직전 사업연도 말 기준 최소적립금 대비 적립금 현황
- 재정안정화계획서를 작성하는 경우 그 계획서 및 이행 상황
- 그 밖에 적립금 운용현황, 운용목표 등에 관한 사항

## (3) DC제도 가입자에 대한 교육사항

DC제도의 교육사항은 ① 서면 또는 전자우편 등을 통한 정기적인 교육자료의 발송, ② 직원연수·조회·회의·강의 등의 대면 교육의 실시, ③ 정보통신망을 통한 온라인 교육의 실시 중 하나 이상의 방법으로 실시합니다.

- 사용자의 부담금 수준, 납입시기 및 납입 현황
- 둘 이상의 사용자가 참여하는 확정기여형퇴직연금제도의 경우 표준규약 및 표준계약서에 관한 사항
- 분산 투자 등 적립금의 안정적 운용을 위해 행하는 투자 원칙에 관한 사항
- 퇴직연금사업자가 제시하는 집합투자증권 등 적립금 운용방법별 수익구조, 매도기준가, 투자 위험 및 수수료 등에 관한 사항

사용자는 퇴직연금사업자에게 그 교육의 실시를 위탁할 수 있습니다. 사용자가 운용관리업무를 수행하는 퇴직연금사업자에게 가입자 교육의 실시를 위탁한 경우 사용자는 퇴직연금사업자와 교육시기, 구체적 교육방법 등을 포함한 계약을 체결하고, 퇴직연금사업자는 교육사항에 대해 위탁계약의 내용에 따라 교육을 실시해야 합니다.

# 113 개인정보보호교육 실시방법에 대해 알려주세요

개인정보처리자는 개인정보의 적정한 취급을 보장하기 위해 개인정보취급자에게 정기적으로 필요한 교육을 실시해야 합니다.

개인정보처리자란, 업무를 목적으로 개인정보파일을 운용하기 위해 스스로 또는 다른 사람을 통해 개인정보를 처리하는 자를 말합니다. 즉

공공기관, 법인, 단체 및 개인 등이 이에 해당합니다.

이에 비해, 개인정보취급자는 개인정보처리자의 지휘감독을 받아 개인정보를 처리하는 임직원, 파견근로자, 시간제근로자 등을 말합니다. 개인정보 처리 업무를 담당하고 있는 자라면 정규직, 비정규직, 하도급, 시간제 등 모든 근로 형태를 불문합니다. 고용관계가 없더라도 실질적으로 개인정보처리자의 지휘·감독을 받아 개인정보를 처리하는 자는 개인정보취급자에 포함됩니다.

교육방법 및 교육내용에 대한 법률에 특별한 규정은 없습니다. 교육은 사내교육, 외부교육, 위탁교육, 온라인교육, 외부 강사 초빙 등 해당 기업의 상황을 고려해 자유롭게 선택할 수 있으나, 모든 개인정보취급자가 일정 시간 이상 교육에 참여하도록 해야 합니다. 또한 개인정보 취급자의 지위, 직책, 담당 업무의 내용, 업무 숙련도 등에 따라 교육 내용도 각기 달라져야 합니다.

개인정보보호교육을 실시하지 않았을 시 과태료나 벌칙은 없으나, 대부분의 개인정보 유출 사고가 개인정보에 대한 관리 소홀로 발생한다는 측면에서 반드시 개인정보보호 교육을 실시해야 할 것입니다.

본 책의 내용에 대해 의견이나 질문이 있으면
전화(02)333-3577, 이메일 dodreamedia@naver.com을 이용해주십시오.
의견을 적극 수렴하겠습니다.

## 친절한 인사업무 노트

제1판 1쇄 발행 ㅣ 2019년 5월 1일

지은이 ㅣ 하은지
펴낸이 ㅣ 한경준
펴낸곳 ㅣ 한국경제신문 *i*
기획 · 제작 ㅣ ㈜두드림미디어

주소 ㅣ 서울특별시 중구 청파로 463
기획출판팀 ㅣ 02-333-3577
영업마케팅팀 ㅣ 02-3604-595, 583   FAX ㅣ 02-3604-599
E-mail ㅣ dodreamedia@naver.com
등록 ㅣ 제 2-315(1967. 5. 15)

ISBN  978-89-475-4462-7(03320)